Pe. NEI DE OLIVEIRA PRETO

LUZ DA PALAVRA

Comentários sobre os textos
da liturgia dominical
Anos A, B e C

EDITORA
SANTUÁRIO

COORDENAÇÃO EDITORIAL: Elizabeth dos Santos Reis
COPIDESQUE: Ana Lúcia de Castro Leite
DIAGRAMAÇÃO: Simone A. Ramos de Godoy
CAPA: Marco Antônio Santos Reis

Dados Internacionais de Catalogação na Publicação (CIP)
(Câmara Brasileira do Livro, SP, Brasil)

Preto, Nei de Oliveira
  Luz da Palavra: Comentários litúrgicos sobre os textos da liturgia dominical – Anos A, B e C / Nei de Oliveira Preto. – Aparecida, SP: Editora Santuário, 2004.

  ISBN 85-7200-950-7

  1. Celebrações litúrgicas 2. Igreja Católica – Liturgia 3. Palavra de Deus (Teologia) 4. Reflexão I. Título.

04-6643   CDD-264.34

Índices para catálogo sistemático:
1. Liturgia da Palavra de Deus: Cristianismo 264.34
2. Palavra de Deus: Liturgia: Cristianismo 264.34

Todos os direitos reservados à **EDITORA SANTUÁRIO** — 2011

Composição, impressão e acabamento:
EDITORA SANTUÁRIO - Rua Padre Claro Monteiro, 342
12570-000 — Aparecida-SP — Fone: (12) 3104-2000

APRESENTAÇÃO

Caro leitor,

Você está recebendo em suas mãos um trabalho feito com muito carinho. Durante quatro anos o Padre Nei elaborou estas reflexões a partir da Liturgia, dos textos da Escritura Sagrada e de sua própria experiência de vida como cristão e como padre, que está sempre atento à Palavra de Deus e à vida do povo cristão.

Perceba que este livro é fruto do coração de um pastor solícito em preparar suas homilias com os pés fincados no chão da experiência e a mente iluminada pela Luz do Espírito, que sempre socorre os seguidores de Jesus Cristo que distribuem o Pão da Palavra e o Pão da Eucaristia em sua Igreja.

Louvo o Pai que nos deu esse padre para a Diocese de Bragança Paulista, o qual muito me ajuda, como Bispo, na condução e no cuidado com o povo de Deus, por meio da coordenação Diocesana de Pastoral.

Padre Nei, parabéns por seu livro.

Leitor amigo, deixe que a Palavra que você vai ler e meditar traga alegria e firmeza ao coração como aconteceu com a Virgem Maria.

Dom Bruno Gamberini
Bispo Diocesano de Bragança Paulista

ANO A
EVANGELHO DE MATEUS

TEMPO DO ADVENTO

1º Domingo do Advento

Leituras: Isaías 2,1-5; Romanos 13,11-14a; Mateus 24,37-44.

Com este 1º Domingo do Advento iniciamos o ano litúrgico. Estudaremos o Evangelho de São Mateus nas liturgias e demais trabalhos deste ano.

O tempo do Advento é tempo de espera, preparação e chegada. Espera do Cristo que vem no Natal, que virá definitivamente no futuro. Preparação de nossas vidas, chamados que somos à conversão para recebê-lo. E a grande alegria da chegada do Menino Deus, com a qual o mundo e as pessoas se tornam "novos".

A 1ª leitura do profeta Isaías traz uma visão a respeito de Judá e Jerusalém, uma visão para os tempos futuros, animando desde o tempo presente até uma virada na história. A visão refere-se ao monte da casa do Senhor, o Templo, firmemente estabelecido. A visão é de que o mundo inteiro irá prestar culto ao único Deus verdadeiro, todas as nações acorrerão para o monte, de onde serão instruídos na Lei (Sião) do Senhor e em sua Palavra (Jerusalém). Isso resultará num mundo novo, sem fronteiras: "Eles transformarão suas espadas em enxadas e suas lanças em foices..." (v. 4). Justiça, paz, desarmamento e bem-estar para todos.

O Evangelho é de Mateus e mostra Jesus pedindo para ficarmos vigilantes porque ninguém sabe quando será o fim do mundo, (...) e não haverá sinais espetaculares que o anunciem. Será como o dilúvio, quando as pessoas levavam uma vidinha simples, "comiam, bebiam, casavam-se e davam-se em casamento" (v. 38). O problema será que "dois homens estarão trabalhando no campo, um será levado, outro será deixado..." (v. 39-41). Por que será assim? Porque uns pensam que ficar vigilante na fé é policiar; é achar-se dono da verdade e mandar nos outros. Para Jesus, vigiar é ser solidário com os sofredores e injustiçados (cf. 26,38.40.41).

A 2ª leitura é da Carta aos Romanos. Paulo mostra que para o cristão a vida presente, o dia a dia, é tempo de graça: "Vocês sabem em que tempo estamos vivendo, já é hora de acordar, pois a nossa salvação está mais perto do que quando abraçamos a fé" (v. 11).

2º Domingo do Advento

Leituras: Isaías 11,1-10; Romanos 15,4-9; Mateus 3,1-12.

Conversão é o tema de reflexão deste nosso final de semana; aliás a vida do cristão deve ser uma conversão, uma fé que nos direcione sempre para Cristo, viver como Ele viveu em suas palavras e obras. Este tempo do Advento, enquanto preparação para a vinda do Cristo, que chegará no Natal e que também chegará um dia definitivamente, é o tempo da graça, momento oportuno de buscar sincera e verdadeira conversão: acheguemo-nos mais à vida de comunidade, aos sacramentos e aos necessitados, com esperança, humildade e singeleza de coração. Vejamos as leituras.

A 1ª leitura é do Livro do profeta Isaías, que foi escrito em tempo de crise para trazer esperança: do toco sem vida irá brotar uma árvore frutífera; "sobre ele repousará o espírito do Senhor, espírito de sabedoria e discernimento, espírito de conselho e fortaleza, espírito de reconhecimento e temor do Senhor" (v. 2).

Com essa identidade Ele "não julgará pelas aparências... trará a justiça para os humildes... destruirá o mal com o sopro de seus lábios..." (v. 3-5). E o resultado disso é a reconciliação de toda criação, os eternos rivais passarão a viver juntos e partilharão os bens da vida: lobo e cordeiro, onça e cabrito, carneiro e leão, vaca e urso, leão e boi. A criança poderá governar o mundo e, mais ainda, a serpente, principal inimiga da humanidade, brincará com as crianças. Assim, "a terra estará tão repleta do saber do Senhor quanto as águas que cobrem o mar" (v. 9).

No Evangelho de Mateus, o Reino de Deus será traduzido em termos de justiça. O início de seu Evangelho apresenta João Batista como anunciador do Reino; "convertam-se porque o Reino do Céu está próximo" (v. 1). João Batista usa roupa de pelos de camelo e cinturão de couro, alimenta-se de gafanhotos e mel silvestre, vive no deserto, o que confundirá os planos econômicos da cidade de Jerusalém, baseada na exploração e no lucro.

Com seu modo de viver, João anuncia Jesus, que irá inaugurar o Reino da Justiça. É preciso converter-se, pois Jerusalém está entortando as estradas do Senhor, mas, no deserto, João é profeta: "Esta é a voz daquele que grita no deserto, preparem o caminho do Senhor, endireitem suas estradas" (v. 3).

O povo de Jerusalém e de toda Judeia (sofrido) ia até João disposto a mudar de vida, mas os fariseus e saduceus não concordaram com isso, porque eles achavam que era pelo cumprimento da Lei que o Reino de Deus viria, e os pobres que não cumpriam a Lei estavam atrasando a chegada do Reino. João Batista vai contra essa ideia e os chama de "raça de víboras" (v. 7), são cobras venenosas que procuram fugir da ira que está para chegar. João diz para eles mostrarem o fruto da conversão: justiça, porque o tempo está próximo. E quem se converter será como trigo recolhido no celeiro, quem não se converter será queimado como palha para sempre.

A 2ª leitura é da Carta aos Romanos, e Paulo comenta sobre "os fortes" e os "fracos" que fazem parte da comunidade, isso para dizer que as pessoas são diferentes. As diferenças não significam desigualdade. O ponto de referência para os cristãos é o exemplo de Cristo, servidor de todos.

3º Domingo do Advento

Leituras: Isaías 35,1-6a.10; Tiago 5,7-10; Mateus 11,2-11.

O tempo litúrgico do Advento, a partir desta terceira semana, é caracterizado pela espera messiânica de Jesus nos fins dos tempos, e as leituras bíblicas também possuem um conteúdo de promessas messiânicas: "Os cegos irão enxergar, os coxos irão pular, os surdos irão ouvir, os doentes irão ser curados". Isso, porém, só vai acontecer no dia em que nossa fé e nossa esperança estiverem maduras.

A 1ª leitura, do profeta Isaías, narra um novo êxodo que está para acontecer. É uma nova vida, liberta de todas as escravidões, até com uma sensibilidade ecológica; "a terra que era deserta e intransitável, exulte a solidão e floresça como um lírio" (v. 1). Esse otimismo antecipa a vitória que está para chegar e provoca uma mobilização geral no povo; "vocês devem dar forças às mãos enfraquecidas e firmai os joelhos debilitados" (v. 3). Por fim, o acontecimento mais importante: os cegos, surdos, coxos, mudos que passam a enxergar, a ouvir, a falar, a pular como cabritos e a gritar. Todos se dirigindo para Sião para louvar ao Senhor. É a marcha dos oprimidos libertados, dos que perderam suas raízes e agora as encontraram, é a virada histórica do povo com Deus.

O Evangelho é de Mateus e narra as dúvidas e as rejeições para com Jesus, enquanto Messias. Quando João Batista ouve falar das ações de Jesus, manda perguntar a Ele se é o que há de vir, ou se é necessário esperar um outro (v. 2-3). Jesus não responde, mas diz aos discípulos de João para contar-lhe os fatos que estão vendo acontecer; "os cegos recuperam a vista..." (v. 5). Até mesmo o maior dos profetas é chamado por Jesus a fazer esse discernimento, é a partir da interpretação das obras de Jesus que se chega ao conhecimento de que Ele é o Messias. No Evangelho de Mateus Jesus veio cumprir a justiça do Pai, e aos poucos Ele vai se revelando nisto. Entender isso é viver a solidariedade e não se escandalizar com a prática de Jesus. Nos três versículos finais, Jesus fala de João Batista ao povo, "ele não é um caniço agitado pelo vento" (v. 7), porque não se deixou levar pelo sistema, "não é um homem vestido com roupas finas" (v. 8), não é daqueles que privilegiam uns, excluindo outros. Ele é mais que um profeta, é aquele que prepara as pessoas para o encontro definitivo com o Reino de Deus, porém o menor no céu é maior que ele.

A 2ª leitura é da Carta de São Tiago, texto do Novo Testamento que mais mostra o conflito entre pobres e ricos. Nos versículos deste domingo Tiago recomenda paciência nesses momentos: "Olhem o agricultor, ele espera o precioso fruto da terra, até cair a chuva do outono ou da primavera" (v. 7). Isso para mostrar que a paciência tem a recompensa (chuva), mas nada colherá sem semear (sem ter esperança). É importante também a perseverança "ficai firmes e fortes porque a vinda do Senhor está próxima" (v. 8). É preciso estar unidos; "não vos queixeis uns dos outros" (v. 9). "Tomai como modelo o sofrimento e a firmeza dos profetas" (v. 10).

4º Domingo do Advento

Leituras: Isaías 7,10-14; Romanos 1,1-7; Mateus 1,18-24.

Quanto mais nos aproximamos do Natal do Senhor, mais aumentam nossa expectativa, nossa esperança e nossa alegria. O Espírito natalino nos vai envolvendo de tal maneira, que passamos a viver os dias em função dessa festa. As leituras deste final de semana querem ajudar-nos a viver o verdadeiro sentido do Natal.

A 1ª leitura é do profeta Isaías, que condena as alianças de seu rei Acaz com a Assíria, porque o povo tem sua esperança em Deus e não nos assírios. Acaz se faz um rei idólatra e, por isso, nessa leitura, com a desculpa de não querer tentar o Senhor (v. 12), ele não pede nenhum sinal para Deus. Mas, apesar disso, Deus se adianta por meio do profeta Isaías, dando um sinal de sua fidelidade, que perdura para sempre; "eis que a virgem ficará grávida e dará luz a um filho e lhe dará o nome de Emanuel" (v. 14). Esse sinal é uma criança, provavelmente Ezequias, o filho de Acaz. É sinal messiânico, não possui espaço e tempo determinados, ele se projeta no horizonte, trouxe Jesus, o Filho de Deus, consolidando uma Nova Aliança de fidelidade para todos. E a cada Natal, renovam-se nossa fé e nossas esperanças. Esse é um dos verdadeiros sentidos da festa.

O Evangelho é de Mateus, trazendo em seu início a genealogia de Jesus; "Livro da origem de Jesus Cristo, filho de Davi, filho de Abraão" (1,1). Abraão era homem justo; Davi, rei justo; eis a origem e o meio da nova história de Jesus.

Com Jesus a história chega à plenitude por meio de pessoas justas, sendo ponte o vento de Deus (Espírito). A criação de

Gn 1 estaria incompleta até o nascimento do Homem (Jesus); o mesmo Espírito que pairava sobre as águas gera no ventre de Maria o Menino Deus.

"José, seu marido, era justo. Não queria denunciar Maria, pensava em deixá-la, sem ninguém saber" (v. 19). Alguns teólogos entendem esse fato de José deixar Maria, porque, como os justos na Bíblia, ele se retira diante da grandeza divina, considerando-se simplesmente pobre; mas é com os pobres que Deus constrói sua história.

O nome que Jesus recebe é dado por Deus Pai. Como costume da época, o filho recebe o nome como característica de sua missão. Jesus significa "Deus Salva", Ele vai salvar a humanidade de seus pecados. Mateus mostra também que tudo isso está acontecendo para o cumprimento das Escrituras; "a virgem conceberá e dará luz a um filho. E ele será chamado pelo nome de Emanuel, que significa Deus está conosco" (v. 22). Emanuel não é seu nome, mas o significado de sua presença no meio de nós.

A 2ª leitura é da Carta de São Paulo aos Romanos. Eis algumas mensagens importantes desse trecho; a vocação é um dom gratuito, a fé é que leva todos à pessoa de Jesus Cristo, cuja morte e ressurreição trouxeram a salvação.

TEMPO DE NATAL

Natal do Senhor *(ver festas)*

Sagrada Família

Leituras: Eclesiástico 3,3-7.14-17a; Colossenses 3,12-21; Mateus 2,13-15.19-23.

A família enfrenta hoje inúmeros desafios, situações novas que nos fazem pensar. É possível até imaginar uma família cujo filho teve a participação de três mulheres e de dois homens: uma mulher cedeu o óvulo, outra o útero, outra adotou a criança, um homem cedeu o esperma e outro foi o pai adotivo.

Outra situação é que a lei atual aceita as uniões de fato: basta o casal "morar junto" para que a união seja reconhecida. Mas não podemos confundir uniões de fato com os verdadeiros matrimônios.

A família deve ser o alicerce sobre o qual as pessoas vão crescer e aprender a ser "gente de bem". Embora haja muitas dificuldades que desafiam a paz da família: migrações, pobreza, desemprego, falta de moradia, consumismo que desvia os jovens, cigarro, bebidas alcoólicas, drogas. A família não pode perder seu fundamento de ser a primeira forma de relacionamento humano voltada para o bem.

A 1ª leitura é do Livro do Eclesiástico (livro que respeita a sabedoria popular). Esse livro se parece com um caderno de anotações, onde recolhemos pensamentos, ensinamentos, provérbios que nos ajudam a pensar em nosso dia a dia. É um livro de um avô traduzido pelo neto. O autor insiste nos conselhos sobre as famílias, sinal de que, desde os tempos antigos, elas já enfrentavam dificuldades, como por exemplo a necessidade de se respeitar pai e mãe, sobretudo na velhice.

O Evangelho é de Mateus. A Bíblia relata mais relações familiares difíceis do que fáceis; os filhos de Noé não souberam respeitá-lo; Abraão teve filho com a escrava e brigou com o sobrinho; a família de Jacó vendeu o irmão; Moisés foi contrariado pelos irmãos; Davi foi adúltero; e Tobias e Jó não se davam bem com suas esposas. Mas isso tudo é para nos mostrar que a vida a dois não é fácil, trata-se de uma tarefa árdua que ninguém consegue viver fielmente sem esmorecimentos, visto que, muitas vezes, as famílias vivem situações dramáticas chegando a separações, visíveis e invisíveis.

Na singular família de Nazaré, José teve dificuldades para entender a gravidez de Maria. Maria disse sim, porém ficou três meses distante de José. Jesus, desde muito cedo, quis ser independente dos seus. Chegando a dizer que a verdadeira família são os que fazem a vontade de Deus.

O episódio do Evangelho de hoje deixa claro que Jesus assume em sua vida a trajetória da história de seu povo. O Êxodo vivido pelo povo é agora revivido por Jesus, Maria e José. Mateus, ao relatar essa passagem da vida de Jesus, inspira-se no mesmo fato que ocorreu com Moisés, relatado no Livro do Êxodo: "Vai, volta para o Egito, porque estão mortos todos os que atentavam contra tua vida". Mateus nos ajuda, assim, a entender a Missão de Jesus: ele será o novo Moisés e dará início a um novo processo de libertação de seu povo.

A 2ª leitura é da Carta de São Paulo aos Colossenses. O elenco de qualidades nessa leitura é formado, em seu conjunto, das características do homem e da mulher novos, que assumiram Jesus e dão testemunhos de serem compassivos, bondosos, humildes, mansos e generosos. E que, no relacionamento humano, saberão suportar o outro e conseguiram perdoar. Quanto à questão da submissão da mulher é bom ver o texto todo, pois quem consegue viver os valores acima é incapaz de escravizar alguém.

Às vezes, o romantismo com que é tratada a questão da família mais atrapalha que ajuda diante dos desafios atuais. Sem abrir mão daquilo que a Igreja afirma ser a família ideal, devemos, com as mais diversas formas de família, pautar nosso contato pelo respeito e diálogo. A Bíblia sabe que a vida em família é dura e exatamente por isso quer ajudar-nos por meio de exemplos de famílias difíceis, a fim de que possamos encontrar ali conforto, indicações, sugestões, encorajamento para alcançar o ideal proposto para o matrimônio cristão.

Santa Maria, Mãe de Deus *(ver festas)*

Epifania do Senhor *(ver festas)*

Batismo do Senhor

Leituras: Isaías 42,1-4.6-7; Atos 10,34-38; Mateus 3,13-17.

Nós, católicos, valorizamos bastante o sacramento do batismo, valorizamos até mais que os outros sacramentos da Igreja; por exemplo, muitos casais admitem viver conjugalmente sem o sacramento do matrimônio, mas não admitem que seus filhos fiquem sem receber o batismo. Por causa dessa situação precisamos ter uma melhor compreensão desse sacramento. Vejamos como a Bíblia nos ajuda.

A 1ª leitura é do Livro do profeta Isaías, ela faz parte do "primeiro canto do servo de Javé". O servo é alguém que é muito amado por Deus e possui o Espírito de Deus, aos moldes dos juízes e reis bíblicos, que fazem justiça aos oprimidos. Ele está a serviço do projeto de Deus, é um sacerdote que "vai levar o direito às nações" (v. 1b), qual um porta-voz de Deus, é um profeta. Ele tem o jeito certo de servir para implantar a justiça: "não gritará, não falará alto, nem fará ouvir sua voz pelas ruas. Não quebrará de vez o caniço rachado, nem apagará a mecha que ainda está fumegando" (v. 2-3). Quem é este servo? É Jesus? São pessoas de nossas comunidades, que vivem o batismo? São os homens e as mulheres que praticam o bem?

O Evangelho é de São Mateus e narra o batismo de Jesus, trazendo como cerne de tudo as palavras de Jesus a João Batista: "devemos cumprir toda justiça" (v. 5). São as primeiras palavras de Jesus no Evangelho de São Mateus, e a partir daí todo o seu Evangelho será conduzido por esse eixo da justiça.

Com o batismo de penitência, João queria preparar o povo para a chegada do Messias e pregava um Messias juiz; mas Jesus se apresenta como um simples candidato ao batismo de penitência, para mostrar que o Reino de Deus não se baseia na força ou na violência, mas sim na solidariedade com os pecadores.

Jesus diz que será batizado "para cumprir toda justiça", assim como todos os que se comprometem com Ele no batismo. Nesse sentido esse sacramento nos coloca no caminho da justiça.

A 2ª leitura é do Livro dos Atos dos Apóstolos, na qual Pedro afirma que "Deus não faz distinção entre as pessoas. Pelo contrário, ele aceita quem o teme e pratica a justiça" (v. 34). Isso reforça a fé em que Deus não julga pelas aparências, mas pela prática da justiça. E, no verso 38, reforça-se o batismo de Jesus, que "foi ungido pelo Pai, com Espírito Santo e com poder".

TEMPO DA QUARESMA

1º Domingo da Quaresma

Leituras: Gênesis 2,7-9; 3,1-7; Romanos 5,12-19; Mateus 4,1-11.

Com o tempo da Quaresma na liturgia, preparamo-nos para a maior celebração do mistério cristão, que é a morte e ressurreição de Jesus. Neste primeiro domingo da quaresma, as leituras levam-nos a refletir sobre as tentações do mal, em nossas vidas. Somente com muito esforço, muitas renúncias, fé viva e comunitária é que conseguiremos ser fiéis ao Pai.

A 1ª leitura é do Livro do Gênesis. Nesse trecho narra-se que o Senhor Deus insufla o hálito da vida no "Humano", e esse se torna um ser vivo. Depois, o Senhor passa a criar um lugar que a humanidade habite. É um jardim que se assemelha a um parque de árvores. Aí está também a serpente, símbolo do diabo, para tentar a mulher dialogando com ela, seduzindo-a com meias verdades: "Não, não vais morrer!... Vossos olhos se abrirão... seríeis como deuses..." (v. 4-5). Meias verdades porque não morrem quando comem a fruta, mas um dia morrerão; os olhos se abriram, mas para tomar consciência da realidade humana de culpa e vergonha; de fato, a humanidade buscou possuir o conhecimento à revelia do Criador.

O Evangelho é de Mateus e versa sobre as tentações sofridas por Jesus no deserto, como consequência de seu Batismo. Não seria isso um fortalecimento de seu próprio Batismo? À semelhança do Povo de Deus no deserto, Jesus foi tentado. No Batismo Ele entendeu como deveria anunciar o Reino: não qual um messias poderoso, mas como servo fiel ao Pai. É claro que a tentação para Jesus significou só um momento, foi um clima que marcou toda a sua vida e missão. É sua entrega total nas mãos do Pai que o faz fiel. Assim também é nossa vida, a diferença é que Jesus não caiu nas tentações, nós caímos muitas vezes.

São três tentações. A tentação do pão simboliza o "ter", a posse dos bens materiais; a tentação do templo representa o uso da religião e da fé em benefício próprio; e a do poder refere-se à idolatria, "tudo isso te darei, se prostrado me adorares". Essas provações são as mesmas que estão sempre presentes em nossas comunidades.

Meditando sobre elas poderemos compreender melhor a missão que temos de seguir e vencê-las é vencer o materialismo, a falsa religião e o abuso de poder.

A 2ª leitura é da Carta de São Paulo aos Romanos. Essa leitura apresenta Jesus como o novo Adão. Como o pecado esteve presente na humanidade em Adão. A vitória sobre o pecado e sobre a morte veio por meio de Jesus Cristo, que venceu a morte com a ressurreição (v. 12).

2º Domingo da Quaresma

Leituras: Gênesis 12,1-4a; 2ª Timóteo 1,8b-10; Mt 17,1-9.

No caminho quaresmal rumo à Páscoa, é necessário o empenho para resistir fiel a Deus durante a passagem pela terra árida e a visão prospectiva da vitória final. A fidelidade e a esperança são duas demonstrações concretas da maturidade de fé. Na primeira leitura, Abrão nos mostra sua confiança nas promessas do Pai, e, no Evangelho da Transfiguração, Jesus é a realização da nossa esperança.

A 1ª leitura, do Livro do Gênesis, apresenta-nos Abraão, o pai da fé. Nesse texto clássico da Bíblia, Deus Pai convoca Abraão para deixar sua terra, sua casa e ir por um caminho desconhecido, que o próprio Pai lhe mostrará com a promessa de fazer a partir dele uma grande nação. Esse quadro é um retrato de fé, a confiança plena no Pai é o abandono de qualquer outro tipo de garantia. É desacomodar-se, desinstalar-se, trocar aquilo que é aparentemente conquista por uma promessa, o certo pelo incerto, é "topar o desafio". A fé exige uma postura radical, que nos faz autenticamente livres para amar e servir.

O Evangelho é de Mateus, o episódio chamado de Transfiguração. O rosto brilhante de Jesus e suas roupas brancas como luz antecipam o acontecimento pascal. Pedro não entende que a transfiguração é um encorajamento para manter-se fiel à missão, por isso, quer permanecer ali. Os momentos de beleza, de luz, de paz, de encontro com Deus e com os irmãos são tão preciosos, que valem o que a vida é. A felicidade é assim, feita de curtos momentos que sustentam toda caminhada no deserto. Essa é a mística, a espiritualidade da vida.

A 2ª leitura é da Segunda Carta de São Paulo a Timóteo. São palavras autênticas de uma fé cristã. Palavras de encorajamento, de graça do Pai, de esperança. São Paulo nos pede não nos envergonhar de dar testemunho do Evangelho, participar junto no sofrimento, na graça da vocação santa. O fundamento é Jesus, que destruiu a morte e fez brilhar a vida, em Cristo a vida é um brilho. Acolhê-lo significa despojamento de situações cômodas e privilégios sociais ou eclesiásticos, significa rejeitar toda injustiça feita contra os mais fracos.

3º Domingo da Quaresma

Leituras: Êxodo 17,3-7; Romanos 5,1-2.5-8; João 4,5-42.

Na liturgia deste terceiro domingo da quaresma a orientação da Bíblia para nossa fé é a seguinte: é preciso estar sempre amadurecendo na fé para não se prender a uma religião de aparências e detalhes, mas "adorar a Deus em espírito e verdade" (Jo 4,24).

Na 1ª leitura do Livro do Êxodo deparamo-nos com o povo brigando com Moisés porque estava passando sede no deserto. Moisés fala com Deus e Deus faz jorrar água da rocha. Esse fato é rico em esclarecimentos para nossa fé. O deserto (falta de água) significa que o povo não entendeu direito o processo de libertação da escravidão, com isso reclama e protesta contra Deus, isto é, o povo fica "criando caso" com Deus, que é fiel e está junto, adiante o povo, fiel ao povo. Passamos muitas vezes pelos desertos da vida, a humanidade passa pelos desertos da vida porque não consegue ser fiel como Deus é. Sofremos por falta de fidelidade na partilha, na justiça, no amor, no louvor.

O Evangelho é o da samaritana, melhor é de Jesus, água viva. Essa história acontece ao redor do poço de Jacó (lugar dos encontros bíblicos e da Lei). Jesus está com sede, ao meio-dia (mesmo horário em que Jesus foi crucificado e teve sede — Jo 19,28). Cansando da viagem, senta-se junto ao poço. Chega uma mulher (sem nome — é a própria humanidade) para tirar água e Jesus pede-lhe um pouco. Judeus e samaritanos não se entendiam, Jesus começa a quebrar o preconceito pedindo água e, com isso, mostra que a sede é comum a todo ser humano. E aprofunda a conversa dizendo: "Se você conhecesse o dom de Deus e quem é que está dizendo a você: dê-me de beber, você é que lhe pediria, e ele lhe daria água viva... aquele que beber da água que eu vou dar, esse nunca mais terá sede"

(v. 10.14). A água que Jesus dá é o Espírito, a força que vem de dentro e jorra para a vida eterna. A humanidade (mulher) está sedenta e pede água.

Ela não tem nome, mas teve cinco maridos e está com o sexto, que não é seu; apesar disso, continua com a sede que só Jesus pode saciar, o esposo da humanidade. A samaritana pensa pequeno, Jesus fala de todas as sedes da humanidade, ela entende que não precisaria voltar todo dia ao poço.

Quando entra no assunto de religião, quer saber qual o lugar em que se deve adorar a Deus. Não percebe que o verdadeiro santuário está a sua frente, para adorá-lo em Espírito e verdade. Jesus é que diz "sou eu o Messias que está esperando". Nesse momento chegam os discípulos; preconceituosos, admiram-se por Jesus conversar com a mulher. Em seguida a samaritana vai anunciar o Messias, e os discípulos dialogam com Jesus sobre os alimentos, mas Jesus fala do projeto do Pai, de que, ao mesmo tempo, Ele é semeador e semente.

A 2ª leitura é da Carta de São Paulo aos Romanos, na qual Paulo afirma que ninguém se salva por si mesmo, é Cristo quem salva, por isso é preciso acreditar nele, no projeto de seu Pai, comprometendo-se.

4º Domingo da Quaresma

"A cegueira é a incapacidade de ver as coisas como elas são."

Leituras: 1º Samuel 16,1b.6-7.10-13; Efésios 5,8-14; João 9,1.6-9.13-17.34-38.

A reflexão que faremos neste final de semana é sobre a graça de Deus, que sempre acompanha os pequenos (1ª leitura) e sobre a graça libertadora de Jesus, que cura o cego em dia de sábado, ensinando-nos que a prática do bem não tem hora e que toda humanidade deve buscar "curas para as cegueiras".

A 1ª leitura é do 1º Livro de Samuel e narra a unção de Davi, um novo rei para Israel. Davi é o mais novo dentre oito irmãos, filhos de Jessé. Ele cuida do rebanho de seu pai. Samuel, seu antecessor, deixa-se enganar pelas aparências, pois vê em Eliab, irmão mais velho de Davi, um porte atlético invejável e acredita que ele poderia ser o novo rei, mas o Senhor lhe disse: "o homem vê o rosto, mas Deus vê o coração" (v. 7).

O Evangelho é de João e está no contexto dos sete sinais, sendo a cura do cego o sexto sinal, e está relacionado à festa das Tendas no AT, onde se recordava o tempo em que o povo de Deus passou pelo deserto. Nessa festa, o sacerdote tirava água da piscina de Siloé para purificar o altar, e acendiam tochas sobre os muros do templo para iluminar a cidade.

Relacionando esse fato ao Evangelho notamos que Jesus é a água que nos lava das cegueiras, é a luz de nossa fé. No Evangelho, cegueira é a alienação e o pecado, e a visão significa a maturidade de fé.

O cego de nascença era o símbolo do povo oprimido, porém a sociedade o entendia como um castigo de Deus. As pessoas da época de Jesus eram cheias de preconceitos, como hoje; e quando Jesus realiza seus milagres, quer quebrar esses preconceitos. O fato de Jesus ter curado o cego significa libertar os que viveram desde o nascimento sem nenhuma oportunidade de existência digna, é essa sua missão, à qual foi enviado pelo Pai. Essa é a missão do Filho de Deus e a nossa.

Outra questão que aparece no Evangelho é a do Sábado, dia de repouso, o que Jesus não respeita. Para Jesus, quando a vida está em jogo não há nada mais sagrado do que defendê-la.

O cego curado vê o mundo com mais coragem e realismo;

se antes ele se contentava em pedir esmolas, agora ele enfrenta os conflitos e dá testemunho de Jesus, a tal ponto de ser expulso de sua comunidade. Mas isso é um processo de conversão em sua vida mostrada no Evangelho, que também pode significar nossa conversão. Primeiro ele vê Jesus como homem; "o homem chamado Jesus fez lama e aplicou em meus olhos..." (v. 11). Depois vê Jesus como é, um servo enviado por Deus, um profeta; até o ponto de se ajoelhar diante de Jesus. Jesus fica sabendo que fora expulso da comunidade, encontra-o e lhe pergunta: "Acreditas no Filho do Homem?" (v. 35). Essa pergunta é definitiva, a fé, à qual ele respondeu afirmativamente.

A 2ª leitura é de Efésios, São Paulo escreve dizendo que os frutos da luz são bondade, justiça e verdade e que as obras das trevas não levam a coisa alguma, são estéreis, egoístas, mentirosas e injustas. "Tudo o que é mascarado é manifestado pela luz" (v. 13).

5º Domingo da Quaresma

Leituras: Ezequiel 37,12-14; Romanos 8,8-11; João 11,1-45.

Nosso Deus é o Deus da Vida e não da morte, logo, o que gera a vida é de Deus, bem como tudo o que gera a morte é contra Ele. Partindo desse fundamento de fé é que vamos olhar as leituras deste final de semana a fim de que possamos analisar nossa vida e a de nossa comunidade para saber se, de fato, estamos defendendo a vida ou estamos criando situações de morte.

A 1ª leitura é do profeta Ezequiel e narra como se sentia o povo de Israel no exílio. "A casa de Israel anda dizendo: nossos ossos estão secos, nossa esperança está desfeita. Para nós tudo está acabado" (v. 11). O povo exilado sentia-se morto.

Mas por meio do profeta Ezequiel, Deus fala: "Vou abrir as vossas sepulturas e conduzir-vos para a terra de Israel". É o próprio Deus que denuncia a situação de morte do povo e vai conduzi-lo fazendo com que tome consciência de quem é Ele: "Então sabereis que sou o Senhor, digo e faço" (v. 14).

O Evangelho é o da ressurreição de Lázaro, mostra-nos a vitória da vida sobre a morte; mostra a glória de Deus; mostra um sinal da ressurreição, fundamento para os que creem. Lázaro, Marta e Maria representam a humanidade envolvida por situações de morte.

Esse Evangelho revela as características de quem crê no Cristo ressuscitado. A primeira é o amor e a fraternidade. Entre Jesus, Marta, Maria e Lázaro, o que predomina é o amor e a amizade. Jesus volta à Judeia, a fim de ressuscitar seu amigo, apesar do medo dos discípulos, mesmo sabendo que isso poderá levá-lo à morte. Ele segue, porque o amigo existe para doar a vida. Jesus, nosso Deus, deu sua vida em favor dos sofrimentos humanos.

Outra característica desse Evangelho é que esse amor/amigo gera fé em Jesus. Marta e Maria possuem atitudes diferentes, pois, quando Jesus chega, a primeira corre ao encontro de Jesus numa atitude de desespero, atitude similar à dos vizinhos, chorando e lamentando em altos brados. Maria permanece sentada, não se envolve nesse ambiente de desespero. Marta conversa com Jesus, que lhe revela quem Ele é: "Eu sou a ressurreição e a vida" (v. 25-26). Após essas palavras de Jesus, ela expressa sua fé.

A terceira característica do Evangelho é a passagem da morte para a vida. Marta vai chamar Maria, que foi chorando falar com Jesus, e ele também chora, não é o mesmo pranto desesperado dos judeus, mas chora porque é solidário aos sofrimentos humanos. Jesus manda tirar a pedra do túmulo, reza ao Pai e, em seguida, grita para Lázaro: "Vem para fora" (v. 43). Lázaro sai do túmulo com os braços e pernas amarradas, Jesus ordena que o desamarrem. As amarras representam a prisão de nossa vida, mas Jesus nos liberta.

A 2ª leitura é a da Carta aos Romanos; trata da diferença entre os que vivem na carne (egoísmo) e os que vivem segundo o espírito (doação). Viver segundo a carne é fazer de si mesmo um ídolo. Viver segundo o espírito é sentir os apelos da humanidade.

SEMANA SANTA

Domingo de Ramos

Leituras: Mt 21,1-11, para a Bênção de Ramos; Isaías 50,4-7; Filipenses 2,6-11; Mt 27,11-54, para a Missa.

Com a celebração de Ramos iniciamos nossa Semana Santa; nela celebraremos a paixão, morte e ressurreição de Cristo. A quaresma foi uma viagem de fé rumo à Páscoa; a Semana Santa é como um navio chegando ao porto, é a imagem da Paz, de repousar na Paixão do Senhor. Essa Paixão tem na origem o amor de Deus: "Deus amou tanto o mundo, que entregou seu filho único" (Jo 3,16).

No Domingo de Ramos, celebramos a entrada de Cristo em Jerusalém para cumprir seu mistério pascal. Ele se apresenta em Jerusalém não como um rei guerreiro, mas como Messias humilde e manso: "Veja, teu rei vem a ti; triunfante e vitorioso é humilde e manso montando um jumento" (Zc 9,9).

A procissão de Ramos é uma espécie de antecipação do Domingo da Páscoa, pois os ramos abençoados e levados em procissão são sinais da vitória; como diz a oração: "Hoje honramos Cristo, nosso Rei triunfante, levando estes ramos".

É o Domingo de Ramos e da Paixão, ramos pela vitória, paixão pelo sofrimento. "O caminho de Jesus e de todo cristão é paradoxal; pelo fracasso ao triunfo, pela derrota à vitória, pela humilhação à glória, pela morte à vida e à ressurreição" (B. Caballero).

A 1ª leitura é do profeta Isaías, que relata seus sofrimentos: "Ofereci as costas para me baterem e as faces para me arrancarem a barba; não desviei o rosto de bofetões e cusparadas"

(v. 6). O profeta, sofrendo nas mãos do inimigo, prefigura os sofrimentos de Cristo e sua tranquila aceitação das injúrias nos faz pensar na humildade de Cristo.

"A leitura do Evangelho é despojada de cerimônia usual, sem velas ou incenso, omiti o sinal da cruz no início. Começa com o simples anúncio: 'Paixão de Nosso Senhor Jesus Cristo segundo Lucas'. O Evangelho da Paixão não precisa de adornos, não requer introdução ou homilia, ela fala por si. Quando lido com reverência, não deixo de causar profunda impressão" (Vincent Ryan).

A 2ª leitura apresenta o mistério da redenção, é o autoesvaziamento, "esvaziou-se a si mesmo para assumir a condição de escravo" (v. 7) e, ainda mais, para aceitar a morte na cruz, isso é o máximo da humildade e abaixamento. Mas "Deus o sobressaltou grandemente e o agraciou com o Nome que é sobre todo o nome" (v. 9).

Com essa celebração iniciamos a Semana Santa, que ela seja como um navio que fez uma grande viagem (Quaresma) e que agora está atracando ao porto; porto da paz interior e do recolhimento; para viver a paixão, símbolo do amor de Deus Pai pelo mundo, e celebrar nossa Vida Nova na Páscoa. Que vivamos "a grande semana" da fé.

Quinta-feira Santa *(ver festas)*

Sexta-feira Santa *(ver festas)*

Vigília Pascal

Leituras: Romanos 6,3-11; Mateus 28,1-10.

"Na antiga tradição da Igreja, esta noite deve ser comemorada em honra do Senhor (Êx 12,42); e a vigília que nela se celebra, em memória da noite santa na qual Cristo ressuscitou, deve ser considerada a mãe de todas as vigílias (Santo Agostinho). É a Igreja vigilante à espera da Ressurreição do Senhor. A proposta litúrgica da Igreja é de nove leituras, mas por questões pastorais esse número pode ser reduzido para até, em casos mais urgentes, duas leituras antes da epístola e do Evangelho, que são apresentados neste texto. Nunca se omite a leitura da passagem do Mar Vermelho (Êx 14,15–15,1)" (Diretório Litúrgico da CNBB).

Vigília Pascal é, sobretudo, tempo de celebração batismal, porque na Igreja primitiva o sacramento do batismo era administrado somente a pessoas adultas e durante a celebração dessa vigília. A pessoa passava por um período de catequese, no mínimo três anos e, na noite da vigília, recebia os sacramentos da iniciação cristã (batismo, confirmação e eucaristia).

As mulheres vão ao túmulo e, surpresas pelo que viram, correm para contar aos discípulos, pois isso mudaria até o jeito de entender a vida.

Muitas pessoas acham que somos sonhadores incorrigíveis, falando em "civilização do amor" no meio de um mundo em conflito. Anunciamos paz nas famílias, reconciliação de inimigos, fraternidade, generosidade e justiça; que não haja mais pessoas passando fome ou desabrigadas... no meio de esperanças aparentemente mortas, a fé está viva. Os batizados são aqueles que anunciam com a vida que o túmulo está derrotado, que o Deus da vida é maior.

Quatro principais partes estão contidas na celebração da Vigília Pascal: Celebração da Luz, Liturgia da Palavra, Liturgia Batismal e Liturgia Eucarística.

Celebração da Luz: é a primeira parte da celebração, ela indica que o Cristo Ressuscitado é a Luz verdadeira que ilumina todo homem; na bênção do fogo, roga-se a Deus para que a festa da Páscoa acenda em cada um o desejo da luz eterna.

Esse é o valor do Círio Pascal, que é preparado, levado ao altar, colocado no candelabro e incensado. Segue-se o solene hino da Proclamação da Páscoa.

Liturgia da Palavra: são nove leituras bíblicas, duas do Novo Testamento. Após a sétima leitura, acendem-se as velas do altar para cantar o "Glória" e tocar os sinos; no Evangelho retoma-se o canto do "Aleluia".

Liturgia Batismal: mesmo quando não há batismos, celebra-se a renovação das promessas batismais, seguindo um ritual solene.

Liturgia Eucarística: é a noite santa com a procissão e o canto das ofertas solenes, a bênção final também é solene e segmentada em três partes, enriquecidas com o Aleluia.

TEMPO PASCAL

Domingo da Ressurreição *(ver festas)*

2º Domingo da Páscoa

Leituras: Atos 2,42-47; 1ª Pedro 1,3-9; João 20,19-31.

Os cinquenta dias que vão desde o Domingo da Ressurreição até o Domingo de Pentecostes celebrar-se-ão com alegria e exultação. Esse período é como um grande Domingo, como se fosse um só dia de festa alegremente prolongada. Os textos bíblicos relatam as manifestações de Jesus Ressuscitado, a atuação de Pedro e os apóstolos na formação das primeiras comunidades.

Durante o 2º Domingo da Páscoa, vamos refletir sobre a presença do Ressuscitado entre a comunidade inaugurando uma nova criação e a figura de São Tomé, carente de uma fé madura.

O ponto de partida para a reflexão dessa leitura é a dificuldade que Tomé teve para acreditar em Jesus Cristo Ressuscitado, porque esse também é um obstáculo em nossa comunidade nos dias atuais. Vivemos numa sociedade onde a cultura é baseada na necessidade de ver. Para acreditar, precisamos ver imagens, pessoas objetos, vídeos, retratos. O visual nos fascina e, mais ainda, não nos contentamos em ver com os olhos, precisamos tocar com as mãos.

Diante disso é bom questionar: Será que o que vemos é a realidade? Será que não ficamos na superficialidade? Será que o mais importante é a aparência? Será que agindo dessa forma (que é a maneira da cultura de massa) não estamos deixando de lado o olhar da fé? Será que isso não leva à angústia? Olharemos o Evangelho.

Entre os versículos 19 e 23, a cena enfatiza a criação da comunidade messiânica: "Ao anoitecer do primeiro dia da semana" (v. 19), é a fala inicial do texto e indica a tarde do domingo da Páscoa, que para os Judeus era um novo dia; teologicamente, estava-se iniciando uma nova era; a vitória de Jesus ressuscitado sobre a morte.

As portas estavam fechadas e Jesus entrou. O fato de as portas estarem fechadas pode ser interpretado como positivo, porque Jesus entra (não há limites humanos para Ele); e negativo, porque denota o medo dos discípulos.

Jesus saúda-os com a Paz, é a saudação do Cordeiro vencedor que ainda traz em si os sinais da vitória, as marcas na mão e no lado (v. 20a). E os envia em missão sob a orientação do Espírito Santo. Com um projeto de condenar quem aderir à ordem injusta e perdoar quem participar da justiça de Deus.

A segunda cena é a história de Tomé, um dos doze que estava com Jesus antes da Paixão, mas não foi forte o suficiente para amadurecer na fé. Já que sua fé ainda era fraca, não viveu uma experiência de amor da comunidade, por isso ele precisa de sinais extraordinários. Tomé, porém, surpreende com sua expressão: "Meu Deus e meu Senhor". É a maior profissão de fé no Evangelho, mostrando-nos que é necessário sempre acreditar no ser humano, e não há situação irreversível.

3º Domingo da Páscoa

"Os discípulos de Emaús"

Leituras: Atos 2,14.22-33; 1ª Pedro 1,17-21; Lucas 24,13-35.

Muitos vivem como os discípulos de Emaús: desanimados, desiludidos, céticos, desconfiados, tristes, sem entender a realidade do mundo e não conseguem ver em sua fé o Cristo Ressuscitado. Será que perdemos, na dimensão da fé, a partilha (é no partir e abençoar o pão que os discípulos de Emaús reconhecem Cristo), a solidariedade e a fraternidade, que são valores fundamentais do cristianismo? Como renovar em nossas vidas esses valores?

A 1ª leitura é um trecho do discurso de Pedro no dia de Pentecostes, dirigindo-se aos homens de Israel. Disse a eles que, em Jesus, Deus manifestou integralmente seu projeto (v. 22), levando às últimas consequências, premiando-lhe com a ressurreição. Dando vida a Jesus, Deus o tornou Senhor e comunicador da vida. Pedro usa trechos do Salmo 16 (Deus age em favor de um doente, libertando-o da sepultura) para provar a ressurreição.

O Evangelho é o texto dos discípulos de Emaús, próprio de Lucas e com certeza não quer somente relatar o episódio, mas quer ser muito mais amplo refletindo sobre a dificuldade que temos de viver no Cristo ressuscitado.

No início, os discípulos caminham com o rosto sombrio, tristes, perderam o sentido da vida, abandonaram o projeto de Deus, porque para eles Jesus foi derrotado. Voltam para casa. Nessa situação Jesus começa a caminhar com eles, revelando-nos sua pedagogia, pois é num momento de desânimo e tristeza, principalmente, que Jesus se apresenta em nossa vida, mesmo que nós não percebamos.

Após um momento de silêncio na caminhada, Jesus abre o diálogo, e os discípulos vão narrando os fatos que lhes foram contados pelas mulheres e pela comunidade, mas nada disso era suficiente para convencê-los da ressurreição, nem mesmo o próprio Jesus caminhando a seu lado. Diante disso, Jesus dá um segundo passo em sua pedagogia, realiza seu primeiro círculo bíblico da história, oferece-lhes um encontro de catequese percorrendo a História da Salvação, perpassando os fatos bíblicos com seus personagens.

Nessa conversa Jesus demonstrou ser um grande exegeta do Pai, cativando os discípulos que o convidaram: "Fica conosco, pois já é tarde e a noite vem chegando!" (v. 29). Jesus aceita o convite e na casa de hóspede passa a ser anfitrião, pois é Ele quem lhes dá o pão: "Sentou-se à mesa com os dois, tomou o pão, o abençoou, depois partiu e dava a eles" (v. 31). Foi nesse gesto, de fato sublime e de revelação, que eles reconheceram o Cristo por meio da bênção e da partilha.

Por fim, quem de fato tem uma revelação divina não se acomoda, não a guarda para si, torna-se também um missionário. Foram para Jerusalém e confirmaram: "Realmente o Senhor ressuscitou e apareceu a Simão".

A 2ª leitura é de Pedro e inicia dizendo: "Caríssimos, se invocais como Pai aquele que sem discriminação julga a cada um de acordo com suas obras, vivei então respeitando a Deus durante o tempo de vossa migração neste mundo" (v. 17). Esse versículo mostra bem a comunidade dos destinatários da carta de Pedro, que se diziam seguidores do Pai, mas eram marcadamente divididos entre ricos e pobres, patrões e escravos, nativos e estrangeiros, sistema social em que os primeiros abusam dos segundos. Não é Deus igual para com todos?

4º Domingo da Páscoa

Leituras: Atos 2,14.36-41; 1ª Pedro 2,20-25; João 10,1-10.

Três comemorações importantes celebramos neste final de semana. Tudo é favorável à graça de Deus. Estamos celebrando o Tempo Pascal e, de modo especial, neste Domingo, celebramos o "Domingo do Bom Pastor"; isso significa reconhecer em Jesus nosso Pastor Supremo e pedir ao Pai que nossos pastores sejam inspirados em Cristo.

Outra comemoração é o "Dia Mundial de Oração pelas Vocações". Nesse dia, somos convidados a rezar pelos jovens chamados por Deus à vocação religiosa ou sacerdotal.

A 1ª leitura é o trecho final do discurso de Pedro no dia de Pentecostes, ao pronunciamento o povo responde com a conversão e o batismo. O diálogo encerra a conversa com Pedro dizendo: "Todo o povo de Israel deve saber com certeza que Deus tornou Senhor e Cristo esse Jesus que vocês crucificaram" (v. 36). Com isso o povo fica aflito e pergunta o que fazer. Pedro responde que eles precisam converter-se e batizar-se. A conversão é a morte para aquela forma de vida compactuada com o sistema que levou Jesus à morte, e o batismo é a consequência imediata da conversão. No batismo nenhum poder da terra impera, mas o Cristo será o Senhor.

É importante ressaltar que essa mudança de vida não se dá de maneira tranquila, a conversão é um processo que custa, custa tanto que o próprio Jesus ao romper com essa "gente corrompida", como disse Pedro, chegou a ser condenado e morto.

O Evangelho é o do Cristo Bom Pastor, e está relacionado ao texto anterior, que versa sobre a cura do cego de nascença, momento em que Jesus desmascara as falsas lideranças. Este texto de hoje é abordado em duas etapas: primeiro é uma parábola para lideranças religiosas, segundo é a explicação da parábola.

A parábola é tirada de Ezequiel 34, narrativa sobre os defeitos das lideranças religiosas. Jesus contrapõe o pastor ao ladrão-assaltante. O último pula o muro para roubar, enquanto que o pastor entra pela porta. O porteiro o deixa passar, as ovelhas conhecem sua voz e ele as chama pelo nome. A função do pastor consiste em chamar, conduzir para a pastagem e caminhar à frente.

Infelizmente as lideranças da época não entenderam essa parábola. Jesus se declara a porta, não tem acesso ao povo quem não passar por Jesus, pois Ele é a autêntica liderança, que dá vida e liberdade. Porta significa entrada e saída, entra-se à casa para se ter segurança, sai-se para se ter liberdade. Jesus é a porta, entrar por ela é salvar-se, é fugir da morte, é caminhar para a liberdade, ao encontro da vida (pastagens). Em Jesus há vida e abundância.

A 2ª leitura é da Primeira Carta de Pedro, que quer ajudar os cristãos da Ásia Menor a terem um discernimento diante dos patrões prepotentes e violentos que oprimem seus dependentes. Antes de tudo, é preciso aceitar Jesus como único Senhor. E sabendo que a sociedade cria estruturas contrárias, para subvertê-la é preciso fazer o mesmo que Jesus: "praticar o bem".

5º Domingo da Páscoa

Leituras: Atos 6,1-7; 1ª Pedro 2,4-9; João 14,1-12.

Em nossa religião estamos sempre correndo o risco de nos prender demais a determinados aspectos, tais como, símbolos, festas e celebrações, consequentemente perde-se a dimensão central dela, que é Nosso Senhor Jesus Cristo (Doc. de Santo Domingo). O Evangelho deste final de semana vai alertar-nos justamente para esse cuidado; "Eu sou o Caminho, a Verdade e a Vida", disse Jesus. E mais, quem quer conhecer Deus Pai, veja-o em Jesus Cristo. Em princípio dois pontos são fundamentais: primeiro, nosso Deus é o Deus da Vida (Evangelho), é preciso ter uma boa consciência e um bom coração para compreendê-la e colocar-se a serviço dela (1ª leitura); segundo, é preciso viver uma espiritualidade bíblica que nos leve a ter uma vida com fé coerente, que nos leve a conhecer a pessoa de Nosso Senhor Jesus Cristo na totalidade; isto é, em seus gestos, seus relacionamentos, suas obras, seus milagres, suas palavras...

A 1ª leitura é do Livro dos Atos dos Apóstolos, essa leitura mostra o crescimento da comunidade de Jerusalém e o surgimento de um problema interno: deixara-se de lado o atendimento diário às viúvas. O texto mostra também a distinção entre os cristãos de origem judaica e grega, uma etnia queixando-se da outra. O problema foi levado à assembleia geral e a solução foi a escolha de pessoas da comunidade para assumir novos ministérios, pois a comunidade jamais pode fechar-se em si mesma, a condição de escolha dessas pessoas é que sejam "de boa fama, repletos do Espírito Santo e de Sabedoria" (v. 3).

O Evangelho é do discurso de despedida de Jesus. Os discípulos e a comunidade de João, bem como a nossa, estavam preocupados e até desanimados com a situação do momento. Jesus os encoraja dizendo que em primeiro lugar é necessária a fé: "Na casa do meu Pai há muitas moradas". Em seguida, Tomé questiona Jesus, que dá a resposta ao cerne da questão: "Eu sou o caminho, a verdade e a vida" (v. 6).

Jesus é o Caminho, é por meio dele que se chega ao Pai. É pelo caminho de Jesus que se realiza o projeto de Deus, pois veio do Pai, para revelá-lo, e volta ao Pai para nos preparar um lugar no céu. Assim o tema "caminho" é semelhante à ideia da porta (Jo 10). Jesus é a Verdade. Verdade bíblica é fidelidade ao Pai, fidelidade ao autêntico projeto de Deus. Viver na Verdade é estar em profunda sintonia com os anseios divinos. É encontrar a verdadeira liberdade: "Se vocês guardarem minha Palavra, conhecerão a Verdade e a Verdade vos libertará (8,31-32). Jesus é Vida, e a comunidade recebe de Jesus a vida em plenitude (10,10). É função da comunidade testemunhar essa vida de Jesus. Experimentar Jesus Verdade e Vida é ver o próprio Pai (v. 7).

A 2ª leitura é de Pedro, que escreve para migrantes, trabalhadores e escravos da Ásia Menor, que tinham um anseio de vida; por isso, Pedro fala para eles que a verdadeira vida não são os templos de Pedra, mas Jesus: "aproximai-vos de Jesus, pedra viva, rejeitada pelos homens" (v. 4). O verdadeiro sacrifício para Deus é estar unido a Jesus para a construção de uma nova humanidade.

6º Domingo da Páscoa

Leituras: Atos 8,5-8.14-17; 1ª Pedro 3,15-18; João 14,15-21.

A Trindade é o amor, por isso, Jesus fala no Evangelho de hoje que quem a ama guarda seus mandamentos. O amor é o sentido da vida cristã. Hoje mais do que nunca é necessário trabalhar muito para que o amor esteja presente na humanidade, na vida de cada um de nós. Vejamos em que as leituras nos ajudam.

A 1ª leitura é do Livro dos Atos dos Apóstolos, cujo episódio vem em sequência à morte de Estêvão. Ele foi morto, e a comunidade perseguida e dispersada. São Lucas vê nesse fato uma oportunidade de propagar a Palavra de Deus às comunidades que ainda não a conheciam. O texto inicia-se dizendo que ao contrário do que aconteceu em Jerusalém, em Samaria o povo é cativado por Felipe, modelo de evangelizador, pois anuncia o Cristo e realiza milagres. Com isso, Pedro e João vão também à Samaria para completar a evangelização de Felipe com oração e imposição das mãos, por meio das quais os samaritanos recebem o Espírito Santo.

O Evangelho é de João, que está narrando o discurso de despedida de Jesus durante a última ceia. Os discípulos estão abalados com os fatos, e Ele apresenta-lhes a vivência do amor e a presença do Espírito Santo para superar o medo.

"Se vocês me amam guardam meus mandamentos" (v. 15). Segundo Jesus, para cumprir os mandamentos basta amar uns aos outros da mesma forma que Ele nos amou (13,34). Assim, a nossa prova de cristãos é nossa demonstração de amor.

O Espírito Santo, "um outro Advogado". Jesus nos promete o Espírito Santo para permanecer sempre conosco, porque a hostilidade entre os homens é tamanha, que só a presença de um Espírito da Verdade é que nos fortalecerá no caminho do amor.

A 2ª leitura é da Carta de Pedro e o assunto é o sofrimento por causa da justiça. O pesar não faz a felicidade de ninguém, mas o cristão — o que vive de amor, assim como Jesus — passa por situações de muito sofrimento, sustentado no grande ideal cristão que é a justiça. Dois versículos nos animam a isso: "Estais sempre prontos a dar razão a vossa esperança" (v. 15) e "fazei com mansidão e respeito e consciência limpa"(v. 16).

Ascensão do Senhor

Leituras: Atos 1,1-11; Efésios 1,17-23; Mateus 28,16-20.

O Evangelho deste final de semana mostra-nos a subida de Jesus ao céu, deixando-nos uma missão e uma certeza. A missão é: "Ide, portanto, e fazei que todas as nações se tornem discípulos, batizando-as em nome do Pai, do Filho e do Espírito Santo e ensinando-as a observar tudo quanto vos ordenei" (v. 19-20a). E a certeza é: "eis que eu estou convosco todos os dias até a consumação dos séculos" (v. 20b). É a partir disso que devemos celebrar a Festa da Ascensão do Senhor, não esquecendo que junto com o batismo vem o ensinamento (batizai e ensinai).

A 1ª leitura é o início do Livro dos Atos dos Apóstolos, dedicado a quem deseja ser amigo de Deus (Téofilo). São Lucas, em seu Evangelho, mostra-nos a prática de Jesus; no Livro dos Atos, Lucas nos mostra a prática da comunidade cristã na presença do Espírito Santo.

Nesse texto inicial podemos ver a ansiedade dos discípulos em saber quando se concretizaria o Reino de Deus, porém Jesus diz que a preocupação não deve ser esta. Mas "O Espírito Santo descerá sobre vós para serdes minhas testemunhas em Jerusalém, em toda Judeia e na Samaria, e até os confins da terra" (v. 8). Em seguida, o texto narra a subida de Jesus ao Pai, e a aparição de dois homens vestidos de branco dizendo: "Homens da Galileia, por que ficais aí parados olhando para o céu?" (v. 10b). Isso significa para nós hoje a necessidade dos cristãos de testemunhar o Evangelho.

O Evangelho é a conclusão de Mateus. O texto inicia mostrando que os discípulos estavam começando de maneira correta sua missão, assim como Jesus começou, na Galileia (terra de gente sofrida) e num monte (onde Jesus venceu as tentações e anunciou as Bem-aventuranças). "Ainda assim alguns duvidavam" (v. 17b), revelando que sempre há o risco de não se entender a Palavra de Deus. A dúvida revela falta de fé.

Em seguida, Jesus Ressuscitado mostra que possui "toda autoridade no céu e sobre a terra" (v. 18b), e essa autoridade é passada à comunidade, "vão e façam com que todos os povos se tornem meus discípulos" (v. 19a). Os meios para isso são o batismo e a catequese. Batismo na Trindade e Catequese para fazer o que Jesus ensinou. A catequese hoje é o ensinamento da prática de Jesus.

A 2ª leitura é da Carta aos Efésios. É um texto de ação de graças e súplicas que Paulo faz a Deus em vista de suas comunidades, Paulo dá graças a Deus por causa da fé e da caridade dos povos e seu pedido é feito em forma de uma profissão de fé.

Pentecostes *(ver festas)*

TEMPO COMUM

Santíssima Trindade

Quem é Deus? Ele é sabedoria, Amor e Comunhão.

"A graça de Nosso Senhor Jesus Cristo, o amor do Pai e a comunhão do Espírito Santo estejam convosco."

Leituras: Êxodo 34,4.6.8-10; 2ª Coríntios 13,11-13; João 3,16-18.

A graça batismal incorpora-nos a Cristo, plenifica-nos com seu Espírito, faz-nos filhos de Deus. Pela graça não só o Filho, mas também o Pai e o Espírito Santo vêm habitar na mente e no coração. O Pai concorre com seu poder, que nos fortalece; o Filho ilumina-nos com sua sabedoria; e o Espírito Santo com sua bondade enche de amor nossos corações. A Santíssima Trindade é um mistério no qual estamos mergulhados. As leituras da missa declaram não o que Deus ocultou ao homem, mas o que lhe revelou. Por meio das Escrituras aprendemos quem Ele é.

Na 1ª leitura do Livro do Êxodo, Deus se revela maravilhosamente a Moisés no monte Sinai: "Senhor! Senhor... Deus de compaixão e de piedade, lento para a cólera e cheio de amor e fidelidade" (v. 6). Após o povo ter rompido a aliança com Deus por causa do bezerro de ouro (cap. 32), Moisés é o líder fundamental que recebe ordem de Deus, que o manda preparar duas novas tábuas de pedra nas quais se inscreverá a Lei. Moisés subiu ao monte, e Deus desceu ao encontro dele e passava-lhe à frente. É nosso Deus se revelando como uma

Pessoa de Encontro, Ele se dá a conhecer ao ser humano que é ousado e se arrisca na fé.

Moisés adora Javé e lhe pede: "Caminha conosco, mesmo sabendo que somos cabeça dura, perdoa nossos pecados, acolhe-nos como propriedade sua" (v. 9).

Na verdade, essa oração de Moisés é uma revelação de quem é Deus. Ele é quem caminha com a humanidade, mesmo pecadora, Ele é quem perdoa e torna-se proprietário de um povo peregrino.

No Evangelho de São João, Jesus diz a Nicodemos: "Deus amou tanto o mundo que entregou seu Filho único, para que todo o que nele crê não pereça, mas tenham a vida eterna" (v. 16). É o próprio Filho revelando o amor do Pai. Deus ama o mundo, a humanidade toda, sem discriminação. Pois "Deus enviou seu Filho ao mundo não para julgar o mundo, mas para que o mundo seja salvo por Ele" (v. 17). O prazer de Deus é salvar a todos, desarmar a todos com a lógica do amor. As pessoas, ao se confrontarem com a prática de Jesus, é que se julgam contra ou a favor da vida. Como é visto nesse Evangelho o encontro com Nicodemos.

Na 2ª leitura, São Paulo exorta os Coríntios: "Tende um mesmo sentir e vivei em paz, e o Deus do Amor e da Paz estará convosco" (v. 11). A vida da comunidade cristã deveria ser um reflexo da comunidade de vida da Santíssima Trindade. Dá-se testemunho de Deus e se o reconhece nas comunidades em que há unidade de mente e de coração e se pratica a tolerância.

Santíssimo Corpo e Sangue de Cristo

Leituras: Deuteronômio 8,2-3.14b-16a; 1ª Coríntios 10,16-17; João 6,51-59.

Referimo-nos a essa festa usando o termo latino *Corpus*

Christi, seu título mais antigo era *Festum Eucharistia*. Ao celebrá-la na quinta-feira, recordamos a quinta-feira santa, sendo a segunda oportunidade para ponderar o mistério da Eucaristia e refletir sobre seus vários aspectos. Essa festa leva-nos a manifestar nossa fé e devoção a esse sacramento, que é o "sacramento de piedade, sinal de unidade, vínculo de caridade, banquete pascal no qual Cristo se dá em alimento, a alma enche-se de graça e nos é dado um penhor da glória futura" (Santo Agostinho).

A 1ª leitura é do Livro do Deuteronômio. Ela nos fala que os quarenta anos do Povo de Deus no deserto serviram para que entrasse em comunhão e em união profunda com Deus. Houve nessa caminhada um conhecimento mútuo. Com privações e aflições, o Senhor colocou à prova seu povo e pôde conhecer melhor suas intenções. E o povo compreendeu mais o seu Deus. Nesse amadurecimento o povo pode compreender que "o homem não vive só de pão, mas de tudo aquilo que sai da boca de Javé" (v. 3).

O Evangelho é do capítulo 6 de João, que traz como cerne o pão da vida. Ele é esse pão vivo que, quando participamos dele, plenifica-nos de sua vida. Na comunhão, Cristo habita em nós e nós nele: "Quem comer deste pão viverá para sempre" (v. 51). Esse pão é a carne que a Palavra assumiu, de acordo com o que João tinha dito no começo do Evangelho (1,14). A Palavra veio a este mundo para trazer a vida. O Senhor dá sua carne por meio da entrega total, é a doação da própria vida, é amar plenamente, graças a esse amor é que nele permanecemos.

A 2ª leitura é da Primeira Carta de São Paulo aos Coríntios. Ela nos revela dois aspectos fundamentais da mesma Eucaristia: o primeiro é o combate à idolatria a que a comunidade estava exposta; o segundo é o caráter de unidade eclesial da Eucaristia, já que ela não só une com Cristo aquele que a recebe, mas também o faz com todos os membros da Igreja.

2º Domingo Comum

Leituras: Isaías 49,3.5-6; 1ª Coríntios 1,1-3; João 1,29-34.

Os ciclos litúrgicos anuais são catequese progressiva para o conhecimento de Nosso Senhor Jesus Cristo. A cada domingo vamos meditando sobre algum aspecto daquilo que os evangelistas nos apresentaram em seus livros. Hoje, no início do Evangelho de João, que apresentou Jesus e sua missão, vamos ver que o Batista apresenta Jesus como o "Cordeiro de Deus" (v. 29) e dá testemunho de Jesus, é o Eleito de Deus. Vejamos os textos.

A 1ª leitura é do Livro do Profeta Isaías. É um trecho do Cântico do Servo Sofredor. A própria imagem do cordeiro leva-nos ao servo sofredor de Javé, apresentado nesse cântico de Isaías, que no Capítulo 53,7 é descrita sua imolação como um cordeiro. O servo de Javé ora é visto como Moisés, ora como Jeremias, ora como a própria nação (Israel), o que se conclui é que o servo é alguém escolhido por Deus para ser "luz das nações" (v. 6).

O Evangelho é de João. O Batista apresenta "O Cordeiro de Deus que tira o pecado do mundo". Diariamente, os judeus tinham o costume de oferecer, no Templo, cordeiros para expiar os pecados. Assim, quem faz a reconciliação das pessoas com Deus pode ser comparado ao cordeiro de sacrifício. No fundo está a ideia de purificação, não de maneira moralista e individualista, mas "pecado do mundo", como realidade pecaminosa que dificulta a convivência humana.

O Batista pregava a conversão sem saber que Jesus era o Messias esperado, mas chegou a conhecê-lo por um sinal de Deus: "Sobre quem vires o Espírito Santo descer e permanecer, é ele quem batiza com o Espírito Santo. Assim, o Batista foi testemunha disso e proclamou que Jesus é o Filho de Deus".

A 2ª leitura é da Primeira Carta de São Paulo aos Coríntios. É a saudação de Paulo, chamado a ser apóstolo de Jesus Cristo, à Igreja de Corinto e a todos os que invocam o nome de Nosso Senhor Jesus Cristo chamados a serem santos. Os desejos de Paulo são graça e paz.

3º Domingo Comum

Leituras: Isaías 8,23b-9,3; 1Cor 1,10.13-17; Mateus 4,12-23.

O início da missão de Jesus no Evangelho de Mateus 4,23 é o ensinamento, pregando a Boa Nova do Reino. Isso nos remete, hoje, a uma reflexão sobre a importância de uma verdadeira catequese em nossas comunidades, sobre a necessidade de levarmos a sério a formação sólida da fé, buscando conhecer as fontes da verdade, fazendo da Palavra de Deus uma espiritualidade autêntica. Que a catequese seja para o crescimento na maturidade de fé, que seja ampla, permanente e não apenas para preparar para os sacramentos.

A 1ª leitura é do Livro do Profeta Isaías. É um oráculo de esperança de um povo que vivia nas trevas e que vai receber a luz. Povo desprezado por muito tempo e que agora vai viver sua glória. Isaías anuncia um "dia de Javé", que trará libertação aos deportados.

O Evangelho de Mateus, assim como a 1ª leitura, mostra que o povo que mais esteve nas trevas receberá a luz; a Galileia, terra dos desprezados, recebe Jesus. Ele escolhe iniciar sua missão pela Galileia, pois a verdadeira luz será para aqueles que estão mais próximos às trevas. E não só isso, para a mentalidade judaica Jesus abre perspectivas universais de salvação: fazer discípulos todas as nações e todos os povos (Mt 28,19).

Esse texto antecede o Sermão da Montanha, nele Jesus

anuncia que o Reino de Deus está próximo e por isso convida à conversão, à mudança de vida (v. 17). Jesus inicia ensinando e anunciando o Reino, e as curas que vai realizando são confirmações da força e validade da mensagem.

Esse é o marco inicial da vida pública de Jesus, esse marco se completa com o chamado aos primeiros discípulos. São os quatro primeiros que são convidados a deixar família e trabalho e serem "pescadores de homens", e a resposta é uma atitude concreta: "seguiram Jesus" (v. 20-22).

A 2ª leitura é da Primeira Carta de São Paulo aos Coríntios. Esse trecho trata dos problemas das divisões que havia dentro da comunidade de Corinto. E, de fato, a falta de unidade é um problema a que toda comunidade pode estar sujeita. Para se evitar isso, é preciso existir uma espiritualidade evangélica autêntica, sem a disputa de posições dentro da comunidade.

4º Domingo Comum

Leituras: Sofonias 2,3; 3,12-13; 1ª Coríntios 1,26-31; Mateus 5,1-12a.

Os textos bíblicos deste final de semana nos falam de coisas essenciais para a fé: a primeira e a segunda leituras tematizam o pobre e o fraco; e o Evangelho trata das Bem-aventuranças. Compreender a revelação divina a partir do pobre e do fraco e compreender as Bem-aventuranças como uma síntese de toda vivência evangélica é a felicidade de todo ser humano.

A 1ª leitura é do Livro do Profeta Sofonias. Na época de Sofonias (640-630 a.C.), Judá passava por uma exploração estrangeira, e os líderes da nação não se davam conta disso e ficavam discutindo quem poderia ser seus aliados. Havia, também, muita corrupção e exploração internas, empobrecendo sempre mais o país. Sofonias profetiza dizendo que o julgamento de Deus vai pôr fim a toda essa "idolatria", toda essa absolutização de poderes da terra. E a esperança vem dos "pobres da terra".

Os "pobres da terra" devem ser parâmetros de vida para todos, pois eles lutam pela vida e pela justiça. É preciso buscar a Deus como eles buscam, pois o procuram na prática da justiça: "não mais cometerão injustiça nem falarão mentira; tampouco se encontrará em sua boca uma língua enganadora" (v. 13).

O Evangelho é de Mateus 5, as Bem-aventuranças. Se por um lado, as oito Bem-aventuranças de São Mateus são uma síntese da fé cristã, fundamento de nossa espiritualidade; por outro lado, é uma reflexão interessante a compreensão teológica dos pobres. Lucas acrescenta "de espírito".

A mentalidade bíblica compreende essa expressão como um dinamismo, o espírito é sopro, força vital. "Pobre em espírito" designa algo mais global e exigente que uma mera atitude de desprendimento aos bens materiais. "O acréscimo 'de espírito' transforma a referência numa disposição para aceitar a Palavra de Deus" (Gustavo Gutièrrez). Isso significa viver em total disponibilidade à vontade do Senhor, fazer dela nosso alimento. É reconhecer-se entre irmãos e irmãs, filhos e filhas de Deus.

As outras sete Bem-aventuranças são atitudes que expressam concretamente esses "pobres de espírito": "bom trato, aflição pela ausência do Senhor, fome e sede de justiça, misericórdia, coerência de vida, construção da paz, perseguição por causa da justiça" (Gustavo Gutièrrez).

A 2ª leitura é da Carta de São Paulo aos Coríntios. Essa comunidade é formada por pessoas que os poderosos desprezam, formada pelos pobres, como é a imensa maioria de nossas comunidades. Por isso é que São Paulo nos diz que Deus os escolheu; "o que é fraqueza no mundo, para confundir o que é forte" (v. 27).

5º Domingo Comum

Leituras: Isaías 58,7-10; 1ª Coríntios 2,1-15; Mateus 5,13-16.

"Assim também brilhe vossa luz diante dos homens, para que vejam vossas boas obras e louvem vosso Pai que está nos céus" (Mt 5,16). As leituras deste final de semana fazem referências a certa luz que brilha. Que luz é está? O que significa seu brilho? O que é ser "luz do mundo?" Vejamos as leituras.

A 1ª leitura é do profeta Isaías e relata o tempo em que o povo havia voltado do exílio e já estava organizado novamente em comunidade, porém essa organização não mostrava resultados. "Por que jejuamos e tu não vês? Fizemos mortificações e tu não tomas conhecimento?" (v. 3a). Deus parece estar insensível ao clamor do povo. Mas não é nada disso, o que acontece na verdade é que "no próprio dia do jejum, vocês correm atrás de negócios e exploram os trabalhadores" (v. 3b). Nada adianta jejuar e continuar praticando injustiças. Nesse ponto, então, o profeta mostra o caminho para se encontrar com Deus: "reparte o pão com o faminto, acolhe em tua casa os indigentes e desabrigados! Quando vires uma pessoa sem roupa, veste-a e não te recuses a ajudar o próximo" (v. 7). Assim compreenderemos o significado dessa luz, essa luz é tua justiça que brilha para todos. Por meio da partilha (reparte teu pão, acolha em tua casa) acontecerá a transfiguração da pessoa, o brilho do próprio Deus. "Então brilhará tua luz nas trevas, e tua escuridão se mudará em plena luz do meio-dia" (v. 9).

No Evangelho, Jesus diz: "Vós sois o sal da terra ... vós sois a luz do mundo". Na Bíblia, o sal purifica e dá sabor (Jó 6,6), era força transformadora, recolhia-se sal bruto no mar para avivar o fogo caseiro, esfregar em crianças quando nasciam, salgar os sacrifícios do Templo, selar alianças. No Evangelho quem é sal da terra é aliado de Deus para a construção do Reino de justiça. Na Bíblia a luz recorda o primeiro ato do Criador (Gn 1,3), trazendo harmonia ao universo. Para Jesus, o mundo novo se dá a partir dos justos, por causa de sua justiça que brilha para todos. Como o sal, o cristão não pode ser omisso (se o sal perde o gosto, com que poderemos salgar?). Comparados à luz, é contra a presunção e idolatria, é preciso mostrar a justiça. Mas o louvor pertence a Deus.

A 2ª leitura é da Primeira Carta aos Coríntios. Paulo faz um relato dizendo que não usou de grande oratória, nem da sabedoria humana, como faziam os pregadores itinerantes da época, pois eles faziam isso para ficar vivendo às custas do povo. Paulo declara, "cheio de fraqueza e tremendo de medo, sabendo só sobre Jesus crucificado" (v. 3), que ele esteve presente como trabalhador, junto aos trabalhadores e às pessoas que também eram crucificadas pela situação da época.

6º Domingo Comum

Leituras: Eclesiástico 15,16-21; 1ª Coríntios 2,6-10; Mateus 5,17-37.

A 1ª leitura é do Livro do Eclesiástico, ele é uma meditação sobre a fidelidade hebraica, rejeitando a imposição cultural dos gregos. Nesta leitura de hoje a intenção é combater a ideia de destino dos gregos, que achavam que tudo já está calculado e medido a partir de cima e nós não modificamos nada. A Bíblia diz: "Depende de você, de sua vontade, observar os mandamentos e manter-se fiel para cumprir a vontade de Deus. Ele pôs diante de você o fogo e a água, você pode estender a mão para o que quiser. Diante das pessoas estão a vida e a morte, a cada um será dado o que ele preferir (v. 16-18). "Deus não mandou ninguém agir como os injustos, e a ninguém deu permissão para pecar" (v. 21).

O Evangelho de São Mateus é o Evangelho da justiça do Reino, neste trecho de hoje, ele inicia e termina falando de justiça, "se a justiça de vocês não for maior que a justiça dos doutores da Lei e dos fariseus, vocês não entrarão no Reino dos Céus" (v. 20); e no final, "busquem primeiro o Reino de Deus e sua justiça" (v. 33).

Para Mateus e sua comunidade, Jesus veio para cumprir toda justiça prometida. Com esse enfoque, Ele apresenta a maneira de praticar essa justiça. A primeira é "não matarás", não deve haver vingança pessoal alguma e nada que impeça de ver no outro o "irmão", isso seguido de reconciliação: "... vai primeiro reconciliar-se com teu adversário" (v. 23-24). A segunda é "não cometerás adultério". "Para os antigos (Antigo Testamento), se a mulher adulterasse, estaria sendo infiel ao marido, do qual era propriedade, mas se o homem pecasse estaria lesando os direitos do outro homem, e não os da esposa dele..." (Revista *Vida Pastoral*). Jesus veio fazer justiça aos discriminados (no caso, às mulheres). Em seguida ele diz que é para arrancar o olho ou cortar a mão dos que fazem isso; fala assim para mostrar a radicalidade da situação. A terceira diz respeito ao divórcio, no tempo de Jesus, só o homem podia conceder o divórcio. Jesus vê no divórcio uma porta aberta para o adultério, no texto há uma ressalva, "a não ser por causa de fornicação" (v. 32). Uma das interpretações sobre isso é alegação do casamento entre parentes, proibido no Antigo Testamento. A quarta é sobre o juramento falso, a verdade está acima de tudo, doa a quem doer. O que vem além da verdade é do maligno.

Na 2ª leitura Paulo se mostra desiludido com a sabedoria deste mundo, a sabedoria dos poderosos, pois eles crucificaram o "Senhor da Glória" (v. 8). Paulo acredita "numa sabedoria misteriosa, escondida, que ele reservou antes dos séculos para nossa glória" (v. 7). É a sabedoria popular que leva à solidariedade com os marginalizados.

7º Domingo Comum

Leituras: Levítico 19,1-2.17-18; 1ª Coríntios 3,16-23;
Mateus 5,38-48.

"Sede santos, porque eu, Javé vosso Deus, sou Santo" (Lv 19, 1b). Ser santo é um processo de conversão de vida para Deus e para a realização de seu Reino aqui na terra. É um esforço para uma vida de liberdade, de libertação dos preconceitos e até de certos preceitos legalistas: "Se vossa justiça não superar a dos doutores da lei..." (Mt 5,20). É uma caminhada que vai se firmando no dia a dia e, ao mesmo tempo, vai exigindo mais de quem assume esse propósito.

As leituras de hoje, e principalmente o Evangelho, com suas funções próprias, inspiram-nos na busca da santidade, revelando-nos alguns de seus instrumentos.

A 1ª leitura é do Livro do Levítico. Os versículos 2 e 18 do capítulo 19 nos dão as duas regras básicas do relacionamento divino-humano, que são respectivamente: "Sede santos, pois eu sou santo, eu, o Senhor, vosso Deus" e "amarás teu próximo como a ti mesmo". A primeira regra de conduta na vida de santidade é reconhecer que Deus antes de tudo é Santo. Em Deus, a santidade (integridade) e a unicidade são a mesma coisa. Deus é uno (porque a ordem de Deus é uma só, nele não há desordem) e santo (fonte da vida). Neste trecho a ordem é o temor aos pais e a observância do sábado.

O Evangelho é de Mateus. Nele, Jesus dá três exemplos concretos de comportamento em vista da santidade de vida. São comportamentos apresentados dentro de situações desafiadoras, reais, cujas atitudes aparentemente são renúncias a toda resistência: receber um tapa numa face e oferecer outra face; a quem lhe pede uma roupa, dê outra também; se lhe obrigam a andar um quilometro, ande dois. Mas, na verdade, são métodos pedagógicos que levam à reflexão tanto quem cumpre, quanto quem manda. Pois a plenitude da vida humana é o amor.

Amar os inimigos e orar por eles, na verdade, é apoiar-se no exemplo do próprio Deus, o Pai que vê todos, bons e maus, como seus filhos (v. 45). O pedido é de que sejamos perfeitos como o Pai (v. 48). Não se trata de uma perfeição moral que fosse distante de nós, de um assumir nosso modo real e profundo de ser, nossa real sensibilidade humana.

A 2ª leitura é da Carta de São Paulo aos Coríntios. O verdadeiro amor faz compreender que todo ser humano deve ser um santuário de Deus, inclusive o agressor; ser santo é lutar por isso.

8º Domingo Comum

Leituras: Isaías 49,14-15; 1ª Coríntios 4,1-5; Mateus 6,24-34.

"Ninguém pode servir a dois senhores. Com efeito, ou odiará um e amará outro, ou se apegará ao primeiro e desprezará o segundo. Não podeis servir a Deus e ao Dinheiro" (Mt 6,24). Mais do que nunca, parece-nos que a idolatria está muito presente no mundo do qual fazemos parte. Assim, esse Evangelho nos faz refletir e ver que é preciso justiça, seriedade e discernimento quando se lida com dinheiro e o que dele deriva.

A 1ª leitura é do Livro do Profeta Isaías. Nessa leitura o povo se diz abandonado por Deus. Mas Ele argumenta dizendo que assim como a mãe que não esquece sua criancinha de peito, e se compadece dela, Ele também não abandona. E, mais ainda, mesmo que a mãe se esqueça, Ele não os esquecerá.

O Evangelho é de Mateus. Para libertar-se das idolatrias, Jesus chega a propor o desapego de necessidades fundamentais da vida, como o comer, o beber e o vestir. O Pai sabe de nossas necessidades e o mais importante é esperar seu Reino, isto é, ter um espírito de desapego e de partilha.

O mundo está marcado pela desigualdade social, pelo consumismo, que nos inculca, pela propaganda e pela ideologia, uma vida individualista e de "luxo" como o modelo do Primeiro Mundo. Os atuais bens de consumo nunca poderiam ser acessíveis a todos os pobres do mundo.

O texto do Evangelho parece-nos até usar uma linguagem sapiencial e uma imagem poética quando fala sobre o abandono à Providência a partir da metáfora das aves do céu e dos lírios do campo. Não é para sermos como eles, mas aprender a lição com eles, entender que somos parte do universo e temos de saber conversar e escutar esse universo que nos cerca e ao qual pertencemos.

A 2ª leitura é da Carta de São Paulo aos Coríntios. Nela Paulo pede para sermos administradores fiéis dos mistérios de Deus. E o verdadeiro julgamento também é feito pelo Pai, a partir das intenções de nossos corações (1Cor 4,5).

9º Domingo Comum

Leituras: Deuteronômio 11,18.26-28; Romanos 3,21-25a.28; Mateus 7,21-27.

A liturgia da Palavra neste final de semana está relacionada à

Salvação — entrar no Reino de Deus. As leituras querem mostrar-nos qual a maneira certa de conduzir a vida para merecer o Reino e alertam que não é pelas aparências que Ele nos julga, mas pela prática de sua vontade que é vida, justiça e paz.

A 1ª leitura, que é do Livro do Deuteronômio, no versículo 18 já esclarece bem o significado da autêntica fé: "Coloquem essas minhas palavras em seu coração e em sua alma!" Pois é do coração e da alma que saem as inspirações da meditação e da prática de vivência do dia a dia. A grande graça oferecida por Deus é a liberdade: "Vede; hoje estou colocando a bênção e a maldição diante de vós" (v. 26). E a liberdade não consiste em ser abençoado por Deus?

O Evangelho é de São Mateus. Nesse Evangelho Jesus diz que a salvação consiste em pôr "em prática a vontade de meu Pai que está nos céus" (v. 21b). Muitas vezes, vivemos uma religião separada da maneira de viver o dia a dia. Só vivemos a religião quando estamos no espaço religioso; da porta do Templo para fora a vida é outra, os critérios de vida são os que a sociedade e o mundo vivem, não os valores que proclamamos na fé.

Por isso que no Evangelho Jesus diz: "Eu vou declarar a eles: Jamais conheci vocês. Afastem-se de mim, malfeitores!" (v. 23). Ele compara, em seguida, a pessoa que vive a religião proclamada a um homem sensato que construiu sua casa sobre a rocha. Entendemos que essa rocha é a vontade de Deus. Ao contrário, a pessoa pode até ser religiosa, piedosa, como Ele diz, "ouve minhas palavras", mas não as põe em prática, esse é como um homem insensato que construiu a casa sobre a areia.

A 2ª leitura é da Carta de São Paulo aos Romanos. Para São Paulo, a justiça de Deus se pratica pela fé em Jesus Cristo. Fé, que é um dom de Deus, para ser autêntica precisa ser acolhida e praticada com amor e não como obrigação ou lei. É como um filho que, por amor, realiza a vontade do Pai.

10º Domingo Comum

Leituras: Oseias 6,3-6; Romanos 4,18-25; Mateus 9,9-13.

"Quero a misericórdia e não o sacrifício" (Mt 9,13). Com esse versículo podemos iniciar nossa mensagem para a missa deste Domingo, que vai ajudar-nos a entender, na fé que Deus quer de nós, atitudes de acolhida aos excluídos, aos pecadores. Ser justo é ser misericordioso, muitos cristãos têm dificuldades de vivência religiosa com relação a essa prática, pois costumam criar barreiras entre o santo e o pecador, entre o moral e o imoral, chegando até a discriminação. O que, porém, Deus quer é a misericórdia.

A 1ª leitura é do profeta Oseias, homem da roça, porta-voz dos camponeses. Ele foi profeta de Israel (Reino do norte), onde a religião era usada para justificar as atitudes da monarquia, para justificar a vontade do rei. "Culto vistoso, comprometido com as elites, às custas da exploração crescente dos camponeses" (Revista *Vida Pastoral*).

No texto de hoje, Oseias faz uma convocação para se obter um conhecimento do verdadeiro Deus: "Esforcemo-nos para conhecer Javé; sua chegada é certa como com a aurora, ele virá a nós como a chuva, como o aguaceiro que ensopa a terra" (v. 3). No versículo seguinte, há criticas às celebrações de Judá e Efraim: "O vosso amor é como a nuvem da manhã que passa". De que adiantam os sacrifícios, o culto e as celebrações se nada disso agrada a Deus? Porque Deus quer amor no lugar de sacrifícios.

O Evangelho é de Mateus, que narra seu próprio chamado, eis um cobrador de impostos que deixa tudo para seguir Jesus. Os cobradores de impostos eram da classe alta, possuíam do Estado o direito de arrecadar impostos, para isso pagavam uma taxa estipulada e o que arrecadavam a mais ficava com eles. Os chefes dos cobradores eram muito ricos, porém o cobrador comum, para sobreviver, tinha de aceitar propinas, por isso era uma profissão desonrosa. Mateus era um explorador explorado. Para os fariseus era uma pessoa impura, mas Jesus ao invés de afastar-se dele chama-o para segui-lo. E Mateus se levanta e o segue.

A cena seguinte do Evangelho é de uma refeição na casa de Mateus, e Jesus está à mesa. Para os fariseus, Jesus está tomando refeição com uma pessoa impura, o que é um escândalo. Eles perguntaram aos discípulos de Jesus: "Por que o mestre de vocês come com os cobradores de impostos e os pecadores?" (v. 11). Antes que os discípulos respondam, Jesus intervém com ironia: "As pessoas que têm saúde não precisam de médico, mas só as que estão doentes" (v. 12). Isso é uma crítica ao sistema religioso dos fariseus, que se achavam santos. Portanto, não precisavam de Jesus, bastava-lhes o amor.

A 2ª leitura é da Carta aos Romanos. Para o fariseu, a prática da Lei é que tornava as pessoas justas; para Paulo, a fé em Jesus é que torna justas as pessoas. Ele recorda a figura de Abrão, típica de quem tem fé em Deus.

11º Domingo Comum

Leituras: Êxodo 19,2-6a; Romanos 5,6-11; Mateus 9,36-10,8.

Há uma urgência em nossa religião cristã, especialmente em nossa fé católica, que está explícita no Evangelho refletido nesta liturgia: "Em vosso caminho anunciai; o Reino dos Céus está próximo" (Mt 10,7). A dimensão do anúncio do Evangelho ainda não é bem assumida em nossa Igreja, isto se vê, por um lado, por causa de nossa fé muito intimista e devocional e, por outro, pela própria realidade injusta que vivemos. Vejamos as leituras.

A 1ª leitura é do Livro do Êxodo, mostrando-nos que a Aliança de Deus para com seu povo tem como pano de fundo atos libertadores dele: "Vocês viram o que fiz aos egípcios, e como levei vocês sobre asas da águia e trouxe vocês a mim" (v. 4). Ao passo que o povo precisa escutar a voz de Deus e guardar a Aliança: "Se ouvirdes minha voz e guardares minha aliança... (v. 5). Dessa Aliança entre Deus e o povo depende o próprio futuro do povo, que é chamado a ser santo e viver um reino de sacerdotes (um povo será ponte entre Deus e os outros povos). Hoje, mais do que nunca, para o bem do povo é preciso viver essa Aliança com Deus.

O Evangelho é de São Mateus e apresenta Jesus como o Bom Pastor. É uma referência a Nm 27,17, em que Moisés manda Josué organizar o povo para que não se disperse. Nessa atitude de compaixão de Jesus Bom Pastor, é que deve estar a raiz da missão de seus discípulos e discípulas, a nossa missão. A missão que muitas vezes falta em nossa Igreja para que o mundo creia.

É uma missão que visa cumprir a justiça traduzida na libertação do povo de todos os tipos de alienação: "Então Jesus chamou os discípulos e deu-lhes poder para expulsar os espíritos maus e para curarem todo tipo de enfermidades" (10,1).

Os doze que são enviados não representam a missão de alguns líderes ou de alguma elite; pelo contrário, a missão dada aos doze representa a missão das doze tribos de Israel, isso significa que todos são chamados a libertar-se e enviados a libertar os que se encontram sob qualquer forma de dominação.

Jesus pede que vão às ovelhas perdidas da casa de Israel, isso significa que os discípulos devem pôr-se a serviço dos que foram roubados de sua liberdade e dignidade, porque o Reino do Céu se exprime por relações de fraternidade, justiça e gratuidade.

A 2ª leitura é da Carta de São Paulo aos Romanos, e ele afirma que a humanidade não pode se salvar por conta própria. Mas Deus salva a humanidade. A morte e ressurreição de Cristo é que restabeleceram a aliança entre Deus e o povo.

12º Domingo Comum

Leituras: Jeremias 20,10-13; Romanos 5,12-15; Mateus 10,26-33.

A mensagem deste final de semana é: "Não tenhais medo... (vocês são muito amados) até os cabelos de vossa cabeça estão todos contados" (Mt 10,26-30). Houve muita hipocrisia na época de Jesus, e Ele nem podia falar declaradamente das coisas do Reino dos Céus a todos; hoje, também há no mundo muita hipocrisia, dá medo de falarmos a verdade, muitas vezes esse medo nos acomoda num jeito de viver que sabemos não estar correto. Contra esse medo o Evangelho de São Mateus 10,26-33 nos é destinado.

A 1ª leitura é do Livro do Profeta Jeremias e narra um trecho de sua "última confissão". Essa narrativa mostra-nos que até os amigos do profeta o caluniam e tramam denúncias, armam ciladas, acreditando em sua queda. Isso porque ele gritava contra o mundo que estava um terror. Mas o profeta acredita que Deus é seu guarda-costas. Deus examina e sonda os rins e o coração do justo (v. 12). E desmascara as falsas acusações contra o profeta.

O Evangelho é de Mateus, escrito numa comunidade que já tinha experimentado a violência da perseguição por causa de Jesus. Nesse contexto é que o capítulo 10 foi escrito, tentando responder a uma pergunta: É possível viver o Evangelho sem passar pela perseguição?

A Expressão "não tenha medo" aparece três vezes no texto (v. 26, 28, 31), porque os que seguiam Jesus eram hostilizados, perseguidos, caluniados e até sentenciados de morte. Isso gerava pavor nas comunidades e algumas delas estavam passando a viver uma religião mais intimista, mais de sacristia, por isso Jesus disse: "O que escutais ao pé do ouvido, proclamai-o sobre os telhados" (v. 27).

Nos versos seguintes Jesus fala sobre o martírio que não é algo acidental, mas resultado de um anúncio libertador. O único temor que devemos ter é a obediência a Deus. Pois até mesmo coisas que são insignificantes para nós (vida de pardais e número de fios de cabelo da cabeça), Ele não deixa desapercebidas, quanto mais a vida dos mártires.

Por fim, Ele diz: "Quem se declara por mim diante dos homens, também eu me declarei por ele diante do meu Pai que está no Céu" (v. 32). Nesse contexto a morte tem um sentido de solidariedade ao projeto de Jesus.

A 2ª leitura é da Carta de São Paulo aos Romanos, Ela contrapõe Adão e Jesus Cristo. Adão, homem velho, é porta de entrada do pecado do mundo, trazendo como consequência a morte. Jesus Cristo é homem novo, porta da graça de Deus no mundo, trazendo como consequência a vida.

13º Domingo Comum

Leituras: 2º Reis 4,8-11.14-16a; Romanos 6,3-4,8-11; Mateus 10,37-42.

Tanto a primeira leitura quanto o Evangelho de hoje fazem referência a um dos problemas de nossas comunidades nos dias atuais: "a acolhida". Nossas celebrações, muitas vezes, são realizadas com um número grande de fiéis, e como nem todos são conhecidos entre si, pode haver uma situação em que as pessoas, mesmo estando na comunidade, acabam sentindo-se sozinhas. Ou ainda, até mesmo a forma como preparamos a liturgia não revela a acolhida. Pode-se notar também outras dificuldades, como no atendimento às pessoas que buscam os serviços das igrejas. Vejamos as leituras, o que elas dizem a respeito da acolhida e qual sua mensagem.

A 1ª leitura é do Reis, contando a história do profeta Eliseu, um "homem de Deus", acolhido por uma mulher rica que já não podia mais gerar filhos, "era estéril e seu marido idoso" (v. 14). A mulher do texto representa o povo, que ao acolher um homem santo, defensor dos pobres, demonstra fidelidade ao Deus da vida, que em breve lhes presenteará com a vida: "Daqui a um ano, nesta época, você estará com um filho nos braços" (v. 16a). Assim a leitura mostra-nos a importância da acolhida: acolher o outro é ter esperança e fé na vida.

O Evangelho é a continuação do de domingo passado, é o capítulo 10 de Mateus, nele está escrita a missão dos discípulos deixada pelo Mestre Jesus. Esse texto quer mostrar-nos que a opção por Jesus provoca mudanças radicais em nossas vidas, haja visto o rompimento com a própria família se for causa de empecilho na vivência do reino: "Quem ama seu filho ou sua filha mais do que a mim, não é digno de mim" (v. 37).

Em seguida Jesus diz: "Quem não toma sua cruz e não me segue não é digno de mim" (v. 38); "quem procura conservar sua vida vai perdê-la" (v. 39). Ser cristão é ser seguidor de um crucificado. E o sentido da vida é ofertá-la, é se expor em qualquer situação para garantir a justiça do Reino. Mas o que isso tem a ver com a acolhida?

Os primeiros discípulos de Jesus eram pregadores itinerantes, iam de cidade em cidade, de casa em casa, não tinham morada fixa, não carregavam bens, eram justos, pequenos, seguidores do Mestre Jesus. Por isso que no Evangelho Jesus fala: "Quem vos recebe, a mim recebe; e quem me recebe, recebe aquele que me enviou. Quem recebe um profeta, por ser profeta, receberá recompensa de profeta. E quem recebe um justo, por ser justo, receberá recompensa de justo" (v. 40-41).

Isso tem a ver com a acolhida, acolher alguém é acolher a Cristo e ao Pai. Ainda mais se acolhermos alguém profeta ou justo teremos as recompensas semelhantes a eles.

Daí se tira a conclusão do valor da acolhida, especialmente dos pequenos e necessitados, que trazem consigo o rosto de Cristo. Ou mesmo os que fazem a opção por eles (profetas e justos).

A 2ª leitura é da Carta aos Romanos, ela relata que o batismo representa para as primeiras comunidades o amadurecimento na fé e a morte para um tipo de sociedade que gerava discriminação, injustiça e pecado. Ao mergulhar na água a pessoa se associava a Jesus, que desceu ao túmulo. A saída da água era como o ressuscitar para uma vida nova.

14º Domingo Comum

Leituras: Zacarias 9,9-10; Romanos 8,9.11-13; Mateus 11,25-30.

A liturgia deste final de semana nos faz refletir sobre onde encontramos os sinais de Deus nos dias atuais. Que tipo de pessoas, que situações nos aproximam de Deus? Corremos o risco de errar, julgar pelas aparências, por exemplo, acreditar que tal pessoa está ajudando bastante os pobres, mas na verdade está se autopromovendo. A compreensão do Evangelho de hoje pode ajudar-nos muito.

A 1ª leitura é do Livro do Profeta Zacarias. Ela refere-se à vinda do Messias, que não virá nos cavalos dos senhores, mas no jumentinho. Montar num jumento era costume dos funcionários. Ele é humilde, e seu papel corresponde mais ao de um servo. Ele vem para eliminar todos os instrumentos de guerra, trará paz às nações. Por tudo isso, o povo terá motivos para se alegrar muito.

O Evangelho é de São Mateus. É uma oração de louvor e agradecimento ao Pai. O motivo é o Pai ter revelado as coisas do Reino aos pequeninos e escondido dos sábios. Os sábios e inteligentes da época são os doutores da lei, os sumos sacerdotes e escribas, uma minoria que detém o poder social e religioso da época. Gente que se considerava importante e desprezava e marginalizava os pobres. Gente que se sentia dona da verdade.

Os pequeninos, gente simples, gente humilde, despojada de si mesma, gente sem armações, barreiras e preconceitos, gente aberta ao amor do Pai. Eles são os preferidos de Deus: "Eu te louvo, ó Pai, Senhor do céu e da terra, porque ocultastes estas coisas aos sábios e doutores e revelastes aos pequeninos" (v. 25).

A 2ª leitura é da Carta de São Paulo aos Romanos. Se praticarmos as obras do Espírito, o Pai habitará em nós e dará vida também a nossos corpos mortais. Isso significa reconhecer que o Espírito do Pai é vida e amor e que só nele encontraremos a vida, portanto pratiquemos a justiça, a misericórdia, a bondade e sejamos verdadeiros e amorosos.

15º Domingo Comum

Leituras: Isaías 55,10-11; Romanos 8,18-23;
Mateus 13,1-23; 13,1-9.

A parábola do semeador narrada neste Evangelho de hoje nos traz o coração da mensagem de Jesus: o Reino. As sete parábolas do cap. 13 de Mateus são chamadas parábolas do Reino, elas são um instrumento eficaz que sinalizam o que é o Reino. Mateus nos escreve essas histórias que Jesus contava a partir dos próprios fatos da vida e se abria para os significados deles, indo além dos próprios acontecimentos.

A 1ª leitura é do Livro do Profeta Isaías. Ela fala da força e eficácia da Palavra: "... a Palavra que sai de minha boca: ela não torna a mim sem fruto" (v. 11). "A Palavra de Deus é semelhante a um mensageiro que não regressa senão após haver cumprido sua missão" (*Bíblia de Jerusalém*).

O Evangelho é de Mateus 13. Jesus fala em parábola à multidão. Dois pontos contextuais devem ser levados em conta aqui. Falando ao povo, conta histórias simples sem ser misterioso, usa palavras do contexto de vida deles, mas que exigiam sensibilidade na compreensão. Falava abertamente a todos. Falando ao povo, numa situação de crise, falava aos discípulos, mas também aos judeus, que estavam duvidando e até rejeitando Jesus e sua missão, e, no capítulo anterior, Mateus nos diz que eles querem um sinal de que Ele é o messias.

A parábola do semeador apresenta-nos quatro tipos de terrenos, nos três primeiros a palavra não é acolhida, e no último ela dá bom resultado. As sementes da beira do caminho, dos lugares pedregosos e entre os espinhos são os que se negam a escutar (seguir a Palavra); no contexto em que ela foi contada, referia-se aos fariseus. Hoje, ela nos faz refletir muito.

Mas a semente também caiu em terra boa e germinou, dando frutos. São os que ouvem a Palavra e a entendem.

A 2ª leitura é da Carta de São Paulo aos Romanos. Ela nos diz: se acolhermos a palavra de forma coerente participaremos "da liberdade e da glória dos filhos de Deus" (Rm 8,21).

16º Domingo Comum

Leituras: Sabedoria 12,13,16-19; Romanos 8,26-27;
Mateus 13,24-43.

Nesta altura do ano litúrgico, nosso coração já está quente pela caminhada que estamos fazendo, de modo especial este ano com o Evangelho de São Mateus. Por esses domingos, os Evangelhos buscam apresentar os mistérios do Reino dos Céus, São Mateus faz muito bem isso, as parábolas revelam Jesus como um contador de histórias do cotidiano das pessoas e da vida, usando três atividades humanas básicas: plantar e colher, habitar e comer, casar e festejar. A semana passada refletimos sobre a parábola do semeador: este final de semana iremos refletir sobre a parábola do trigo e do joio, do grão de mostarda e do fermento.

A 1ª leitura é do Livro da Sabedoria, escrito na segunda metade do século I a.C. Por ser o livro mais novo do Antigo Testamento, ele revela a imagem de um Deus misericordioso e sem discriminação (v. 13), bem diferente dos livros mais antigos que mostram Deus violento diante dos inimigos. O livro revela um Deus humano, capaz de levar as próprias pessoas a se humanizarem.

O Evangelho é de Mateus, contando parábolas do Reino, aliás o cap. 13 é composto de sete parábolas (do semeador, do joio e do trigo, do fermento, do tesouro, da pérola, da rede, do grão de mostarda). Os versículos deste domingo podem ser divididos em cinco partes:

a) O trigo e o joio: a impaciência dos discípulos. A sociedade é um campo de semeaduras diferentes e contrastantes. O semeador (discípulo de Jesus) segue firme semeando a boa semente (praticando a justiça), mas cresce também o joio (injustiça) com as pessoas e estruturas injustas. Aqui está a preocupação da comunidade; "quer que arranquemos o joio?" (v. 28). Infelizmente esse é o desejo da comunidade de fazer justiça com as próprias mãos. Mas o Evangelho mostra que só Deus pode fazer isso.

b) A parábola do grão de mostarda: o menor que se torna maior: Um grão de mostarda em campo aberto é a síntese da pequenez e da insignificância, mas apresenta um resultado brilhante. Assim é o trabalho pelo Reino dos Céus.

c) A parábola do fermento (contraposição entre o pouco e o muito): três medidas de farinha pesam 32 Kg, nos quais a mulher "esconde" uma porção de fermento. Assim será o Reino, fermento na massa. Sem aparecer, transforma toda a massa.

d) É um comentário de São Mateus para mostrar porque Jesus fala em parábolas: Mateus cita o Salmo 78 como exemplo, para mostrar que todo AT é profecia que leva a Jesus.

e) A explicação da parábola do trigo e do joio (os filhos do Reino e os filhos do diabo): a boa semente são filhos do Reino e o joio são os que fazem os outros pecarem e os que praticam o mal (v. 41).

Por fim, o texto traz um ponto escatológico: "Serão lançados na fornalha de fogo, aí justos brilharão como um sol no Reino do Pai" (v. 42, 43).

A 2ª leitura é da Carta de São Paulo aos Romanos. Esse trecho revela a tensão pela espera do mundo novo. A ansiedade do espírito em ser liberto e salvo. "Sendo o Espírito o intérprete de nossos sentimentos mais íntimos, torna-se o porta-voz da súplica de quantos lutam pelo mundo novo" (Revista *Vida Pastoral*).

17º Domingo Comum

"O doutor que se tornou discípulo de Cristo."

Leituras: 1º Reis 3,5.7-12; Romanos 8,28-30; Mateus 13,44-52.

Este já é o terceiro final de semana que estamos meditando sobre as parábolas do Reino dos Céus. Já vivenciamos esses mistérios do Reino dos Céus. Já vivenciamos esse mistério como semeadores do Reino ou como terra que recebe a semente (parábola do semeador); como comunidade ansiosa em separar o joio do trigo; como aqueles que viram o menor se tornar maior (parábola do grão de mostarda), o pouco se tornar muito (parábola do fermento). Hoje veremos o que é um valor absoluto, nada vale mais que ele (parábola do tesouro), e que não é nenhuma conquista do trabalho humano, mais é graça de Deus (parábola da rede), cabe-nos o discernimento (tirar de nosso tesouro coisas novas e velhas).

A 1ª leitura é do 1Reis e nos mostra a maneira correta de orar de Salomão, no início de seu reinado. Deus aparece em sonho para ele e lhe diz: Peça-me o que desejar e eu lhe darei" (v. 5). Salomão reconheceu seus limites (v. 7) e mostrou-nos estar consciente de sua fé, pedindo a Deus saber governar, saber julgar e saber discernir. Saber governar sendo servo de Deus (v. 7) e tendo consciência de que o povo pertencia a Deus (v. 9). Saber julgar: pede um coração compreensivo capaz de discernir entre o bem e o mal (v. 9).

O Evangelho deste final de semana é a conclusão dos mistérios do Reino. A primeira parábola é a do tesouro escondido, não para comparar o tesouro ao Reino, mas para mostrar como deveria ser o estado de ânimo dos que descobrem o Reino da justiça como valor absoluto de suas vidas. O Reino de justiça não é objeto de buscas intermináveis, mas está a nosso alcance, quem o encontra sente-se tão feliz, que se desfaz de tudo para tê-lo. É um achado inesperado, que produz alegria e desprendimento.

A segunda parábola é a da pérola de grande valor, e tem a mesma conotação, quem a encontra desfaz-se de tudo para possui-la. A terceira parábola do texto é da rede lançada ao mar, ela prolonga a parábola do joio e do trigo porque também fala dos tempos finais. A rede caça peixes bons e ruins. Quem lança a rede é Deus, só ele pode fazer a triagem. O final do texto traz uma conclusão das parábolas. Jesus pergunta: "Vocês compreenderam isso? Compreender é tomar consigo, apropriar-se, assumir o ensinamento e tomar como prática para si aquilo que é mistério do Reino dos Céus, é como um pai de família que tira de seu tesouro coisas novas e velhas" (v. 52). Isso é uma referência talvez ao próprio Mateus, mas com certeza a cada um de nós, que buscamos estar sempre aprendendo a valorizar as coisas boas da tradição, sem nunca nos fecharmos às novidades, que Jesus vai nos revelando para assim podermos enfrentar os novos conflitos que o mundo nos apresenta.

A 2ª leitura é da Carta de São Paulo aos Romanos. Após longa caminhada de fé, Paulo chega a uma grande conclusão: "Todas as coisas contribuem para o bem daqueles que amam a Deus (v. 28)".

18º Domingo Comum

Leituras: Isaías 55,1-3; Romanos 8,35,37-39, Mateus 14,13-21.

O tema do Evangelho deste final de semana é a partilha. Não cabe aqui discorrer sobre os índices da concentração da riqueza de poucos e a miserabilidade de tantos, nem ficar comentando a mentalidade individualista e o egoísmo que há em nossa sociedade, fazendo-a injusta. Mas cabe-nos buscar no Evangelho iluminação e força para viver e fazer com que o mundo viva a partilha, ela é um imperativo para o mundo presente.

A 1ª leitura é do Livro do profeta Isaías, época do exílio da Babilônia: "Vós que estais com sede... Vós que não tendes dinheiro..." (v. 1), parece-nos que o profeta sai às ruas como um vendedor ambulante gritando: "Apressai-vos, vinde e comei, vinde e comprai, sem dinheiro e sem pagar, vinho e leite" (v. 1). É um convite a sair dessa situação humilhante de dependência. A oferta é feita por Deus por meio do profeta. Deus vai renovar a aliança levando-os de volta "a uma terra onde corra leite e mel". Não é esse o convite que Deus nos faz hoje?

O Evangelho não fala em multiplicação dos pães, mas em partilha dos cinco pães e dos dois peixes. "Historicamente é muito possível que, como explicam alguns, o milagre de Jesus tenha sido fazer com que alguém que tinha pouco (cinco pães e dois peixes) tenha aceitado colocar esse pouco à disposição de todos. Vendo isso, certamente os outros fizeram o mesmo. Quando compartilhado, o pouco deu para todos e ainda sobrou" (Marcelo Barros, teólogo).

O contexto desse Evangelho é importante. Assim que Jesus soube da morte de João Batista, foi para o deserto e o que encontra lá? Uma multidão de marginalizados que está a sua procura, Jesus teve compaixão (literalmente, amor que vem do útero), compadeceu-se (sofre com quem sofre) e curou os que estavam doentes.

Os discípulos falam em comprar comida, Jesus fala em dar comida. Mandou as multidões sentarem-se na grama (sentar-se para tomar a refeição era ato de pessoas livres). Em seguida, abençoa o pão, reconhecendo que o pão é dom de Deus, alimento de primeira necessidade e que não pode ser guardado enquanto há fome.

A leitura é a da Carta de São Paulo aos Romanos, que se inicia com o questionamento de Paulo: "Quem nos separara do amor de Cristo? (v. 35). Em seguida, ele fala de todos os obstáculos do mundo, mas encerra com uma certeza: "Nada nos separará do amor de Cristo" (v. 39).

19º Domingo Comum

Leituras: 1º Reis 19,9a.11-13a; Romanos 9,1-5; Mateus 14,22-33.

É necessário sempre reportar à centralidade de nossa mensagem. Ela é a pessoa de Nosso Senhor Jesus Cristo, que no Evangelho deste final de semana a comunidade de São Mateus chama de "Filho de Deus", retomando o Salmo 2,7. De fato, nosso encontro com a Santa Missa nos aproxima cada vez mais do "Consagrado de Deus", Jesus Cristo, pois seu Evangelho mesmo no-lo revela.

A 1ª leitura é do 1º Livro dos Reis contando a nova maneira com que Elias encontra Deus, que não está mais no furacão que racha as montanhas e quebra os rochedos, nem no terremoto ou no fogo como outrora, no tempo de Moisés. Viveram, porém, contextos semelhantes, isto é, o povo havia pecado, estava em crise, em idolatria. Elias encontra Deus no murmúrio de uma brisa suave da manhã. Deus não é mais majestade que apavora e espanta, mas é Aquele que cativa e transmite serenidade.

O Evangelho narra a tempestade acalmada para mostrar como se manifesta o Senhor Jesus em meio às tempestades de vida. Ele está no meio de nós. A história começa com Jesus mandando os discípulos entrarem na barca e seguirem para outro lado do mar enquanto ele despedia a multidão, depois da multiplicação dos pães. Jesus não quer que os discípulos cedam à tentação de buscar nele um Messias poderoso. Ele está no meio como aquele que serve, sustenta na crise.

Antes da nova etapa missionária, Jesus sobe sozinho ao monte para orar. Ele é um homem orante, sua vida é marcada pela oração. Os discípulos se dirigem para a região dos gentios de barca, ela é o símbolo da comunidade, o mar está agitado. Isso significa dificuldade de saber que a nova sociedade se constrói com a partilha.

Eles não reconhecem em Jesus a presença do Homem Deus, pensam que é um fantasma, porque Ele está indo ao encontro deles sobre a água; andar sobre a água é um atributo próprio de Deus (Jo 9,8) presente nos desafios da comunidade encorajadora: "Coragem! Sou eu. Não tenham medo" (v. 27). É a bem-aventurança em meio às perseguições de que Pedro se esqueceu: "Homem fraco na fé por que você duvidou?" (v. 31).

A 2ª leitura é da Carta de São Paulo aos Romanos, onde ele diz ter no coração uma grande tristeza, a rejeição que seus irmãos na carne opuseram ao anúncio do Evangelho. Ele, porém, argumenta com consciência de estar defendendo a verdade, apoiando-se no testemunho do Espírito. Assim, ele não entende a rejeição, sua dor é tanta, que desejaria ser afastado de Cristo. Em seguida ele elenca oito privilégios deles (israelitas) como provas indiscutíveis do amor de Deus.

20º Domingo Comum

Leituras: Isaías 56,1.6-7; Romanos 11,13-15.29-32; Mateus 15,21-28.

As leituras deste final de semana tratam do tema da universalidade da salvação. Um tema que na teoria todos nós já superamos, ninguém duvida de que diante de Deus todos somos iguais e de que tudo o que temos e somos vem de Deus. Mas a dificuldade está na prática, na convivência e na relação com o diferente. Quando se trata de observar culturas, costumes, sentimo-nos proprietários exclusivos do Evangelho. Falta-nos perceber que "uma coisa é acreditar com convicção, ter uma raiz e identidade, outra é a partir disso querer excluir quem não pensa como nós" (Gustavo Gutièrrez).

A 1ª leitura é do Livro do Profeta Isaías. Ela fala "aos estrangeiros": "Observai o direito e a prática da justiça" (v. 1). "Mantenham-se fiéis" (v. 6) porque "trá-lo-eis ao monte santo e os cobrirei de alegria na minha casa de oração" (v. 7). É a perspectiva universalista do profeta em que todos têm abrigo na casa de Deus, que é casa de oração.

O Evangelho é de Mateus. É a cura da filha de uma mulher cananeia. Para contextualizar, podemos dizer que a época do Evangelho foi de muita tensão e intransigência religiosa entre os grupos judeus. E a relação com os não judeus era sempre negativa (era o império opressor). Todo contato com gentios e pagãos era considerado impuro ou perigoso. Principalmente se o contato era o ato de comer, pois a refeição era sinal de compromisso e aliança. Os rabinos ensinavam que "comer com um idólatra é como comer com um cachorro". Assim, entenderemos melhor o significado denso desse milagre.

O diálogo com a mulher fenícia (cananeia) ocorre em terra pagã: Tiro e Sidônia. Jesus está fora dos caminhos de seu povo, também seu diálogo é muito duro, tanto com os discípulos quanto com a mulher. Ela veio gritando para Jesus, que nada responde, os discípulos pedem para Jesus afastá-la. Ele fala aos discípulos que só veio "para as ovelhas perdidas da casa de Israel" (v. 24). Mas a mulher insiste. E Jesus dá um passo de qualidade, tamanhas eram a humildade e a fé da mulher.

A 2ª leitura é da Carta de São Paulo aos Romanos. Paulo, apóstolo dos gentios, isto é, cristãos convertidos, provindos das "nações", que também lutava pela conversão dos seus (de sua raça, de seus irmãos de sangue). Paulo ponderava o seguinte: se os judeus não podem considerar-se privilegiados, tampouco devem fazê-lo os pagãos.

21º Domingo Comum

Leituras: Isaías 22,19-23; Romanos 11,33-36; Mateus 16,13-20.

O ponto mais alto da revelação bíblica iremos encontrar nessa passagem do Evangelho de Mateus, sobre o qual meditaremos. Mas professar que Jesus de Nazaré é o Filho de Deus Vivo não é nossa dificuldade hoje, pois somos um continente eminentemente cristão. A dificuldade é aceitar Jesus e as implicações de seu Reino, Reino do Amor e da Verdade, da Justiça e da Paz, é aceitar Jesus com sua doutrina, sua vida, suas promessas, seu Reino.

A 1ª leitura é de Isaías. Conta a história que ele ficou enfurecido com o primeiro ministro, Sobna, do rei Ezequias, porque o povo estava vivendo numa época de crise, e Sobna se ocupava em construir para si um túmulo de luxo (a suntuosidade do túmulo estava relacionada à importância de quem estava enterrado). Ele será substituído por Heliaciam, que será um pai para os habitantes de Jerusalém. Esse cargo era tão importante que era ele que fechava e abria as portas do palácio, cargo de confiança e administração.

O Evangelho é de Mateus e narra a profissão de fé de Pedro, aliás é a profissão de fé de toda a comunidade de Mateus. O fato acorre em Cesareia, uma espécie de periferia habitada por pagãos, relembrando as primeiras atividades de Jesus. Dá-se a impressão de que Jesus está vivendo uma crise, porque começa perguntando aos discípulos o que o povo diz a seu respeito (v. 13), a resposta revela a diversidade de opiniões: "Uns afirmam que é João Batista, outros que é Elias... (v. 14).

Depois, Jesus pergunta para os próprios discípulos: "Para vocês, quem eu sou?" (v. 15). Pedro responde: "Tu és o Cristo, Filho de Deus Vivo" (v. 16), a grande resposta de fé. Com essa resposta, Jesus reconhece em Pedro um bem-aventurado. Pedro reconhece que Jesus é o Filho de Deus, não por meio de estudos, mas da vivência com Jesus e suas práticas. É a partir das pessoas que professam a fé, como Pedro, que nascem as comunidades. Não é fácil, porém, sustentar a profissão de fé, porque as forças contrárias tentarão derrubar o projeto de Deus. Os projetos de morte têm poder, mas é um poder relativo. A comunidade de testemunhas do Cristo, por seu lado, também possuem um poder, que é o mesmo com que Cristo Jesus age na comunidade, permitindo-lhe ligar e desligar.

Por fim, ele pede à comunidade o sigilo, porque poderia ser mal-interpretado enquanto Messias (realizador do projeto de Deus).

A 2ª leitura de Romanos é um hino de louvor ao projeto de Deus, sua misericórdia supera nossa capacidade de compreensão. Deus nos salva não porque atingimos a plenitude de seu conhecimento, mas por sua misericórdia.

22º Domingo Comum

Leituras: Jeremias 20,7-9; Romanos 12,1-2; Mateus 16,21-27.

Os textos bíblicos deste final de semana vêm nos encorajar a assumir nosso batismo, nosso cristianismo, até as últimas consequências, nada vale querer viver a fé cristã de maneira suave, adocicada, intimista, individualista, conformista. É preciso carregar a fé cristã com consciência, isto é, carregá-la não para aceitar e justificar as dores e os sofrimentos, mas pelas causas do Reino dos Céus. Isso sim é o sentindo da cruz.

A 1ª leitura é do profeta Jeremias, que está em crise e é ousado com Deus, dizendo que o Senhor o proibiu de casar-se porque o queria totalmente para si, diz que foi seduzido por Deus. Mas sentia-se tão perseguido, tão sofrido que já estava pensando que o Senhor o havia abandonado. O "problema" é a Palavra, "toda vez que falo, levanto a voz, clamo contra a maldade e invocando calamidades; a palavra do Senhor tornou-se para mim fonte de vergonha e de chacota o dia inteiro" (v. 8). Por causa disso, o profeta sente vontade de não mais falar em nome de Deus, mas "um fogo ardente penetra em mim..." (v. 9), a Palavra lhe invade a memória de uma tal forma, que ele passa os dias todos "com ela na cabeça, não consegue esquecer, é como um fogo que fica queimando seus ossos". Esse é o autêntico profeta.

O Evangelho é de São Mateus, mostrando-nos o caminho da cruz (ir a Jerusalém e ser morto e ressuscitar) que Jesus assume com consciência por causa da justiça que faz o Reino. Vai enfrentar seus opositores, os anciões, os sumos sacerdotes e doutores da lei, membros do tribunal supremo, sede da injustiça.

Nesse trecho do Evangelho, Jesus conta isso para os discípulos, e Pedro fica indignado, não concorda com esse caminho arriscado de Jesus, Pedro sente-se até fortalecido para dizer essas coisas, porque pouco antes tinha feito sua profissão de fé. A reação de Jesus é forte "vá para longe satanás" (v. 23). Isso revela que mesmo Pedro confessando com a mente e com o coração que Jesus é o Messias, não consegue compreender, aceitar e ter a prática de Jesus: "Se alguém quer me seguir, renuncie a si mesmo, tome sua cruz e me siga" (v. 24). Seguir a Jesus é ter consciência de que nossa vida não será diferente da vida dele. Renunciar a si mesmo é deixar de lado as ambições pessoais, carregar a cruz é viver os riscos necessários para realizar a lição de testemunhar o Reino dos Céus. Por fim, esse trecho dá ênfase às expressões de paralelismo, quem perde a vida há de salvá-la, há de encontrá-la.

A 2ª leitura é da Carta aos Romanos, e Paulo exorta para que agradeçamos a misericórdia Divina, recebida dia a dia não com o sacrifício de animais do Antigo Testamento, mas com o próprio corpo, "Sacrifício Vivo, Santo e agradável a Deus" (v. 1). O corpo é centro das relações com Deus, com as pessoas e com as coisas. Todo cristão é um sacerdote, que oferta a Deus seu próprio corpo. Sem fugir da realidade que nos cerca, "não vos conformeis com o mundo, mas transformai-o..." (v. 2).

23º Domingo Comum

Leituras: Ezequiel 33,7-9; Romanos 13,8-10; Mateus 18,15-20.

As leituras bíblicas deste domingo apresentam-nos caminhos para a convivência comunitária, pede para alertar quem está no caminho errado, fala-nos do diálogo de reconciliação, de autoridade dentro da comunidade, de oração comunitária, numa palavra, apresentam-nos normas pastorais que nos parecem já muito conhecidas, mas que nem sempre as praticamos; por isso, em se tratando de questões de fé, sempre é preciso estarmos alertas, vigilantes.

A 1ª leitura é do Livro do profeta Ezequiel. Ela apresenta o profeta como um vigia da Palavra de Deus. Denunciando os responsáveis pela justiça, o profeta não pode ficar calado diante das injustiças, porque acaba tornando-se cúmplice dela e disso será pedido prestação de contas.

O Evangelho é de Mateus, fala como viver a justiça do Reino dentro da comunidade. O texto de hoje trata de questões práticas que nos levam a ver que nossas comunidades não são feitas de pessoas perfeitas. As pessoas cometem erros graves. Como tratar as pessoas que erraram?

De início jamais "pôr a boca no mundo", o caminho é ir

conversar pessoalmente com essas pessoas; quem procura o outro para conversar já mostra um sinal de perdão.

E se essas pessoas não quiserem ouvir? "Toma consigo mais uma ou duas pessoas, para que toda questão seja decidida sob a palavra de duas ou três testemunhas" (v. 16). Se isso não der certo, comunique à comunidade. Se também isso não der certo, pelo menos você esgotou todos os recursos possíveis. Com o aval de todas as outras pessoas, as pessoas que cometeram erros sejam excluídas da comunidade para que encontrem arrependimento e voltem à comunidade, com cuidado, pois o próprio Jesus se declarou amigo dos pecadores.

Num texto anterior a esse em seu Evangelho, Mateus nos mostra Jesus dando autoridade de ligar a Pedro, nesse texto essa missão é confiada a toda comunidade. Por fim, Mateus fala da oração comunitária, a qual parece estar muito ligada ao tema acima, pois fala: "Se dois de vocês estiveram de acordo..." (v. 19-20). Quando houver qualquer tipo de disputa sobre alguma coisa busque o acordo e, depois, a oração para que possam receber a graça de Deus.

A 2ª leitura é da Carta aos Romanos e trata do amor enquanto cumprimento da lei. Amar ao próximo como Deus nos amou. Mas há diversas formas de manifestar o amor, uma delas é amar a pessoa como ela é.

24º Domingo Comum

Leituras: Eclesiástico 27,33–28,9; Romanos 14,7-9; Mateus 18,21-35.

O tema de meditação das leituras deste final de semana é o perdão. Deus nos perdoa à medida que perdoamos a quem nos ofende. Deus nos perdoa à medida que nós nos perdoamos. Deus nos perdoa à medida que desejamos ser perdoados. Deus nos perdoa à medida que nos propusermos a não pecar mais. Deus sempre perdoa quando buscamos o perdão.

A 1ª leitura é do Livro do Eclesiástico e nos diz que "rancor e raiva são coisas detestáveis" (27,33), pois geram um tipo de reação que conduz à vingança: "Quem se vingar encontrará a vingança do Senhor, que pedirá severas contas dos pecados" (28,1). Para não vivermos assim, é preciso entender na religião que o ódio para com as pessoas é a ruptura com Deus, brigar com as pessoas é brigar com Deus.

Por fim, o texto manda pensar no fim, na destruição e na morte para entender se vale a pena ter vivido com raiva e com ódio. Diante disso dá um conselho: seguir os mandamentos, pensar em Deus e não levar em conta as faltas alheias.

O Evangelho é de São Mateus e começa com uma pergunta de Pedro: "Quantas vezes devo perdoar? (v. 21). Jesus responde dizendo que o perdão não tem limites e, em seguida, conta a parábola do servo que devia milhões a seu patrão e foi perdoado e, depois, não perdoou o companheiro que lhe devia poucas moedas. Jesus nos ensina que não deve existir dívidas impagáveis e que todos temos uma dívida com Deus, Ele nos perdoa desde que perdoemos nosso devedores.

A 2ª leitura é da Carta aos Romanos, essa comunidade tinha problemas de convivência fraterna, estava dividida entre fortes e fracos. Os fortes eram pessoas esclarecidas e não tinham escrúpulos em comer carne vermelha; os fracos eram vegetarianos, por isso estava divididos. Mas Paulo diz que na hora da refeição não importa ser vegetariano ou não, importa sim que todos agradeçam a Deus o alimento, pois ambos creem no mesmo Deus e o louvam.

25º Domingo Comum

Leituras: Isaías 55,6-9; Filipenses 1,20c-24.27a; Mateus 20,1-16a.

O desemprego é consequência de um sistema econômico que se sustenta pelo dinheiro e pela especulação. Quando esse sistema economicista quer impor-se no mundo, as dimensões sociais entram em crise porque não se leva em conta a vida humana, mas a capacidade que o homem tem de produzir bens. Isso só aumenta as desigualdades e muitos acabam ficando à margem, enquanto uma elite usufrui em demasia de certos bens (inclusive a tecnologia). A medida de Deus é outra, ela se fundamenta nas necessidades mais profundas das pessoas, é o que veremos no Evangelho de hoje.

A 1ª leitura é do Livro do profeta Isaías. É um convite para a festa, é um chamado para o povo de Israel assumir seu papel de povo da nova aliança e se converter enquanto é tempo, deixar os caminhos dos ímpios e os pensamentos maus e buscar outros caminhos.

O Evangelho é de Mateus. É a parábola dos trabalhadores da vinha. A parábola trata da principal mensagem de Jesus: o amor livre e gratuito do Pai. É a história de um pai de família que sai de manhã cedo para contratar trabalhadores para sua vinha a uma moeda de prata por dia e os contrata. Mas esse mesmo pai sai várias horas por dia, até ao cair da tarde e também contrata outros de última hora e acaba pagando o mesmo valor para todos. Quem chegou de manhã achou uma injustiça e foi reclamar, mas o patrão retrucou dizendo que havia pagado o combinado e pronto.

A mensagem que se tira daqui é que de um lado está a justiça dos homens, cheia de formalidades e regras exatas, e de outro, está a justiça de Deus, que privilegia a vida humana.

A 2ª leitura é da Carta de São Paulo ao Filipenses. Para Paulo tanto o morrer como o viver é lucro. Quer morrer para ir ao encontro de Cristo. Mas também precisa ficar para anunciar o Evangelho. Alias, "viver vida digna do Evangelho de Cristo" (v. 27).

26º Domingo Comum

Leituras: Ezequiel 18,25-38; Filipenses 2,1-5; Mateus 21,28-32.

A mensagem deste final de semana está baseada na história dos dois irmãos; um disse ao Pai que não iria trabalhar na vinha e foi, outro disse que iria e não foi. Corremos o risco de nossa vida se assemelhar à do irmão que disse que iria e não foi. Na vida isso se entende assim: sabemos rezar o credo direitinho, com muita emoção e convicção, mas na hora de colocar em prática, sempre achamos um motivo para não o cumprir. Por que é assim?

A 1ª leitura é do profeta Ezequiel, em que o povo exilado achava-se devedor das faltas de seu antepassado e estava pagando por isso, vivendo uma espécie de fatalismo que dava a responsabilidade ao próprio Deus dizendo: "A conduta do Senhor não é correta" (v. 25a) e usavam um provérbio que dizia: "Os pais comeram uva verde, e a boca dos filhos ficou amarrada" (v. 2).

O profeta Ezequiel vai contra esse modo de pensar, pois ele afirma que "a conduta do Senhor não é injusta porque ele não quer que o injusto morra, mas que ele se converta de seu caminho e viva (v. 23). Para Deus o que importa é sermos responsáveis; isto é, reconhecer os limites, sentir-se também responsável pelo mundo, procurar a mudança sempre para o melhor e não se acomodar.

O Evangelho é de Mateus, que narra a parábola dos dois filhos. É uma retomada do Sermão da Montanha: "Nem todo aquele que diz Senhor, Senhor, entrará no Reino do Céu" (7,21), pois o mais importante não é dizer que ama o Senhor, mas cumprir sua vontade. Na parábola o Pai convida os dois filhos a irem trabalhar na vinha, o primeiro que diz não ir, vai. Ele representa aqueles que, qualquer que seja sua origem e seu passado, acabam cumprindo a vontade do Senhor; o segundo representa os que só tem fé aparente, não a praticam, e rezam o credo, mas não o vivem na prática. Essa parábola foi contada por Jesus no Templo em Jerusalém, para explicar o que é a justiça do Reino.

A 2ª leitura é da Carta de São Paulo aos Filipenses. É um pedido de Paulo para resolver os problemas internos da comunidade: "Se há uma consolação em Cristo, se há um encorajamento no amor, se existe uma comunhão no espírito, se existe ternura e compaixão, então tornem completa minha alegria permanecendo unidos no mesmo sentimento, no mesmo amor, num só coração, num só pensamento. Não façam nada por competição e vanglória, mas com humildade, cada um julgue que o outro é superior, e não cuide somente do que é seu, mas também do que é do outro" (v. 1-3).

27º Domingo Comum

Leituras: Isaías 5,1-7; Filipenses 4,6-9; Mateus 21,33-43.

A 1ª leitura e o Evangelho deste final de semana trazem duas histórias semelhantes: o dono da vinha cuida bem dela e colhe uvas azedas. Isto é, Deus ama seu povo de modo único e extraordinário, mas muitos só apresentam a Deus violência: "Uns foram espancados, outros mortos, outros ainda apedrejados" (Mt 21,35). Mas Deus não quer isso, Ele quer como resposta nossa o direito e a justiça, "Ele esperava que reinasse o direito, mas eis que domina a violação do direito; esperava pela justiça, mas só se ouvem os gritos dos injustiçados" (Is 5,7b).

A 1ª leitura é um dos poemas mais lindos do AT, nele é contada a decepção e a não correspondência por parte de quem se esperava uma resposta de amor. É a história do lavrador que prepara bem a terra; escolhe um terreno fértil, tira as pedras, seleciona as cepas, levanta um muro ao redor da plantação, cava até um lagar para pisar as uvas. Mas surpreendentemente o parreiral azeda. O profeta pede ao povo o julgamento do dono da vinha e diz que Ele vai desmanchar tudo, inclusive proibir as chuvas. Mas proibir as chuvas? Só Deus pode fazer isso. Isso mostra que o poema é a frustração de Deus para com seu povo.

O Evangelho é a parábola dos lavradores assassinos. Na interpretação dessa parábola, o proprietário da vinha é Deus, que dá provas de extrema dedicação a seu povo. Prepara tudo e, no tempo da colheita, manda os empregados para recolher os frutos, mas os vinhateiros os recebem com violência, com muita violência. Depois, ele manda um maior número de empregados e recebem mais violência. Quando manda o próprio filho, "tramaram 'este é o herdeiro. Venham, vamos matá-lo e tomar posse de sua herança'. Então, agarraram o filho, jogaramno para fora da vinha e o mataram" (v. 38-39).

Está parábola mostra-nos que a morte de Jesus é uma trama das lideranças que defendem a injustiça e pisam no direito, essas lideranças querem tomar posse da herança para permanecerem para sempre no poder e eliminar os que pretendem seguir o caminho do Filho.

A 1ª leitura da Carta de São Paulo aos Filipenses mostra que a celebração comunitária é um espaço para serenidade apesar dos conflitos: "Não inquieteis com coisa alguma, mas apresentai vossas necessidades a Deus, em orações e súplicas, acompanhadas de ação de graças..." (v. 6), "ocupai-vos com tudo o que é verdadeiro, respeitável, justo, puro, amável, honroso..." (v. 8).

28º Domingo Comum

Leituras: Isaías 25,6-10; Filipenses 4,12-14; Mateus 22,1-14.

As leituras deste final de semana contam histórias sobre festas, banquetes com carnes gordas e vinho puro, pratos deliciosos e muitas iguarias. As festas são sinais de esperança, de paz e de confraternização. É o divino que vai se realizando no humano, é encontro necessário para a vida humana, ninguém consegue viver só de trabalho e alimentos. O ser humano, Filho do Pai de Amor, também expressa esse amor na gratuidade e partilha da festa. Festa é um sinal de luta contra o egoísmo e a ganância presentes no mundo. Por esses dias, muitas comunidades e grupos sociais estão realizando a festa para as crianças, muitas pessoas não medem esforços para arrecadar bolos, doces, sorvetes, lanches... Como a Bíblia nos mostra isso?

A 1ª leitura é do profetas Isaías, é um trecho entre os capítulos 24-27 chamado de "o grande apocalipse de Isaías". Esse apocalipse, ao contrário do que muitos pensam, é um restabelecimento da esperança de um tempo em que tudo será marcado pela paz e pela fraternidade universais. O trecho deste final de semana é a imagem de um grande banquete servido no monte Sião, colina onde está construída a cidade de Jerusalém, centro também de romarias e festas. É a esperança do profeta de que a colina seja o ponto de encontro de todos os povos para participar de um banquete oferecido pelo próprio Deus, que eliminará a morte e enxugará as lágrimas; isto é, o fim do sofrimento e o começo de uma vida nova nas mãos de Deus.

O Evangelho deste final de semana é a junção que Mateus faz com duas parábolas, a primeira é a festa de casamento do filho do rei, a segunda é sobre o traje de festa. Tudo isso porque Mateus sempre está querendo falar da justiça do Reino. Na primeira parábola, o rei prepara a festa de casamento de seu filho, manda os empregados chamarem os convidados para a festa (é evidente que Deus Pai é o rei, o Filho é Jesus, os convidados são as pessoas influentes na sociedade e os empregados os profetas de Deus). Mas os convidados não deram a menor atenção ao convite, pelo contrário, agiram com violência para com os empregados e chegaram até a matar alguns. O rei ficou indignado e mandou as tropas para matarem aqueles assassinos e incendiarem as cidades deles. Interpretando esse fato, diríamos que a justiça do Reino não vai fracassar porque as lideranças da cidade não querem.

Em seguida, o rei manda convidar os que estão nas encruzilhadas dos caminhos (no texto essas encruzilhadas significam o fim da cidade e o começo do caminho da roça, a periferia). A festa fica cheia, porém um não está usando o traje de festa (o traje de festa não é a roupa, mas a justiça: "há mais chamados do que escolhidos"). O fim de quem não é justo é o "choro".

Na 2ª leitura, São Paulo dá sua experiência de fé dizendo que não é a miséria nem a abundância o sentido da vida, mas Deus; "tudo posso naquele que me dá forças" (v. 13).

29º Domingo Comum

Leituras: Isaías 45,1.4-6; 1ª Tessalonicenses 1,1-5b; Mateus 22,15-21.

Neste final de semana o Evangelho mostra-nos mais um conflito de Jesus com os fariseus, é o conflito sobre os impostos pagos a César. Aliás, uma das características do cristão, de fé madura, é saber enfrentar os conflitos que vão surgindo pela vida. Fazer uma opção pela fé cristã é ser seguidor do caminho conflituoso que Jesus fez nesta terra. Muitos querem viver e fazer um cristianismo que acoberta os problemas, que faz da fé só um espiritualismo, isso é um fingimento da fé. A fé madura não se aparta da realidade. Jesus muitas vezes precisou ser duro com os fariseus, chamando-os de hipócritas, sepulcros caiados, raça de víboras; foi necessário enfrentar esses conflitos. Nossa realidade não é diferente; porém isso não justifica uma mentalidade militarista, repressora e agressiva.

A 1ª leitura é do profeta Isaías, ela mostra a investidura de Ciro, rei pagão da Pérsia, ela fala do tempo de exílio da Babilônia. No ano de 538 a.C., Ciro conquistou a Babilônia e permitiu que os judeus voltassem para Israel. É um pagão que foi escolhido por Deus para ser seu instrumento. O texto faz esse relato de forma a descrever um ritual com a unção, a entrega do título, as insígnias.

O Evangelho revela o ponto mais alto do conflito entre os fariseus e os do partido de Herodes contra Jesus pelas palavras. Os fariseus apoiavam o imperador romano, os herodianos ficavam em cima do muro. Eles começam a conversar com um elogio a Jesus e depois perguntam "é lícito ou não pagar impostos a César?" (v. 17).

Eles queriam que Jesus justificasse a lei dos impostos (maior sinal da dominação romana). Jesus percebeu a armadilha e disse a eles: "Hipócritas! Por que me preparam uma armadilha" (v.

18). Ele pede uma moeda e pergunta de quem é a figura e a inscrição na moeda. Eles respondem de César. Assim Jesus conclui: "Dai a César o que é de César e a Deus o que é de Deus" (v. 21). Com essa resposta, Jesus quis dizer que César possuía o poder político (feito de injustiça e opressão), isso era dele. Mas do povo César não era dono e sim Deus.

A 2ª leitura é da Primeira Carta de São Paulo aos Tessalonicenses trazendo um texto de graça e paz. Nela, Paulo expressa seu agradecimento a Deus pela fé, esperança e caridade, presentes na comunidade de Tessalônica, ressaltando finalmente a força do Espírito Santo.

30º Domingo Comum

Leituras: Êxodo 22,20-26; 1ª Tessalonicenses 1,5-10; Mateus 22,34-40.

O entendimento das leituras deste final de semana está ligado ao tema da lei e do mandamento maior. Uma das questões que nos vem à mente é: nossas leis querem garantir o quê? Na Bíblia notamos que elas são frutos das experiências de vida do povo. Por isso se propõem a respeitar a própria vida, isso nos parece diferente do que quando são feitas para garantir interesses particulares ou de grupos.

A 1ª leitura é do Livro do Êxodo, ela é um trecho do Código da Aliança (19-25). O código é feito para regulamentar a vida do povo e suas relações, para que não aconteça mais como aconteceu na escravidão do Egito. As leis são feitas para defender os indefesos: estrangeiros, viúvas, órfãos, pobres e endividados. Por exemplo, o povo de Deus foi imigrante estrangeiro e explorado no Egito: "Não maltratem nem oprimam o estrangeiro, pois vocês foram estrangeiros no Egito" (v. 20). E, assim por diante, todas as leis.

O evangelho é de Mateus e reflete sobre os mandamentos, sendo personagens principais os fariseus e os saduceus tentando criar armadilhas para caçar Jesus. Eles eram religiosos e detalhistas para com as leis e em contrapartida os pobres não conseguiram cumpri-las. Essas leis eram para a elite, o povo simples não as seguiam, e a bronca para com Jesus é porque Ele estava com os simples, pobres, pecadores. A pergunta que eles fazem a Jesus é: "Mestre, qual é o maior mandamento da Lei?" (v. 36). Jesus lhes responde dizendo: "Amarás o Senhor teu Deus de todo teu coração, de toda tua alma, e de todo teu entendimento" (v. 37-38).

Mas a surpresa para os fariseus é o acréscimo que Jesus faz, dizendo que é tão importante quanto o primeiro: "Amarás teu próximo como a ti mesmo" (v. 40). Esse mandamento novo complica a vida dos fariseus, porque era impossível amar o povo para eles, o povo era maldito, impuro e merecedor de desprezo.

A 2ª leitura é da Carta aos Tessalonicenses. Para eles a "tribulação" era constante, porque seguindo Jesus enfrentavam muitas contrariedades, assim como os fiéis seguidores dos dias atuais. A comunidade de Tessalônica, segundo a carta de São Paulo, foi imitadora de Paulo e acolheu sua Palavra, apesar das tribulações. E nós, hoje?

31º Domingo Comum

Leituras: Malaquias 1,14b-2,2b.8-10;
1ª Tessalonicenses 2,7b-9.13; Mateus 23,1-12.

Por que será que tanto os profetas no AT quanto Jesus Cristo nos Evangelhos questionam as autoridades constituídas? Será que o ser humano é mesmo tão corrompido quando assume cargos diante da população? Será que hoje não enfrentamos os mesmos problemas? O poder corrompe todos? Será que se pode generalizar? Será que os culpados pelo sofrimento do povo são as autoridades? Será que só fazem as leis pensando em si e não na vida do povo?

A 1ª leitura é do profeta Malaquias, "mensageiro de Javé", último dos profetas clássicos, atuou 50 anos depois da reconstrução do Templo, na volta do exílio da Babilônia. Nessa época, a celebração tornou-se puro rito e os responsáveis eram os sacerdotes corruptos. O texto traz as denúncias: por causa da corrupção dos sacerdotes o nome de Deus foi desrespeitado (1,14); abandonaram a estrada; fizeram tropeçar a muitos pelo ensinamento; fizeram discriminação de pessoas pelo ensinamento (2,9). O profeta diz que a sentença para a corrupção das autoridades religiosas é grave, pois eles que deveriam abençoar o povo, serão amaldiçoados.

O Evangelho é de Mateus, e Jesus fala às multidões e a seus discípulos contra os doutores da lei e os fariseus. Primeiro ele diz: "Por isso vocês devem fazer e observar tudo o que eles dizem. Mas não imitem suas ações! Pois eles falam e não praticam" (v. 3), isso é uma ironia. Depois, Jesus vai desmascará-los: "Amarram pesados fardos e os colocam nos ombros dos outros, mas eles mesmos não estão dispostos a movê-los sequer com um dedo" (v. 4). As autoridades buscam prestígio: "Usam faixas largas na testa e nos braços, e como põem na roupa longas franjas, com trechos da escritura, gostam dos primeiros lugares nas festas" (v. 5).

Mas, para Jesus, há um só Mestre, um só Pai, um só líder, todos somos irmãos, filhos de Deus Pai e seguidores de Jesus; a hierarquia estava sendo um fardo pesado para o povo. O único valor absoluto é a fraternidade que se põe a serviço: "O maior de vocês deve ser aquele que vos serve" (v. 11). Não deviam as autoridades, que se dizem cristãs, ter esses princípios?

A 2ª leitura é da Primeira Carta aos Tessalonicenses, e Paulo se apresenta como agente de pastoral que vive no meio do povo. Ele se apresenta com ternura de mãe, segurando a criança à altura dos seios, alimenta-a e a aquece. Não basta a mensagem, é preciso dar a vida, com afeto. Isso é estranho num contexto machista. Paulo se faz o verdadeiro agente de pastoral com as características de mãe. Também, é diferente dos outros pregadores, pois trabalha de dia para ganhar seu sustento, e à noitinha anuncia a Palavra. Paulo não separou o Evangelho da vida.

32º Domingo Comum

Leituras: Sabedoria 6,12-16; 1ª Tessalonicenses 4,13-14; Mateus 25,1-13.

O tema do Evangelho desta missa é o julgamento de Deus sobre a nossa existência. Todos nós passaremos pelo juízo final. O critério de julgamento é como foi a nossa vida aqui na terra: o modo de vida, nosso relacionamento com as pessoas, a prática da caridade, o cuidado com os necessitados, a busca da verdade e da justiça, serenidade, equilíbrio, firmeza nas decisões, vida de oração pessoal e comunitária.

A 1ª leitura é do Livro da Sabedoria. A sabedoria se deixa encontrar por quem a procura. "Ela mesma se dá a conhecer aos que a desejam" (v. 13). Ela é a perfeição da inteligência, quem está com ela se isenta de preocupações. Ela mesma vai ao encontro dos que a merecem.

O Evangelho é de São Mateus. É a parábola das 10 virgens.

As dez virgens, que acompanhavam a esposa como "damas de honra", representam a comunidade que vive na espera amorosa da manifestação do Reino. São dez e não se fala da esposa. Dez é o número da ação humana como dez são os dedos da mão. Dez também era o número mínimo necessário de pessoas para orar na sinagoga. Talvez não se explicite a esposa, mas se subentende as dez como o grupo da esposa.

A imagem das dez virgens carregando óleo talvez seja uma alusão ao Livro do Cântico dos Cânticos, em que o coro das "filhas de Jerusalém" era composto de dez virgens carregando a Torá e aguardavam vigilantes a vinda do Messias. Assim como também o Livro dos Números fala das boas obras e do acolhimento amoroso do Messias como um azeite colocado na lâmpada, por isso não se dá esse azeite a uma outra pessoa. Esse texto termina com um chamado à vigilância.

A 2ª leitura é da Carta de São Paulo aos Tessalonicenses. E para ser vigilante é preciso ter esperança convicta de que Jesus ressuscitou. Uma vida sem esperança leva à tristeza. A vida eterna começa já, então o jeito de conduzi-la agora será na eternidade.

33º Domingo Comum

Leituras: Provérbios 31,10-13.19-20.30-31;
1ª Tessalonicenses 5,1-6; Mateus 25,14-30.

O Evangelho deste domingo é a parábola dos talentos, eles são a capacidade natural (presente de Deus), que podem aumentar com a prática ativa, zelosa, diligente. Nesse sentido o Evangelho nos motiva e nos questiona: nossa fé está orientada para uma segurança conservadora, quem tem medo de arriscar na vida? Fazemos imagem de um Deus severo, que vive controlando e vigiando nossa consciência? Ou nossa fé está orientada para a liberdade presenteada pelo próprio Deus, que se arrisca conosco? Liberdade entendida como compromisso fiel com a prática da justiça. Vejamos as leituras.

A 1ª leitura do Livro dos Provérbios é um poema que fala da mulher ideal. Ideal é a mulher que possui um tino comercial, excelente dona de casa e também comerciante (v. 13.19); além de participar com o marido em seu trabalho, sempre tem um tempinho para confeccionar tecidos com as próprias mãos, vende o que produziu, com o dinheiro faz a feira, compra terras e planta vinhas. Encarrega os empregados de fazer o que não consegue realizar pessoalmente (v. 20). Isso até muda os padrões femininos da época (v. 30), o que importa não é a beleza e o charme a mulher, mas capacidade para o trabalho. Acima de tudo, porém, está o temor do Senhor (v. 30b). A mulher do poema é a personificação da sabedoria, isto é, o próprio sentido da vida.

O Evangelho é a parábola dos talentos, é o aprofundamento da vigilância dinâmica. É a vivência do hoje em vista do amanhã. É a história do patrão que foi viajar para o estrangeiro, chamou os empregados e lhes entregou seus bens (esse padrão é Deus Pai, que se arrisca conosco). A um deu cinco, a outro dois e ao terceiro deu um. Quem recebeu cinco e dois, trabalhou e produziu o dobro, quem recebeu um, enterrou-o. Uma das preocupações da parábola é mostrar o acerto de contas (juízo final). Pois Ele esclarece que não importa se recebeu cinco ou dois, trabalhou; a recompensa é a mesma, "muito bem, empregado fiel..." (v. 21). E quem teve medo de arriscar... "mas aquele que não tem, até o que tem lhe será tirado" (v. 29).

A 2ª leitura é da Carta de São Paulo aos Tessalonicenses, há uma preocupação para com a vinda do Senhor. São Paulo diz que "o dia do Senhor virá de modo imprevisto, da mesma forma que o ladrão" (v. 2). Portanto, "é preciso vigiar e ficar sóbrio" (v. 6).

Jesus Cristo, Rei do Universo

Leituras: Ezequiel 34,11-12.15-17; 1ª Coríntios 15,20-26.28; Mateus 25,31-46.

Com esta festa de Cristo Rei estamos encerrando o ano litúrgico, o que significa que após esta caminhada queremos coroá-lo como nosso Rei. Ele que venceu a morte com a Ressurreição. Ele que veio ao mundo para que toda justiça fosse cumprida (Mt 3,15). Ele que é o Mestre da Justiça, pois nos convida sempre a olhar nossos "irmãos menores".

A 1ª leitura é do Livro do profeta Ezequiel, ela traz esperança ao povo exilado. O exílio foi um grande sofrimento para o povo. Ezequiel retrata-o assim: "Oráculo do Senhor Deus — vou procurar a ovelha perdida, reconduzir a extraviada, enfaixar a da perna quebrada, fortalecer a doente, e vigiar a ovelha gorda e forte. Vou apascentá-la conforme o direito" (v. 16). Essas palavras podem ser resumidas em liberdade e vida, ou ainda, em fim da escravidão.

O Evangelho é de Mateus. É o juízo final. É a preocupação com o final dos tempos. Jesus é o juiz da humanidade: "Todos os povos da terra serão reunidos diante dele" (v. 32a). O julgamento será baseado na justiça entre as relações pessoais, sociais e as nações: "Os justos irão para vida eterna" (v. 46b). Jesus fará a separação, assim como o pastor separa as ovelhas dos cabritos. O prêmio aos justos é definitivo, porque ocuparam suas vidas em dar alimentos a quem tem fome, repartir a casa com os estrangeiros, vestir quem está nu, visitar os doentes e os presos. Os justos ignoraram ter ajudado a Jesus na pessoa do empobrecido, mas Jesus confirma: "Vinde, benditos de meu Pai". Os injustos também não reconhecem os momentos que deixaram de servir Jesus, e Jesus confirma: "Afastai-vos de mim, malditos" (v. 41). "O Filho do Homem não exigiu para si: nem culto, nem orações, nem oratórios, mas solidariedade prática traduzida na partilha de bens" (Revista *Vida Pastoral*).

A 2ª leitura é da Carta de São Paulo aos Coríntios. Esse capítulo 15 trata da ressurreição, é a recordação do anúncio fundamental do Evangelho. Paulo, por meio dessa fé na ressurreição, tenta eliminar as dúvidas (v. 12-34), apresentando provas tiradas da Bíblia.

ANO B
EVANGELHO DE MARCOS

ANOE
EVANGELHO DE MARCOS

TEMPO DO ADVENTO

1º Domingo do Advento

Leituras: Isaías 63,16b-17.19b; 64,2b-7; 1ª Coríntios 1,3-9; Marcos 13,33-37.

Com este 1º Domingo do Advento iniciamos mais um ano litúrgico. O tempo do Advento é tempo de espera, de preparação e de chegada. Espera do Cristo que vem no Natal, que virá definitivamente no futuro. Preparação de nossas vidas, chamados que somos à conversão para recebê-lo. É a grande alegria da chegada do Menino Deus, quando o mundo e as pessoas se tornam "novas".

A 1ª leitura é uma oração de súplica de quem está passando por sérias dificuldades. Deus é chamado de Pai e de Redentor, associando Pai à vida, e Redentor à liberdade. Vida e liberdade que no momento estavam tão longe da vida do povo. Por quê? Porque "não há quem invoque teu nome e se disponha a agarrar-se a ti. Pois escondeste de nós tua face e nos entregastes à mercê de nossas maldades" (64,6). Parece até que o próprio Deus é culpado dessa situação. Mas há uma saída, Deus vai ao encontro de quem prática a justiça, é preciso que o povo deixe novamente modelar-se pelo Pai.

O Evangelho é de Marcos, e trata da questão da vigilância. Primeiro é preciso ficar atento porque não se sabe nem o dia nem a hora: "Cuidado! Fiquem atentos, porque vocês não sabem quando chegará o momento" (v. 33). Depois, Ele faz uma comparação. Ele se faz como alguém que viajou e pode voltar a qualquer hora. Ao viajar confiou ao porteiro e aos empregados a administração da casa. Isto é, confiou ao povo a continuidade de sua obra. Ele dá ênfase ao porteiro, que pode representar as lideranças das comunidades, elas precisam estar vigilantes, para Jesus todos são responsáveis pela "casa", que é o mundo, cada um de acordo com seus compromissos.

Nesse contexto, vigiar é agir concretamente e corresponsavelmente, é testemunhar a ação e a presença de Deus no meio das pessoas. "Se Ele vier de repente não deve encontrá-los dormindo" (v. 36). Dormir é relaxar os compromissos. Portanto "fiquem vigiando" (v. 37).

A 2ª leitura é da 1ª Coríntios, Paulo rende graças a Deus pela riqueza de ministérios da comunidade. Ela possui o dom do conhecimento, pelas palavras e pelos testemunhos nas assembleias, mas Paulo os exorta lembrando que os carismas são dons gratuitos e devem estar a serviço das pessoas.

2º Domingo do Advento

Leituras: Isaías 40,1-5.9-11; 2ª Pedro 3,8-14; Marcos 1,1-8.

O tempo do Advento, na liturgia da Igreja, é marcado também pelo chamado à conversão. Somente com a mudança de vida, com o abandono de certos ídolos que ocupam o lugar do Deus verdadeiro é que se vive a vinda do Menino Deus. Nesta liturgia a conversão está muito voltada para "preparar os caminhos do Senhor", quer dizer, viver do jeito que Deus quer, para estar em sintonia com Ele.

A 1ª leitura é do Livro do profeta Isaías. É um anúncio de libertação, pois o povo já pagou por seus pecados no exílio, e agora é o momento do novo Êxodo. O anjo clama: "Preparai o caminho do Senhor" (v. 3), pois o poder humano é passageiro e o poder de Deus é inabalável" (v. 5). O poder dos babilônios, aparentemente tão grande, chega ao fim como a erva dos campos. De volta a Jerusalém, a comunidade tem o compromisso de restaurar a cidade verdadeira.

O Evangelho é o início de Marcos. É a pregação de João Batista, que prepara o anúncio de Jesus. Ele batiza no deserto e chama à conversão, a fim de mudar o que deve ser mudado, endireitar o que está torto, buscar a justiça e preparar para o encontro com o Senhor.

João, homem austero, vestido com pele de camelo e alimentando-se daquilo que encontra no deserto, recebe os que buscam a conversão, preparando-os por meio do batismo no rio Jordão para o encontro com o Senhor. João Batista dá um testemunho de humildade, indica o caminho em direção ao Senhor.

A 2ª leitura é da Segunda Carta de São Pedro. Ele nos diz que "para o Senhor um dia é como mil anos e mil anos como um dia" (v. 8). Alguns pensam que Deus está demorando para vir, mas na verdade Ele está dando uma oportunidade para que todos sejam salvos.

3º Domingo do Advento

Leituras: Isaías 61,1-2.10-11; 1ª Tessalonicenses 5,16-24; João 1,6-8.19-28.

As leituras deste final de semana nos falam da importância do testemunho de vida. Para dar demonstração de fé madura é preciso ter um jeito de viver que comprove os valores do Evangelho. Nossa fé, nossa religião podem ser verdadeiras enganações se nosso testemunho de vida for diferente daquilo que professamos.

A 1ª leitura é tirada do Livro do profeta Isaías e nos diz que temos uma missão na vida; os repatriados do exílio, na boca do profeta, deverão ser um exemplo de reconstrução das vidas a partir daqueles que são vítimas (injustiçados, pobres e desanimados, v. 1). Essa mensagem de esperança para os israelitas deve ser entendida por nós com o mesmo sentido nos dias de hoje.

O Evangelho é de João, falando de João Batista. O Batista não era a luz, mas veio para dar testemunho da luz (v. 8), estava a serviço de alguém que era maior do que ele. Isso requer maturidade na vida. Dar testemunho de Cristo, para João, era despertar o desejo e a esperança da vida, preparando a chegada daquele que era vida-luz. Mas quem dá testemunho? Quem é João? "Uma voz que grita no deserto, preparei os caminhos do Senhor" (v. 23). Essa era a missão de João e a nossa também: hoje, preparar os caminhos do Senhor. Testemunhar com nossa vida os valores do Evangelho até o ponto de nossa conversão, da conversão das pessoas com que convivemos, até transformar a sociedade pelas raízes.

Na 2ª leitura, Paulo oferece orientações para a vida de comunidade: alegria, oração e gratidão a Deus em tudo. "Examinem tudo, fiquem com o que é bom e afastem-se de toda espécie de maldade" (v. 21-22).

4º Domingo do Advento

Leituras: 2º Samuel 7,1-5.8b-12.14a.16; Romanos 16,25-27; Lucas 1,26-38.

Ao nos aproximar da festa do Natal, estamos sendo envolvidos por seu espírito. A alegria, a paz, a fraternidade colocam-nos diante do Natal. A liturgia deste 4º Domingo do Advento nos ajuda a bem aprender o espírito verdadeiro de celebração do nascimento do Menino Deus mostrando-nos uma personagem importante, Maria. Por um lado, a manifestação de Deus não acontece nos palácios ou templos, mas em pessoas agraciadas, elas revelam-nos o verdadeiro espírito natalino que não é a exterioridade das festas, mas uma profunda alegria interior a ponto de dizer: "Eu sou a serva do Senhor, faça-se em mim segundo a tua palavra" (Lc 1,38).

A 1ª leitura, do 2º Samuel, é um texto messiânico revelador da profecia de Natã. É messiânico porque foi escrito numa época em que a monarquia estava desgraçando a vida do povo, e Natã consegue despertar nesse povo a esperança da vinda do Messias. É também profético porque desfaz uma intenção errônea do Rei Davi, que queria construir um templo para Deus. O profeta mostra que Deus não quer ser aprisionado num espaço físico, Deus sempre esteve em toda parte com seu povo.

O Evangelho apresenta a vinda de Jesus como início de uma história nova, realizando as esperanças do povo na vinda do Messias descendente de Davi. A primeira novidade é que Maria concebe antes de ir morar com José (v. 34). A saudação do anjo, "Alegra-te, cheia de graça, o Senhor está contigo" (v. 28), é a segunda novidade, pois é uma mulher que recebe uma saudação messiânica. É convidada a não ter medo, à semelhança dos personagens do Antigo Testamento, pois encontrou graça diante de Deus (v. 30), e seu Filho será cumpridor das promessas do passado.

Em seguida, o anjo explica que o Espírito Santo é quem fará isso. Para Deus nada é impossível, porque Isabel também fora considerada estéril. Enfim, Maria é a pessoa que aceita a novidade reveladora de Deus em Jesus e aceita participar de seu projeto: "Eu sou a serva do Senhor. Faça-se em mim segundo a tua Palavra" (v. 38).

A 2ª leitura traz duas ideias básicas da Carta de São Paulo aos Romanos: Deus tem poder de tornar firmes os que creem (v. 25); em Jesus todas as nações são chamadas à fé (v. 26).

TEMPO DE NATAL

Natal do Senhor *(ver festas)*

Sagrada Família

Leituras: Eclesiástico 3,3-7.14-17a; Colossenses 3,12-21; Lucas 2,22-40.

Celebrar a Festa da Sagrada Família deve significar celebrar o reconhecimento de que família é o santuário da vida. Ela deve ser o berço do amor, é a menor das instituições e, por isso, deve ser aquela que traz o zelo mais íntimo para com o ser humano. A cada ano, nesta celebração, somos chamados a reconhecer esses valores da família e trabalhar em seu favor, para eliminar tudo aquilo que a destrói, desde a perda da força do valor sacramental, passando pela pornografia até às crises financeiras.

A 1ª leitura é do Livro do Eclesiástico. Esse trecho nos fala dos deveres dos filhos para com os pais. A base de todos os preceitos está na recompensa divina: expiação dos pecados, filhos, orações atendidas, vida e harmonia familiar.

O Evangelho é de São Lucas. É o texto da apresentação de Jesus no Templo. Segundo a Lei de Moisés (Lv 12,8) "para purificação" era realizada a oferta de um cordeiro ou dois pombinhos. Assim faz Maria, a que o Concílio Vaticano II chama de oferenda dos pobres.

No Templo, encontram com Simeão, que não é nem um notável do povo, nem um sacerdote, mas um homem justo e piedoso. Ele reconhece em Jesus o Messias, e faz este belo cântico: "Agora, Soberano Senhor, podes despedir em paz teu servo, segundo tua palavra; porque meus olhos viram tua salvação, que preparastes em face de todos os povos, luz para iluminar as nações, e glória de teu povo, Israel" (v. 30-32). Os pais de Jesus estavam admirados com o que diziam dele e Simeão disse à Maria que seu filho seria um sinal de contradição, como um crivo no interior de seu povo, para revelar suas falsidades e manipulações religiosas. Maria viverá essas dores com seu Filho. Em seguida, o texto relata também a presença de uma profetisa chamada Ana, idosa, que também dá graças à vinda do menino.

Esse texto é presságio que fala de esperança e de dor. Mas a conclusão é de que "o menino crescia, tornava-se robusto, enchia-se de sabedoria; e a graça de Deus estava com ele" (v. 40).

A 2ª leitura é da Carta de São Paulo aos Colossenses. Para compreender esse texto é preciso olhá-lo globalmente, pois ele pede às mulheres que sejam submissas a seus maridos. A explicação disso é a seguinte: os versículos anteriores nos falam da necessidade de viver a compaixão, a bondade, a humildade, a mansidão... e quem vive esses valores será capaz de escravizar alguém?

Santa Maria, Mãe de Deus *(ver festas)*

Epifania do Senhor *(ver festas)*

Batismo do Senhor

Leituras: Isaías 42,1-4.6-7; Atos 10,34-38; Marcos 1,6-11.

Celebrar a missa do Batismo do Senhor significa antes de tudo compreender que Jesus ao ser batizado começou sua missão evangelizadora neste mundo. Jesus sai em missão mostrando um jeito de viver, que é feito, acima de tudo, de amor aos pequenos. Nós, os católicos, valorizamos bastante o batismo, enquanto sacramento e celebração, valorizamo-lo bem mais que os demais sacramentos, como, por exemplo, nos atendimentos paroquiais ouve-se muito esta frase: "Queremos batizar nosso filho, mas não queremos casar na Igreja". No entanto, esse grande valor que damos ao sacramento do batismo, na maioria das vezes, não é o melhor, porque falta sempre essa questão da missão, batiza-se mais pensando na tradição da religiosidade, desvinculada da missão neste mundo.

A 1ª leitura é do Livro do profeta Isaías e narra o "primeiro canto do servo de Javé". Em primeiro lugar, o servo é descrito como aquele que possui o Espírito de Deus (v. 1). O texto diz que ele fará o julgamento das nações, ao molde dos bons juízes do povo de Deus. Depois, ele vai levar o direito às nações, ao modelo dos sacerdotes, e, por fim, será o porta-voz, como os profetas. Assim o servo será rei-juiz, sacerdote e profeta da justiça.

O texto mostra como o servo fará isso: "Não gritará, não falará alto, nem fará ouvir sua voz pelas ruas. Não quebrará de vez o caniço rachado, nem apagará a mecha que ainda está fumegando" (v. 2-3). Ele fará aliança com o povo e será luz das nações, será uma nova criação: "Eu, o Senhor, te chamei com justiça e te peguei pela mão, formei-te e te destinei" (v. 6).

O Evangelho é de Marcos e narra João batizando Jesus no rio Jordão. João batizava preparando as pessoas para a proximidade do Reino (Jesus). Ele apresenta Jesus como "o forte", mais forte que João, o esperado, o Messias aos moldes da força de Deus no Antigo Testamento. João afirma que ele vai batizar como Espírito Santo.

O Batismo de João prepara as pessoas para aderir a Jesus.

Jesus não precisava ser batizado por João, mas ele quis ser batizado para solidarizar-se com os pecadores. Jesus sai da água e o Espírito desce sobre ele, para levá-lo a cumprir sua missão; isto é, levar a liberdade para as pessoas, libertando-as de todas as espécies de mal. O Pai mostra quem é Jesus: "Tu és meu filho amado, em ti encontro minha complacência" (v. 11).

A 2ª leitura é do Livro dos Atos dos Apóstolos, é a história do caminho percorrido pelas primeiras comunidades. Neste trecho de hoje, São Lucas vem responder ao desafio das comunidades ao entrarem em contato com os pagãos: "Deus não faz distinção entre as pessoas" (v. 34). E reafirma o valor do Batismo de Jesus: "Jesus de Nazaré foi ungido por Deus com o Espírito Santo e com o poder. Ele andou por toda parte fazendo o bem..." (v. 38).

TEMPO DA QUARESMA

1º Domingo da Quaresma

Leituras: Gênesis 9,8-15; 1ª Pedro 3,18-22; Marcos 1,12-15.

Dentro deste tempo litúrgico estamos iniciando na Igreja a Quaresma. É um período de quarenta dias, que vai da quarta-feira de Cinzas até a quinta-feira Santa, pela manhã. Muitos pensam que a Quaresma é um tempo só de tristeza em que se recordam os sofrimentos de Jesus. Na verdade, a Quaresma é uma caminhada preparativa para a Páscoa. É uma caminhada de conversão, de reconciliação, de mudança de vida, portanto de muitas graças de Deus e salvação. Assim como o Povo de Israel passou pelo deserto, nós também passamos pela Quaresma. É tempo de mais atenção à palavra de Deus e de mais oração.

A 1ª leitura deste domingo é do Livro do Gênesis, ela fala da aliança (simbolizada pelo arco-íris) entre Deus e Noé e seus descendentes. O dilúvio, símbolo do mal, que ameaça destruir o mundo, terminou. A vida recomeça a partir das pessoas justas, cuja maior expressão é Noé. O autor desse texto mostra-nos que Deus faz uma Aliança com toda criação, para sempre.

O Evangelho é de São Marcos, narrando os fatos ocorridos com Jesus após seu batismo: sua tentação no deserto e seu anúncio do Reino. "Os quarenta dias no deserto" (tempo e lugar teológicos) são muito significativos em toda história do Povo da Bíblia: é lugar da pregação de João Batista, o Êxodo de Moisés com seu povo, é Moisés no Monte Sinai, é o dilúvio com Noé, são os dias de Elias na montanha. O satanás (palavra que significa adversário) é a pessoa e o sistema que se opõem ao projeto de Deus. O satanás que tentou Jesus no deserto será uma constante em sua vida terrena, e na vida de todos os seus seguidores. E, assim como Jesus foi sustentado pelo anjos no deserto, também todo aquele que se manter fiel a Deus será por Ele sustentado.

A seguir, o autor desse texto situa Jesus no tempo e espaço (depois da prisão de João, na Galileia). E destaca o programa de Jesus: Ele anuncia que "o tempo já se cumpriu", a espera da libertação já chegou ao fim. "O Reino do céu está próximo", é o próprio Jesus com seus discípulos e sua prática. "Convertam-se e creiam na Boa Notícia" é o chamado a fazer parte desse projeto de Jesus.

A 2ª leitura é da Primeira Carta de Pedro, trecho que expressa uma profissão de fé: "Cristo morreu uma vez por causa dos nossos pecados" (v. 18); subiu aos céus e está à direita de Deus" (v. 22).

2º Domingo da Quaresma

Leituras: Gênesis 22,1-2.9.15-18; Romanos 8,31b-34; Marcos 9,1-9.

A Quaresma segue seu rumo à Páscoa, as leituras vão nos motivando à conversão: o tempo é favorável à misericórdia do Pai, tudo ao nosso redor é graça de Deus e apelo a abrirmos nosso coração, a confiarmos em Deus; como Abraão (na 1ª leitura) a ouvir a voz do Pai no Evangelho, e celebrar a nossa fé (na 2ª leitura), para podermos passar por este mundo praticando o bem.

A 1ª leitura é a prova de fé de Abraão: "Deus pôs Abraão à prova" (v. 1), pai dos que creem. A partir dessa leitura o Povo de Deus deixou de admitir sacrifícios humanos. Abraão tinha recebido a promessa de uma futura descendência, como esperança futura, tal esperança estava em seu filho Isaac, o qual Deus lhe pediu em sacrifício. Deus faz as promessas a Abraão e Ele mesmo as desfaz, isso para mostrar que só Deus é segurança. Abraão passa pela prova, com isso amadurece na fé, torna-se construtor de uma nova história e pai de um povo.

O Evangelho é o da transfiguração de Jesus. Esse Evangelho mostra-nos que mesmo diante de tanta maldade no mundo, Jesus e seu projeto de bem irão vencer. Jesus sobe a montanha com Pedro, Tiago e João; isso recorda Êxodo 24, Moisés sobre a montanha com Abraão, Nadab, Abiu e setenta anciões. Na transfiguração "as roupas de Jesus ficaram brilhantes e tão brancas como nenhuma lavadeira sobre a terra poderia alvejar" (v. 3); isto é a ressurreição mostrando que ninguém, nem a morte, poderá deter o projeto do Reino.

Moisés e Elias, que aparecem, representam a Lei e os Profetas; isto é, simbolizam todo o Antigo Testamento que vem testemunhar Jesus como libertador definitivo. Nuvem, esplendor, personagens e sobretudo a voz que sai da nuvem são modos de indicar a presença de Deus. O próprio Pai é quem fala: "Tu és o meu Filho amado, em ti encontro meu agrado" (v. 7b).

Pedro querendo ficar no alto da montanha com Jesus representa cada um de nós que quer viver a alegria da ressurreição sem passar pela cruz, escutar o que Jesus diz é ir com Ele até o fim. Para Pedro significava voltar à Galileia e enfrentar as oposições, para nossa comunidade é enfrentar um mundo indiferente à comunidade, à partilha, à solidariedade com os excluídos.

A 2ª leitura é da Carta aos Romanos, texto em que São

Paulo nos diz: "Se Deus é por nós quem será contra nós" (v. 31b). "E, se Deus não é contra nós, não nos nega nada, não nos acusa, não nos condena, quem de nós ousa fazer aquilo que Deus não faz? A responsabilidade é, portanto, de cada um de nós" (Revista *Vida Pastoral*).

3º Domingo da Quaresma

Leituras: Êxodo 20,1-7; 1ª Coríntios 1,22-25; João 2,13-25.

Dois aspectos fundamentais devem ser levados em conta nesta missa do 3º Domingo da Quaresma. Um está relacionado à vida humana, enquanto tal. Outro está relacionado a um valor inalienável da vida. No primeiro aspecto está a religião, notamos no mundo atual um indiferentismo quanto à prática religiosa, isto é um problema porque todo homem é um ser religioso por natureza. No segundo, sem querer radicalizar, pode-se dizer que, em parte, aqueles que a praticam às vezes são fanáticos. A religião não deve ser nem esquecida, nem fanatizada, pois é por meio dela que nos encontramos com o Divino. A religião, assim sendo, deve levar-nos à vida e à liberdade.

A 1ª leitura é do Livro do Êxodo, ela nos traz o decálogo, apresentando uma legislação religiosa em defesa da vida. A introdução do texto revela quem é Deus: "Eu sou o Senhor teu Deus, que te tirou da escravidão do Egito" (v. 3). O primeiro mandamento proíbe a idolatria; "não terás outros deuses além de mim" (v. 3). O segundo proíbe pronunciar o nome de Deus em vão; "o Senhor não deixa de punir quem pronunciar seu nome em vão" (v. 7). O terceiro proíbe o trabalho em dia de sábado, é um freio à ganância; "lembra-te de santificar o dia de sábado" (v. 7). O quarto manda honrar pai e mãe, fonte de vida. O quinto é o eixo do decálogo, "não matarás" (v. 13), é um mandamento contra o sistema de escravidão do Egito. O sexto é a preservação e promoção da vida de família, "não cometerás adultério". O sétimo, "não roubarás", não é simplesmente tirar o objeto de outra pessoa, mas não explorar. O oitavo, "não levantar falsos testemunhos", é promover julgamentos e sentenças justas. Os dois últimos proíbem a cobiça, fonte e origem de toda injustiça social, "não cobiçaras a casa do teu próximo, não cobiçaras a mulher do teu próximo,... nem coisa alguma que não te pertença" (v. 17).

O Evangelho é de João, é a narração de que a religião não é comércio. Jesus estava em Jerusalém por ocasião da maior festa judaica, a festa da Páscoa, que recordava a libertação do Egito, mas aquela havia se tornado uma festa de manipulação pelas lideranças. Jesus, "no Templo, encontrou os vendedores de bois, ovelhas e pombas e os cambistas sentados. Então fez um chicote de cordas e expulsou todos do templo, junto com as ovelhas e os bois; espalhou as moedas e derrubou as mesas dos cambistas" (v. 14-15).

De agora em diante estavam se realizando as profecias do Antigo Testamento a cerca de que o Messias não seria conivente com uma exploração do povo. Diante dessa atitude de Jesus, naquele momento, até os discípulos reagiram, pois pensavam que Jesus era um reformador da instituição. Os dirigentes também reagiram pedindo a Jesus um sinal. Jesus responde dizendo que a ressurreição será o grande sinal. Jesus anuncia aqui o fim do Templo, agora é no seu corpo morto e ressuscitado que se celebrará a Páscoa.

Nos versículos finais é introduzido o assunto do próximo domingo, que é a conversa de Jesus com Nicodemos. Jesus não confia nessas pessoas que veem nele um reformador, e não aquele que veio trazer vinho novo.

A 2ª leitura é da Carta de São Paulo aos Coríntios. Paulo fala de Deus aos crucificados (carregadores de cargas no cais dos portos de Corinto) por meio da própria cruz de Cristo.

4º Domingo da Quaresma

Leituras: 2º Crônicas 36,14-16.19-21; Efésios 2,4-10; João 3,14-21.

A vivência do Tempo da Quaresma já se vai adiantando, nossas práticas de fé vão amadurecendo na caminhada rumo à Páscoa. Práticas do perdão, da caridade, da solidariedade e da consciência sobre o problema da exclusão de milhões, deixando-os sem dignidade e paz, colocam-nos neste caminho difícil. Mas, por isso mesmo, a liturgia deste final de semana vem nos reafirmar o ponto principal de nossa fé: Jesus Cristo é o centro de nossa celebração, Ele é a expressão máxima do amor de Deus Pai, "Deus não enviou seu Filho ao mundo para condenar o mundo, mas para que o mundo seja salvo por ele" (Jo 3,17). É a entrega da própria vida.

A 1ª leitura é o segundo Livro das Crônicas fazendo uma síntese da história do Povo de Deus. Ela mostra a infidelidade do povo e a fidelidade de Deus trazendo esperanças, pois mesmo com tantas traições do povo para com seu Deus, a sua fidelidade é capaz de criar sempre coisas, pessoas e situações novas. A esperança é sempre inovadora.

O Evangelho de João é a conversa de Jesus com Nicodemos. Nicodemos pode representar cada um de nós que pretende buscar o caminho certo na vida, mas que nem sempre tem a memória da serpente de bronze no deserto com Moisés (Nm 21,8-9). Toda vez que alguém era picado por cobra venenosa, bastava olhar para a serpente de bronze e ficava curado. "Do mesmo modo que Moisés levantou a serpente no deserto, assim é preciso que o Filho do Homem seja elevado, para que todos os que crerem nele tenham a vida" (v. 14-15).

Em seguida, o texto de João nos conta o grande amor que Deus tem pelo mundo, pela humanidade, para salvar a todos; isto é, para que todos tenham vida plena (Jo 10,10).

Por fim, o texto fala do julgamento, que não será em outro tempo, mas o julgamento é o tempo presente, é a conduta do dia a dia. Quem escolhe o caminho de Jesus precisa andar sob a luz e a verdade. No diálogo com Nicodemos, Jesus diz que é preciso "nascer do alto", esse mesmo alto da cruz de Jesus; quem crê nisso não tem motivo para andar nas trevas.

A 2ª leitura é da Carta de São Paulo aos Efésios. Há dois modos de se viver, um é sem Cristo, na desigualdade, na injustiça e na morte. Outro é com Cristo, reconhecendo na fé seu grande amor por nós, que também nos leva a viver o amor.

5º Domingo da Quaresma

Leituras: Jeremias 31,31-34; Hebreus 5,7-9; João 12,20-33.

"Chegou a hora em que o Filho do Homem vai ser glorificado" (v. 23). No Evangelho de João há um trabalho bem feito sobre a questão da "hora". Para João é importante a hora do grande sinal da manifestação do amor fiel de Deus revelado em Jesus Cristo. Jesus, Ele é o Templo de Deus, que reúne todos para a comunhão e para a vida.

Em nossa vida, para celebrarmos a festa da Páscoa, precisamos passar pela porta estreita da penitência quaresmal, é a "hora" da nossa fé. É solidarizarmos com a cruz dos excluídos. É nossa entrega livre, consciente, por amor, seguindo os passos do Mestre.

A 1ª leitura é do Livro do Profeta Jeremias. A vida do profeta é uma experiência profunda de Deus. Nos capítulos 30 e 31 ele apresenta Deus como um grande sinal de esperança para o povo, ao ponto de isso se traduzir numa nova aliança; diferente daquela da saída da escravidão do Egito, não será mais um sinal externo, um ritual ou uma lei, mas será o amor de Deus escrito nas entranhas e nos corações.

No Evangelho, João narra que "alguns gregos" tinham subido "à festa para adorar Deus" e querem ver Jesus. Os discípulos dão o recado para Jesus, Jesus que lhes responde com uma grande reflexão sobre a "hora". A "hora" é o momento no qual o amor gratuito e universal de Deus, que fundamenta sua preferência pelos excluídos, encontra-se com uma dinâmica social e religiosa que o rejeita; quer dizer, com o pecado. A expressão desse conflito é a cruz. Ela será levantada como denúncia daquilo que leva Jesus à morte. A morte de Jesus não é uma fatalidade, é resultado de uma opção. "Ninguém tira a minha vida", eu a dou livremente, diz o Senhor (Jo 10,18). É o grão de trigo que morre, mas dá muito fruto. Pensemos na "horas" de nossa vida; somos coerentes com nosso aqui e agora?

A 2ª leitura é da Carta aos Hebreus. Ela é um discurso sobre o sacerdócio de Cristo. Sua fidelidade e sua obediência são perfeitas, ele é o digno sacerdote.

SEMANA SANTA

Domingo de Ramos

Leituras: Isaías 50,4-7; Filipenses 2,6-11;
Marcos 11,1-10; 14,1-15.47.

Estamos sendo bombardeados pelos noticiários: "subornos!", "narcotráfico!", "formação de quadrilhas!", "sequestro!", "banda podre da polícia!". E a espiritualidade quaresmal? E a Campanha da Fraternidade? Onde estão os cristãos? O que significa ser cristão nos dias de hoje? Que sentido as autoridades constituídas darão à Semana Santa, que estamos iniciando com esta liturgia?

A 1ª leitura é do profeta Isaías, é o terceiro poema do Servo de Javé. O servo de Javé é o ideal de um homem político que faz de sua função um serviço para a vida do povo. Deus dá ao servo a capacidade de falar como alguém que aprende dele (abre-lhe os ouvidos). Assim, o Servo dá as costas aos que o torturam, oferece a face aos que lhe arrancam a barba, não esconde o rosto às injurias e escarros, não leva em conta as ofensas, em vista da opção de serviço para a vida do povo. Assim devem ser nossos políticos, como servos de Deus.

O Evangelho é de Marcos, ele quer mostrar quem é Jesus. Este capítulo de hoje narra a Paixão de Nosso Senhor Jesus Cristo. Marcos mostra-nos que a prática de Jesus entra em confronto com a religião oficial. Assim como a prática dos cristãos hoje também está indignada com as autoridades subversivas. Eis um breve comentário do texto.

O Sinédrio rejeita Jesus e o condena à morte. O oficial romano, um pagão, reconhece nele o Filho de Deus: "De fato, esse homem era mesmo o filho de Deus" (v. 39). Quando os soldados o vestem com um manto vermelho, põem em sua cabeça uma coroa de espinhos e o saúdam, estão na verdade ridicularizando os poderes deste mundo que assim se vestem e oprimem. Quando morreu na cruz, a cortina do santuário se rasgou de alto a baixo (v. 38), decretando o fim da sociedade e religião patrocinadoras de morte para o povo. Esta é a Boa Notícia da morte e ressurreição de Jesus.

A 2ª leitura é da Carta aos Filipenses. É um hino sobre a pessoa de Jesus, apresentado em dois movimentos: o primeiro é de cima para baixo, "esvaziou-se de si mesmo... humilhou--se a si mesmo, fazendo-se obediente até a morte, e a morte na cruz" (v. 7-8); o segundo é de baixo para cima, "Deus o exaltou acima de tudo e lhe deu o Nome que está acima de todo nome" (v. 9).

Quinta-feira Santa *(ver festas)*

Sexta-feira Santa *(ver festas)*

Vigília Pascal

Leituras: Romanos 6,3-11; Marcos 16,1-8.

"Na antiga tradição da Igreja, esta noite deve ser come-morada em honra do Senhor" (Êx 12,42); e a vigília que nela se celebra, em memória da noite santa em que Cristo ressus-citou, deve ser considerada a mãe de todas as vigílias (Santo

Agostinho). Eis a Igreja vigilante à espera da Ressurreição do Senhor. A proposta litúrgica da Igreja é de nove leituras, mas por questões pastorais esse número pode ser reduzido para até, em casos mais urgentes, duas leituras antes da epístola e do Evangelho, que são apresentados nesse texto. Nunca se omite a leitura da passagem do Mar Vermelho (Êx 14,15–15,1)" (Diretório Litúrgico da CNBB).

Nesta Vigília do "Ano B" da liturgia meditaremos a partir do Evangelho de Marcos. Ele narra a ressurreição de maneira bem simples, mas numa fórmula que contém o essencial. Eis os elementos da narrativa: "quando passou o sábado", "no primeiro dia da semana... ao nascer do sol... as mulheres vão ao túmulo" (v. 1 e 2). A intenção delas era embalsamar o corpo. Os nomes das mulheres variam nos Evangelhos, mas Maria Madalena sempre aparece.

A pedra foi retirada, o mensageiro é um jovem vestido de branco que lhes diz: "Não vos espanteis... Jesus de Nazaré que foi crucificado ressuscitou" (v. 6). Depois, ainda acrescenta: "Não está aqui! Vejam o lugar onde o puseram" (v. 6). E manda-as irem aos discípulos para dar a notícia do ocorrido e que eles o encontrarão na Galileia, terra dos marginalizados, que agora tornar-se-á terra do Cristo ressuscitado.

A 2ª leitura é da Carta de São Paulo aos Romanos. Ele escreve dizendo que "pelo batismo nós fomos sepultados com ele na morte para que, como Cristo foi ressuscitado dentre os mortos, pela glória do Pai, assim também nós vivamos vida nova" (v. 4). "O banho por imersão na água (sentido etimológico de 'batizar') sepulta o pecador na morte de Cristo, de onde sai com ele pela ressurreição, como nova criatura..." (*Bíblia de Jerusalém*).

TEMPO PASCAL

Domingo da Ressurreição *(ver festas)*

2ºDomingo da Páscoa

Leituras: Atos dos Apóstolos 4,32-35; 1ª João 5,1-6; João 20,19-31.

Neste tempo pascal as leituras bíblicas ajudam-nos a refletir sobre o fundamento da fé, que é a Ressurreição; essas leituras nos mostram como Cristo Ressuscitado apareceu aos discípulos e como os discípulos e as primeiras comunidades testemunharam sua fé nele.

A 1ª leitura é dos Atos dos Apóstolos. Unidade e fé definem a comunidade cristã; coração (mundo bíblico), alma (mundo grego). O problema da época não é a propriedade privada, esse despojamento é livre. Lucas usa essa ideia do mundo grego, de Aristóteles, "aos amigos as coisas são comuns, realmente a amizade manifesta-se na comunhão". O testemunho da ressurreição está na origem da opção cristã e gera novas relações fundadas na liberdade de amar, sem exploração nem dependência, é a "força do testemunho". Testemunho e anúncio são os ideais; partilha de bens é o aspecto visível. E, atualmente, que tipo de relacionamento podemos criar na comunidade para testemunhar e anunciar a ressurreição de Jesus?

O Evangelho é de João. Os versos lidos hoje são duas cenas complementares, a primeira sem Tomé e a segunda com Tomé, os traços essenciais da primeira repetem-se na segunda e o que foi dito a Tomé vale para todos.

A primeira cena é a aparição aos doze. Na tarde do domingo, a comunidade encontra-se reunida de portas fechadas, por medo dos judeus, e Jesus aparece. No meio deles diz: "A paz esteja convosco" (v. 19). A paz e a alegria tomaram conta dos discípulos, isso contrastou com o medo do início; somente uma realidade divina pode transformar as pessoas dessa maneira: é a ressurreição. É a vitória do Senhor que passou pela morte e que agora os envia em missão, e sopra sobre eles o Espírito Santo (um gesto como a ação de Deus na criação), para tirar o pecado do mundo.

A segunda cena é a aparição a Tomé. Ele não estava com os outros quando Jesus apareceu. Os outros lhe contam sobre a ressurreição. Mas ele não acredita. Em seguida o texto diz que, passados oito dias, Jesus aparece novamente, repetindo a cena da primeira aparição. E fala para Tomé tocar-lhe as mãos e o lado para acreditar. Ele não o faz, mas professa sua fé. Ver e crer é algo concedido às primeiras testemunhas. Isso gera uma bem-aventurança, que é a de crer sem ter visto.

A 2ª leitura é da Primeira Carta de São João. Amar a Deus e amar aos filhos de Deus são atitudes inseparáveis. A fé na ressurreição nos dá vida nova, a qual nos leva a ser vencedores da morte e do pecado.

3º Domingo da Páscoa

Leituras: Atos 3,13-15.17-19; 1Jo 2,1-5; Lucas 24,35-48.

"As visitas do ressuscitado a seus discípulos procuram confirmá-los na fé e despertá-los as suas novas responsabilidades" (Gustavo Gutièrrez). De fato, neste tempo pascal, sentimo-nos como os discípulos: contagiados pela alegria do Cristo ressuscitado em nosso meio, mas para que essa alegria seja plena, seja verdadeira, precisamos dar sinais de maturidade de fé, isto é, entendermos quem é esse nosso Deus a partir do testemunho de vida em favor dele próprio.

A 1ª leitura é do Livro dos Atos dos Apóstolos. É o discurso de Pedro ao povo, que estava admirado com Pedro e João por causa da cura de um aleijado. Pedro se dirige a eles e os interroga: "... Por que vos admirais assim? ... o Deus de nossos pais glorificou seu servo Jesus, a quem vós entregastes e negastes diante de Pilatos... Deus o ressuscitou... e graças à fé em seu nome que este homem está em perfeita saúde" (v. 13-16). Com isso, Pedro pede a todos o arrependimento e a conversão para o perdão dos pecados.

O Evangelho é de São Lucas. Jesus aparece pela última vez aos apóstolos, neste Evangelho. Come peixe assado com eles e recomenda que sejam suas testemunhas. Os dois discípulos de Emaús estavam terminando de contar como reconheceram Jesus ao partir o pão, e Jesus aparece no meio deles novamente, saudando-lhes com o desejo de paz, mas eles ficam atemorizados. Jesus lhe mostra as mãos e os pés (o mesmo Jesus que se lhes havia apresentado anteriormente estava ressuscitado no meio deles). Assim, eles se alegraram. Jesus pediu comida, ofereceram-lhe peixe assado. Tomou e comeu.

Depois, dirige-lhes algumas palavras, dizendo que o que estava realizando era para que se cumprissem as Escrituras. Essas palavras de Jesus abriram-lhes as mentes e eles puderam compreender melhor sua missão de testemunhas de tudo aquilo.

A 2ª leitura é da Primeira Carta de João. João pede para não pecarmos, mas, se alguém pecar, temos um advogado junto do Pai, é Jesus, "vítima de expiação pelos nossos pecados" (v. 2). Quem conhece Jesus guarda seus mandamentos, anda na verdade, quem o conhece guarda sua Palavra e nela o amor de Deus é perfeito. "Quem diz que conhece sua Palavra, mas não a guarda, é mentiroso" (v. 4).

4º Domingo da Páscoa

Leituras: Atos 4,8-12; 1Jo 3,1-2; João 10,11-18.

Neste 4º Domingo da Páscoa também celebramos o Dia das Mães e o Dia Mundial de Oração pelas Vocações. Maio, Maria, Mãe revelam-nos exemplo de vida com generosidade, humildade e serviço. O Evangelho do Bom Pastor mostra-nos como deve ser a verdadeira liderança. A espiritualidade do padre é o exemplo de Cristo, Bom Pastor.

A 1ª leitura é dos Atos dos Apóstolos. Pedro, cheio do Espírito Santo, faz seu pronunciamento no Sinédrio. O mesmo Sinédrio que condenou Jesus agora quer condenar os discípulos, mas Pedro diz: "Estamos sendo interrogados em julgamento por termos feito o bem a um enfermo e pelo modo como foi curado" (v. 9). Pode alguém ser condenado por ter restituído a saúde? Mas o Sinédrio não está preocupado com a vida do povo e sim em fazê-lo submisso. Por isso perguntam a Pedro em nome de quem ele está agindo (v. 7). Pedro responde claramente: "É pelo nome de Jesus Cristo, de Nazaré" (v. 10). E acrescenta: "Em nenhum outro há salvação" (v. 12), "vocês crucificaram Jesus de Nazaré" (v. 10).

O Evangelho é do Bom Pastor. Jesus, como sempre, parte da vida cotidiana para contar mais uma parábola. O povo sabia como era o laço de união entre o Pastor e as ovelhas. O Pastor conhece as ovelhas, chama-as pelo nome; na Bíblia, conhecer é amar. O Pastor ama suas ovelhas e elas o amam também. O modelo desse amor é o amor de Deus Pai por seu Filho Jesus: "Eu sou o bom pastor. Conheço minhas ovelhas, e elas me conhecem, assim como o Pai me conhece e eu conheço o Pai. Eu dou minha vida pelas ovelhas" (v. 14-15).

Bem outra é a prática do mercenário, ele está com as ovelhas por interesse, "não se importa com as ovelhas" (v. 13). O mercenário está buscando dinheiro, honras, considerações sociais; é pastor dele mesmo, não de ovelhas, cuida de seus interesses e de seus prestígios e não do povo a cujo serviço diz estar.

A 2ª leitura é da Primeira Carta de João, cujo tema é "Viver como Filhos de Deus". Para viver como filhos de Deus é preciso praticar a justiça: "Todo aquele que pratica a justiça nasceu de Deus" (2,29).

5º Domingo da Páscoa

Leituras: Atos 9,26-31; 1Jo 3,18-24; João 15,1-8.

A centralidade da Palavra neste final de semana mostra-nos que a comunidade existe para dar frutos; isto é, a comunidade só é autêntica quando é missionária. E também todos os que acreditam (ramos) precisam provar sua crença, estando ligados à verdadeira videira (Jesus); quer dizer, falar como age e agir como fala.

A 1ª leitura é dos Atos dos Apóstolos e relata a estadia de Paulo em Jerusalém. Ele já era conhecido naquela cidade por perseguição aos cristãos. Por isso os cristãos de Jerusalém mantinham certa distância de Paulo, até que Barnabé apresentou-o aos apóstolos. Em seguida, o texto relata as características de Paulo como um discípulo autêntico: encontrou-se com o Senhor, escutou-o, comprometeu-se com Ele, pregando com ousadia em Damasco.

O Evangelho de João faz parte dos acontecimentos da despedida de Jesus, momento em que Ele dá as condições para o crescimento da comunidade. Jesus se declara a verdadeira videira e seu Pai o agricultor. No passado, Israel foi uma vinha que só produziu uvas azedas. Jesus traz as esperanças de vê-la produzir frutos da justiça e do direito. Jesus é a verdadeira videira, ele produz frutos que o Pai espera.

As raízes da comunidade cristã são o Pai e Jesus, eles cuidam da videira, o Pai faz a poda para vê-la frutificando. Poda não é sofrimento, é reforço indispensável; sem ela a videira, com o passar do tempo, torna-se estéril.

"Todo ramo que dá fruto ele o limpa" (v. 2). Na nova mentalidade, estar limpo para Jesus é acolher sua Palavra: "Vós estais limpos por causa da Palavra que vos falei" (v. 3). É a Palavra que faz a comunhão entre a videira e os ramos. E quem ouve a Palavra e a põe em prática permanece nele, alimenta-se de sua seiva, que é o amor. Essa é a glória do Pai.

A 2ª leitura é da Primeira Carta de João. Ela fala do verdadeiro amor. Todos os que buscam vivê-lo devem reproduzir o amor de Jesus, fiel ao Pai e misericordioso nas relações pessoais.

6º Domingo da Páscoa

Leituras: Atos 10,25-26; 34-35.44-48; 1Jo 4,7-10; João 15,9-17.

Neste final de semana a liturgia traz uma reflexão sobre o amor. Não é possível ver "o amor", o que se vê são pessoas amorosas, são gestos realizados com amor, são projetos comunitários que visam ao amor a irmãos carentes. Mas será isso o imperativo de nossa vida, de nossas comunidades? Será que é isso que se vê no mundo de hoje? Para refletir sobre o amor cristão é preciso questionar nossos preconceitos, nossas desigualdades, nossos egoísmos, questionar como estamos cuidando do mundo e de seus habitantes. Amar é cuidar.

A 1ª leitura é do Livro dos Atos dos apóstolos; ela nos revela que Deus "não faz distinção entre pessoas, pelo contrário, Ele aceita quem o teme e pratica a justiça" (v. 34 e 35). Que o Espírito Santo de Deus penetre em todas as pessoas, superando todas as divisões criadas pelos seres humanos: "Os fiéis de origem judaica ficaram admirados de que o dom do Espírito Santo fosse derramado sobre os pagãos" (v. 45). Cornélio e sua família receberam o Espírito Santo antes mesmo de serem batizados, ou seja, ao ouvir a Palavra.

O Evangelho é de João. Esse trecho emprega 9 vezes a palavra amor. É o amor do Pai pelo Filho e do Filho por nós comunicados pelo Espírito Santo. Isso gera relacionamento fraterno e solidário. Mandamento maior; é uma postura dinâmica da vida no cuidado pelo outro. "Se obedecerem aos mandamentos permanecerão no meu amor" (v. 10). Cumprir os mandamentos é viver um projeto de vida e de liberdade como o Pai manda. Não é um romantismo, mas um serviço de entrega da vida. É permanecer na alegria plena (v. 11). É esse amor que cuida do mundo para que ele seja sempre novo. É viver o mais profundo da relação humana, a amizade, para que o amor permaneça, e sejamos atendidos pelo Pai.

A 2ª leitura é da Primeira Carta de João, ela revela que o amor vem de Deus, só quem ama pode considerar-se filho de Deus e só quem ama conhece a Deus, pois Deus é amor.

Ascensão do Senhor

Leituras: Atos 1,1-11; Efésios 1,17-23; Marcos 16,15-20.

Celebrar a festa da Ascensão do Senhor é celebrar Jesus partindo para junto do Pai e ao mesmo tempo tornando eterna sua presença no meio da comunidade. Essa é a glória de Deus, estar conosco, ser reconhecido como Absoluto, ser anunciado e testemunhado pela comunidade.

A 1ª leitura do Livro dos Atos dos Apóstolos: quarenta dias após a ressurreição, no Monte das Oliveiras, Jesus aparece aos apóstolos pela última vez e confia-lhes uma grande missão: deverão ser testemunhas, pregando a Boa Nova de Deus por todo mundo. O Espírito Santo outorga-lhes forças para cumprirem a missão. Depois que Jesus terminou de dizer essas coisas, apareceram dois anjos e prometeram aos discípulos que Jesus voltaria, um dia, da mesma forma que o viram partir.

No Evangelho, Jesus dá o mandato missionário à comunidade: "Ide por todo mundo e anunciai o Evangelho a toda criatura" (v. 15). Cabe à comunidade continuar realizando a mesma coisa que Jesus tinha realizado. Esse anúncio dos discípulos leva a uma decisão de fé, crer ou não crer: "Quem crer e for batizado será salvo. Quem não crer será condenado" (v. 16).

Os que anunciam com fé realizarão muitos sinais: expulsarão demônios e falarão novas línguas, isto é, trarão a libertação e um mundo novo; pegarão serpentes e se beberem veneno não lhes fará mal, isto é, sofrerão oposições veladas (serpentes) ou abertas (tentativa de matar os discípulos por envenenamento); imporão as mãos sobre os doentes, curando-os; isto é, haverá libertação das pessoas com a mesma opção de Jesus, os sofredores.

O v. 19 marca o fim do caminho de Jesus: "Depois de falar com os discípulos, o Senhor Jesus foi levado ao céu e sentou-se à direita de Deus". Agora é a vez dos discípulos, que podem contar com a ajuda do Senhor por meio de sinais.

A 2ª leitura é da Carta de São Paulo aos Efésios. Ela nos fala da presença de Deus em nosso meio, mas também da necessidade de conhecê-lo verdadeiramente. Saber qual é sua glória, saber para qual esperança nos chama, qual poder possui.

Pentecostes *(ver festas)*

TEMPO COMUM

Santíssima Trindade

Leituras: Deuteronômio 4,32-34.39-40; Romanos 8,14-17; Mateus 28,16-20.

"A Santíssima Trindade é por certo um mistério, é um mistério no qual estamos imersos. É um oceano que não podemos esperar abarcar em nossa vida... à luz da glória veremos a Deus face a face, mas não será uma visão estática, e sim uma explosão sem fim" (Vincent Ryan).

A 1ª leitura da festa deste final de semana é do Livro do Deuteronômio, capítulo 4,32-34.39-40. É um texto que nos questiona sobre nosso Deus. Questiona se nós nos recordamos de seus grandes feitos do passado, lembrando-nos da libertação realizada por meio de tantos recursos (v. 34). Mostra o presente, em que o Senhor é o único Deus, não há outro; e nos impulsiona para o futuro com sua promessa.

O Evangelho é de Mateus capítulo 28,16-20. O relato inicia-se na Galileia, no monte em que Jesus havia indicado, e lá, "alguns" ainda duvidam. Isso é um sinal da falta de fé, que é um risco constante na comunidade.

No fato que segue, Jesus autoriza a comunidade a continuar sua missão: "Ide e fazei discípulos meus todos os povos, batizando-os em nome do Pai e do Filho e do Espírito Santo, e ensinando-os a observar tudo o que vos ordenei" (v. 20). O Batismo é feito na Trindade, revelando-nos que o ser humano é totalmente comprometido com o projeto de Deus. O "ensinai" (a catequese) muito o desvinculamos do batismo. Aqui cabe uma reflexão a nossa fé: Será que deveríamos valorizar o ensinamento tanto quanto valorizamos o batismo? Será que se assim o fizéssemos o catolicismo não seria mais comunitário, mais compromissado, mais participativo do que sacramentalista? A 2ª leitura é de São Paulo aos Romanos, capítulo 8,14-17. A leitura nos mostra nossa filiação divina. A partir daqui formamos uma família na adesão ao Espírito de Deus. Somos filhos do mesmo Pai, porém numa sociedade cheia de contrastes, nós somos convidados, na espiritualidade desta leitura, a refletir sobre nossas práticas. Elas estão favorecendo a vida fraterna ou nossa vivência de fé está disvinculada de nosso dia a dia?

A Trindade é a melhor comunidade. A Trindade é o grande tema de nossas reflexões, não é só um tema de estudo, é motivo de adoração, de louvor e também modelo de ação.

O importante não é explicar o mistério da Trindade, nem é possível. Mas pode-se seguir o exemplo de amor e unidade entre o Pai, o Filho e o Espírito Santo. A comunidade é sinal de carinho do Pai, cuidando da obra que Ele criou, trabalhando para que o mundo fique do jeito que o Pai sempre quis.

A comunidade atualiza o amor do Filho, fazendo o que Ele ensinou, assumindo seu projeto de amor aos pequenos. A comunidade mostra sinais da presença do Espírito em suas atitudes de serviço.

Santíssimo Corpo e Sangue de Cristo

Leituras: Êxodo 24,3-8; Hebreus 9,11-15; Marcos 14,12-16.22-26.

Nesta festa da Eucaristia do Ano B da Liturgia, meditaremos sobre o tema da Aliança. No documento sobre a Liturgia do Concílio Vaticano II encontramos esta afirmação: "A renovação da Aliança do Senhor com os homens na eucaristia acende e arrasta os fiéis à urgente caridade de Cristo".

A 1ª leitura é do Livro do Êxodo. Ela recorda o sacrifício com que Moisés selou sua aliança no Monte Sinai. Moisés passou ao povo as Palavras de Javé, e o povo prometeu observância. Na manhã seguinte, ele construiu um altar ao pé da montanha e enviou jovens para oferecerem novilhos como sacrifícios de comunhão. Leu novamente o Livro da Aliança e aspergiu sangue sobre o povo, e o povo novamente prometeu obedecer a Javé.

O Evangelho de Marcos narra a instituição da Eucaristia, recordando a Antiga Aliança no momento em que Jesus está prestes a inaugurar um sacrifício Novo. A Eucaristia é o sacrifício e o sacramento do amor e do serviço. Ela ocorre na festa da Páscoa, passagem da opressão e injustiça rumo à terra prometida, espaço de liberdade e de justiça. No fundo, é a passagem do pecado para a graça. A ceia pascal de Jesus é a celebração antecipada do que devia ocorrer-lhe pouco depois: a entrega de sua vida.

Aliança é compromisso mútuo; pertença e posse recíprocas. Deus se compromete com seu povo, mas o povo também deve assumir seus deveres frente a Ele.

A 2ª leitura é da Carta de São Paulo aos Hebreus. Esse trecho da carta vem dizer-nos que se o sacrifício oferecido na Antiga Aliança já era de purificação, quanto mais o Sangue de Cristo derramado o é.

2º Domingo Comum

Leituras: 1º Samuel 3,3b-10.19; 1ª Coríntios 6,13-15.17-20; João 1,35-42.

Todo chamado de Deus é pessoal, mas sempre a vivência do chamado se dá numa comunidade, em favor da própria comunidade e da pessoa vocacionada. A escuta do chamado é uma atitude de fé. Pela fé é que se faz o discernimento e o amadurecimento do vocacionado, embora ela exija um esforço grande e sincero de cada vocação.

A 1ª leitura é do Primeiro Livro de Samuel. É o chamado de Samuel. Eli adormecido, praticamente cego, simboliza a situação de Israel perante Deus. Por isso o Senhor chama diretamente o menino, embora a palavra direta seja uma raridade na época. Por três vezes o Senhor chama Samuel, e ele pensa que é Eli que está chamando, mas o próprio Eli entende que é o Senhor. No quarto chamado, Samuel responde prontamente, contrastando com a má vontade dos sacerdotes da época.

O Evangelho é de João. Os primeiros seguidores de Jesus eram discípulos de João Batista. João é quem abre a passagem para seus seguidores e apresenta Jesus como "o cordeiro de Deus" (v. 36). Esse cordeiro é apresentado como vitorioso, que está no Livro do Apocalipse.

Quando vão atrás de Jesus, ele pergunta: "O que é que vocês estão procurando?" (v. 38). Eles respondem: "Rabi (que quer dizer mestre), onde moras?" (v. 38). Jesus responde: "Venham e vejam" (v. 39). Esse diálogo se dá de maneira muito concreta e direta demonstrando abertura e encontro entre ambas as partes.

João não se esqueceu nem da hora do chamado: "Eram mais ou menos quatro horas da tarde" (v. 39), assim como ocorreram os fatos decisivos de nossa vida, os quais nunca esqueceremos. Inclusive esses acontecimentos sempre são compartilhados; foi o que aconteceu com André, ele logo foi contar ao irmão: "Encontramos o Messias" (v. 41). E como isso não bastasse, levou-o até Jesus, que disse: "Tu és Simão filho de João; chamar-te-ás Cefas" (v. 42). E, de fato, Pedro tornou-se o cabeça do Colégio Apostólico.

A 2ª leitura é da Primeira Carta de São Paulo aos Coríntios. Paulo nos diz que nossos corpos são membros de Cristo, por isso não devemos prostituí-los. Ao contrário, devemos unir-nos ao Senhor para formar com Ele um só espírito.

3º Domingo Comum

Leituras: Jonas 3,1-5.10; 1ª Coríntios 7,29-31; Marcos 1,14-20.

Na História da Salvação, Deus sempre tem "usado" pessoas de fé para seu serviço, para o anúncio e para o testemunho, porque seu Reino "não é uma realidade puramente interior, que acontece no fundo das almas. É um projeto que ocorre no coração de uma História, na qual os seres humanos vivem e morrem" (Gustavo Gutièrrez).

A 1ª leitura é do Livro de Jonas. Esse livro é marcado pelo exagero. "Grande" é uma das palavras favoritas do autor. Tanto na travessia da cidade em três dias, quanto no tamanho do jejum, há exageros. Mas o equilíbrio dos números é interessante. Se para a travessia da cidade carecia-se de três dias, para o arrependimento do povo bastava um, embora o Senhor dê um prazo de quarenta dias para que a cidade seja destruída (prazo longo).

Outra expressão bastante usada, também por outros profetas, é "voltar atrás". O rei decretou que o povo voltasse atrás, e o próprio Deus voltou atrás, por causa da conversão do povo.

O Evangelho é de São Marcos. São as palavras iniciais da pregação de Jesus, que acabara de ser batizado, e também o chamado dos quatro primeiros discípulos.

Com a prisão de João, Jesus vai para Galileia pregar o Evangelho. Galileia era desprezada e marginalizada pelos "bons judeus". Jesus, o galileu (Nazaré está na Galileia), inicia sua missão a partir da marginalidade.

Jesus anuncia que "o tempo já se cumpriu" (v. 15), chegou o dia do Senhor. Não o tempo cronológico, mas o tempo da graça, é o Reino de Deus (Jesus Cristo) que está próximo. É momento de arrependimento e crença no Evangelho. Assim como naquele contexto, hoje também o Reino de Deus é assinalado a partir de nossas minorias sofredoras da América Latina, elas são um sinal da presença de Deus, principalmente de um Deus da justiça.

A segunda parte do texto é o chamado dos quatro primeiros discípulos. São pescadores e Jesus fará deles "pescadores de homens" (v. 17).

A 2ª leitura é da Primeira Carta de São Paulo aos Coríntios. A primeira impressão leva-nos a pensar que Paulo propõe indiferença para com as realidades terrenas. Mas, na verdade, ele quer evitar que o cristão se deixe absorver por elas.

4º Domingo Comum

Leituras: Deuteronômio 18,15-20; 1ª Coríntios 7,32-35; Marcos 1,21-28.

Na 1ª leitura, Deus nos fala que o povo não ficará sem profetas. Sabemos o que é um profeta? E, melhor ainda, quem são nossos profetas nos dias de hoje? No Evangelho, Jesus é o profeta que fala com autoridade, ensinando na prática com a expulsão dos espíritos impuros. Como é nossa compreensão desse texto do Evangelho? Será que muitas vezes não fazemos da religião uma mágica? Na 2ª leitura, Paulo exorta-nos dizendo que seja qual for a nossa vida, ela não deve ser vivida longe do Senhor.

A 1ª leitura é um texto que faz parte do chamado "Código Deuteronômio". Esse Código indica na Bíblia um projeto de construção de uma nova sociedade e de uma nova história. Esse projeto leva consigo a presença dos profetas como uma promessa de Deus. O Profeta é para o povo o porta-voz e interprete de Deus (v. 18). O verdadeiro profeta é dado por Deus, semelhante a Moisés (por ser um libertador). Primeiro cabe ao povo ouvir o profeta, pois o próprio Deus vai pedir contas a quem não escutar a voz dos profetas (v. 19). Segundo, cabe ao profeta falar somente coisas que Deus lhe ordenou, caso não faça isso, ele morrerá (v. 20).

É o início do Evangelho de Marcos, narrando o primeiro ato público de Jesus, num sábado, numa sinagoga. Para os Judeus, o sábado era sagrado e a sinagoga era lugar de estudo e aprendizagem. Marcos está preocupado em mostrar quem é Jesus. Ele quer mostrar Jesus agindo. Jesus ensina com autoridade e não como os doutores da lei (v. 22). Ele expulsa o espírito mau do homem. Para Marcos o ensino e a prática de Jesus são a mesma coisa. O povo fica espantado com Jesus e pergunta: "O que é isto? Um ensinamento novo dado com autoridade?" (v. 27a). O ensinamento de Jesus é novo porque transforma a vida das pessoas, ao passo que o ensinamento dos doutores da lei não mudava a vida das pessoas, era vazio.

Mas o que significa essa expulsão do espírito mau? O homem possuído pelo espírito mau é o símbolo de todas as pessoas despersonalizadas e dependentes, que não caminham por si mesmas, que vão nas conversas dos outros, que aceitam qualquer palavra e acabam sendo enganadas na sociedade. O "espírito mau" reconhece que Jesus veio para destruí-lo (v. 24a), pois Jesus é forte e impõe silêncio: "Cale-se e saia dele"! (v. 25). E, com isso, a fama de Jesus espalhava-se por toda parte, em toda região da Galileia (v. 28).

A 2ª leitura é da Primeira Carta de São Paulo aos Coríntios. Para Paulo, o mais importante não é a condição de vida casada ou celibatária, o mais importante é não se afastar do Senhor, seja qual for o modo de vida.

5º Domingo Comum

Leituras: Jó 7,1-.6-7; 1ª Coríntios 9,16-19.22-23; Marcos 1,29-39.

A liturgia deste final de semana fortalece-nos na fé suscitando a força para enfrentarmos os males que a vida nos apresenta, suscitando a solidariedade para com nossos irmãos sofredores, porque esse é o jeito de nosso Deus. Jesus, por meio de sua vida, mostrou-nos sua força ao ir quebrando todos os preconceitos da época, buscando, em primeiro lugar, ir ao encontro dos marginalizados.

A 1ª leitura é do Livro de Jó, ele é a personificação do sofrimento. A desgraça abateu sua família, sua esposa e seus amigos o deixaram no abandono e na solidão. Diante disso, ele tem a impressão de que Deus está calado perante tal situação. Então, Jó faz um questionamento profundo: Que sentido tem a vida para quem sofre? "Trabalho pesado pondo em risco a vida para salvar a pele dos outros" (v. 1), "meses de decepção e noites de sofrimento" (v. 3). Mas Jó encontra o sentido de sua vida sendo solidário com o sofredor.

O Evangelho é de São Marcos, que quer dizer-nos quem é Jesus. No Evangelho de hoje, Jesus vai à casa de Pedro para curar sua sogra. Essa atividade libertadora de Jesus não será mais na sinagoga, mas na casa, pois a casa será sempre o lugar onde Jesus se sentirá bem. Nós nos sentimos bem em nossa casa?

A sogra de Pedro está com febre; na Bíblia, febre é algo do demônio, pois deixa as pessoas imóveis. Jesus pega na mão da mulher e faz com que ela se levante. Essa imagem evangélica é importante para responder quem é Jesus: Ele é aquele que ajuda as pessoas a caminhar com as próprias pernas e serem sujeitos de seu próprio agir. A sogra após ficar curada se pôs a servi-los, isto é, todo aquele que verdadeiramente recebe as graças do Senhor se põe a seu serviço.

Em seguida Jesus cura muitos doentes, com isso Jesus é aquele que carrega nossas enfermidades (Is 53,4ss) e impõe silêncio aos males. No outro dia, de madrugada, Jesus retirou-se para rezar, os discípulos foram atrás dele para dizer-lhe que muitas pessoas o estavam procurando, mas Jesus quis ir para outros lugares. Isso mostra que Jesus, desde o início de sua atividade, foi tentado; mas ele vence a tentação da popularidade fácil, indo para outros lugares.

A 2ª leitura da Carta de São Paulo aos Coríntios mostra-nos uma forma de entender e viver a liberdade de filhos de Deus: mesmo os que se consideram fortes na fé devem se fazer fracos para ganhar os fracos; "tornei-me fraco com os fracos, a fim de salvar alguns a todo custo" (v. 22).

6º Domingo Comum

Leituras: Levítico 13,1-2.4-46; 1ª Coríntios 10,31-11,1; Marcos 1,40-45.

Por que será que a humanidade consegue avançar tanto na tecnologia, mas não consegue vencer as marginalizações? A Bíblia, nessas leituras, fala-nos dos dramas dos leprosos marginalizados, mas será que hoje também a situação de muitas pessoas não é dramática com a falta de comida, de remédio, de moradia...? O Evangelho mostra-nos que Jesus está no meio deles.

A 1ª leitura é de Levítico e trata de doenças da pele a serem diagnosticadas pelos sacerdotes, dentre as quais está a lepra. O leproso era uma espécie de excomungado da comunidade; para a comunidade que se julgava pura, o leproso era um impuro, era um pecador, não devia ter acesso a Deus, segundo as normas da comunidade: "O homem atingido por esse mal andará com as vestes rasgadas, os cabelos soltos e a barba coberta: gritando 'Impuro! Impuro'... deve ficar isolado e morar fora do acampamento" (v. 45-46). Essa atitude da comunidade para com os leprosos não deve escandalizar-nos, porque nossa sociedade trata quase sempre da mesma forma os portadores de hanseníase, os drogados, os alcoólatras, os portadores de HIV positivo e os doentes de um modo geral.

No Evangelho de Marcos, Jesus cura o marginalizado. Marcos, pouco a pouco, vai mostrando quem é Jesus. No tempo de Jesus, eram os sacerdotes quem controlavam as pessoas para terem acesso a Deus ou não, por meio do código de pureza. O leproso sabia disso, mas não procurava nem o Templo, nem o Sacerdote, e sim Jesus. Ajoelha-se diante dele e pede: "Se quiseres, podes curar-me" (v. 40), não grita à distância, como mandava a lei, mas aproxima-se de Jesus.

Jesus quer curar o marginalizado, "Jesus, cheio de compaixão, estendeu a mão, tocou nele, e disse: 'Eu quero: fica curado!'" (v. 41). Com esse gesto, de acordo com o sistema vigente, Jesus torna-se impuro, contamina-se e não poderá mais entrar publicamente numa cidade; vai morar com os marginalizados, com os banidos do convívio social.

Após a cura, Jesus o manda embora e dá ordem para não contar a ninguém, mas deve mostrar ao sacerdote e oferecer o sacrifício conforme a lei. Tudo leva a crer que o que Jesus queria não era divulgar o milagre, mas abolir o código de pureza. O sacerdote vendo o leproso ser curado, deveria entender que sua cura não depende do código de pureza.

A 2ª leitura mostra-nos Paulo, que: "Quer vocês comam, quer bebam, façam tudo para a glória de Deus!" (v. 31). Isto é, todas as nossas ações devem ser feitas com responsabilidade cristã.

7º Domingo Comum

Leituras: Isaías 43,18-25; 2ª Coríntios 1,18-22; Marcos 2,1-12.

A Eucaristia é sempre ato da misericórdia e do perdão divinos. É ação de graças. "Sangue da nova e eterna aliança que será derramado por vós para remissão dos pecados." A reconciliação é o socorro do Pai à fragilidade humana, é a alegria do encontro libertador com o Filho que cura a todos. É o novo ingresso à Igreja e a comunhão na força do Espírito.

A 1ª leitura é do Livro do Profeta Isaías, ou melhor, do segundo Isaías (40-55), no final do Exílio da Babilônia (586-538) e início do domínio persa. Nos versículos deste domingo o profeta pede para que o povo esqueça os tempos passados, pois o que Deus irá realizar é bem melhor que a própria epopeia do Êxodo: "... abrirei uma estrada no deserto e farei correr rios em terra seca..." (v. 19), será uma boa estrada e não caminhada pelo deserto. E mais ainda, apesar de o povo ter deixado de invocar a Deus, Ele irá perdoar tudo.

O Evangelho é de São Marcos e relata a cura do paralítico. Preocupado em mostrar quem é Jesus, aos poucos, Marcos vai opondo a sinagoga à casa. A sinagoga é o reduto dos doutores da lei, que tramam a morte de Jesus. Ao passo que Jesus ensina com sua prática.

Na cura do paralítico, além de mostrar quem é Jesus, São

Marcos, detalhista, mostra também o cuidado dos quatro homens que, em virtude da casa muito cheia, destelharam-na, para que pudessem descer o paralítico até Jesus. Isso é importante, ter fé e conhecer Jesus significa ser solidário com os sofredores. O Evangelho diz que Jesus viu a fé deles e perdoou os pecados do paralítico. Mas surge um conflito. Alguns mestres da Lei, que ali estavam, acharam que Jesus estava blasfemando, pois só Deus tem poder para perdoar pecados.

Nas prescrições da Lei da época, o perdão só era concedido mediante sacrifícios. Jesus abole os sacrifícios, isso foi uma acusação para os doutores da Lei. Além disso, Jesus em seguida realiza a cura ao paralítico dizendo: "Eu te ordeno: 'levanta-te pega tua cama e vai para casa'" (v. 11). Jesus curou o paralítico por dentro e por fora. Antes, o paralítico vivia dependente, agora está livre para servir ao Senhor. Jesus, mais uma vez, deixa o povo admirado.

Nesta 2ª leitura, Paulo se defende de uma acusação de que ele teria tomado atitudes ambíguas, por isso está afirmando que sua pregação nunca foi "sim e não, mas somente sim". Assim, como Jesus foi fiel à promessa do Pai, ele sempre diz "Amém" para a glória de Deus.

8º Domingo Comum

Leituras: Oseias 2,16b.17b.21-22; 2ª Corintíos 3,1b-6; Marcos 2,18-22.

As leituras deste final de semana refletem sobre a condição de vida de quem escolhe viver na fidelidade a Deus. A pessoa que busca de coração sincero uma autentica religião deve ter consciência de que essa busca vai implicar-lhe uma mudança radical de vida. Na 1ª leitura isso é expresso em termos de fidelidade entre o noivo (Deus) e a noiva (povo); no Evangelho, entre o vinho novo (Jesus) e o barril novo (homem).

A 1ª leitura é do Livro do profeta Oseias. Nas palavras do profeta, Deus vai seduzir o povo de Israel, que anda na infidelidade; vai levá-lo ao deserto e dali restituir-lhe as vinhas e do vale da infidelidade a crer numa nova esperança. E a isso o povo responderá como um jovem: "Como no dia em que subiu da terra do Egito" (v. 17c).

Os versos 21 e 22 dizem-nos como será o casamento entre Deus e Israel. O Senhor oferece os dotes: *justiça* — declaração pública oficial de que isso é verdade; *direito* — retidão moral que traz paz e satisfação; *amor* — afeição; *ternura* — piedade; *fidelidade* — confiabilidade nas relações pessoais. E assim "tu conhecerás o Senhor" (v. 22).

O Evangelho é de Marcos e retrata um debate sobre o jejum. A vivência do jejum por parte dos fariseus e por sua imposição ao povo acabava sendo uma religião ritualista, onerosa e sem vida, totalmente o oposto daquilo que Jesus queria, que era uma religião da vida e da alegria. Jesus tentava explicar-lhes que não havia sentido aquele jejum pesado, porque Ele, "o noivo", estava no meio deles, mas eles não estavam entendendo. Era o momento da festa, do encontro e da alegria, era a própria presença do Reino no meio deles.

Daí vem o fato de os discípulos de Jesus não jejuarem. Pois Jesus entende que o jejum, naquele contexto, estava sendo um remendo novo numa roupa velha ou então vinho em barril velho. Para a novidade do Reino é preciso vida nova.

A 2ª leitura é da Carta de São Paulo aos Coríntios. Paulo era censurado por alguns porque tecia elogios a si próprio. Paulo responde dizendo que o fruto de seu apostolado, as comunidades fundadas, era obra do próprio Espírito, e que as cartas escritas com papel e tinta tornam-se até inúteis, porque as próprias comunidades eram cartas vivas: "Pois a letra mata, mas o Espírito comunica vida" (v. 6).

9º Domingo Comum

"A vida acima de tudo."

Leituras: Deuteronômio 5,12-15; 1ª Coríntios 4,6-11; Marcos 2,23-26.

A liturgia deste final de semana nos faz refletir sobre a vida, a vida que está acima de qualquer outro valor e acima até das leis. No dia Santo se descansa, mas não se impede a prática do bem. A 1ª leitura é do Livro do Deuteronômio (5,12-15). Essa leitura reflete sobre a santificação do sábado e busca sua justificativa, fazendo memória ao povo sobre a escravidão do Egito. Provavelmente, esse texto é relato de fé de quem já foi escravo e aprendeu com a vida a própria conquista da liberdade. E na maturidade de fé quer garantir a todos a liberdade.

Essa experiência de fé deu origem ao 3º mandamento do decálogo, cujo objetivo é garantir leis em que apareçam as relações de igualdades sociais, em que se respeite a vida de todos. E isso é bem expresso no versículo 14: "Para que assim teu escravo e tua escrava repousem da mesma forma que tu".

O Evangelho é de Marcos capítulo 2,23-26. Esse texto relata dois episódios que ocorrem num dia de sábado: a colheita das espigas e a cura do homem da mão seca.

O problema é com os fariseus, que eram legalistas, isto é, justificavam todos os seus privilégios, todas as suas posições sociais em leis e não no princípio da vida.

No primeiro episódio, o que Jesus permite fazer é matar a fome dos discípulos, inclusive justifica o fato a partir das situações do Antigo Testamento. Na própria conversa, Ele conta outros dois fatos, o de Davi e o de Abiatar. Se por um lado os fariseus se preocupam com as leis, por outro Jesus é sensível à vida do povo, à fome.

No segundo fato, Jesus toma uma posição radical, pois Ele poderia deixar a cura para outro dia. Mas Ele preferiu o sábado justamente para mostrar que para fazer o bem não tem dia, nem hora, não se deixa para depois, não existe lei que esteja acima de qualquer necessidade humana. Isso faz-nos refletir, pois muitas vezes tomamos atitudes e nos baseamos nas leis em defesa de certos privilégios próprios, particulares, desprezando o próximo. Isso reflete também na própria situação do país, pois muitas vezes quem tem prestígio e poder, abusa disso prejudicando a vida do povo, prejudicando os pobres e os sofredores.

A 2ª leitura é da Carta de São Paulo aos Coríntios, capítulo 4,6-11. São Paulo sempre sofreu por causa do Evangelho, mas sempre viveu a grande Graça de Deus em sua vida. Nesse trecho da carta, Cristo é a luz que está em nossos corações, é o tesouro em nossos vasos de barro. Paulo sempre sentiu aflição, mas nunca foi vencido por ela. É a espiritualidade de quem sempre está diante dos conflitos para que a graça de Cristo seja a vitória. Paulo é uma verdadeira poesia da vida, da vida que se tornou comprometida com o Evangelho.

10º Domingo Comum

"Quem faz a vontade de Deus, esse é meu irmão, minha irmã e minha mãe."

Leituras: Gênesis 3,9-15; 1ª Coríntios 4,13–5,21; Marcos 3,20-35.

A 1ª leitura é de Gênesis 3,9-15. Diferentemente do que já foi interpretado, esse texto não é a narrativa do que aconteceu no início. Mas é uma reflexão sobre a situação caótica da sociedade governada por Salomão, pois o texto é de seu tempo (971 a.C. a 931 a.C.).

O texto inicia narrando que "o homem comeu o fruto da árvore" (v. 6). Isso significa que a humanidade deu livre curso à ganância, elaborou seus próprios critérios de bem e de mal. Depois que eles (Adão e Eva) comeram o fruto, Deus lhes faz um interrogatório e, no final, dá a sentença. No versículo 10, Adão diz: "Fiquei com medo, porque estava nu, e me escondi". O medo e a nudez revelam a consequência de quem construiu uma sociedade com seus próprios critérios; revelam a insegurança, revelam uma sociedade onde impera a ganância, onde um é lobo do outro. Uma sociedade de desconfiança, onde as pessoas vivem amedrontadas.

Na sociedade assustada e gananciosa não se acha o responsável pelos fatos da realidade, por isso, no texto, Adão empurra a culpa para a Eva, Eva para a serpente. Será que essa não é a mesma leitura que fazemos de nossa sociedade?

A serpente é o símbolo da arrogância. É o sinal da maldição, do desejo insaciável, incontrolável. É a perda do senso, é a perda da ética, é a perda do valor da vida humana. Objetivamente, hoje, são a corrupção, a violência, a cultura de morte.

O Evangelho é de Marcos 3,20-35. Jesus está no meio de muita gente, porém até em sua família encontra obstáculos. Afirma que sua família é quem faz a vontade do Pai.

Outro problema com que Jesus se defronta é em relação aos doutores da lei. Esses acusam Jesus de endemoninhado. Para Jesus essa acusação é a mais grave de todas. É um pecado sem perdão. Ver em Deus a figura do diabo é o pecado contra o Espírito Santo.

Para desmontar o argumento dos doutores da lei, Jesus diz que nenhum reino se mantém dividido, e para entrar na casa de um homem forte é preciso amarrá-lo. Jesus é quem faz isso para retirar do homem aquilo de que indevidamente se apossou. Se Jesus consegue realizar isso, Ele é mais forte que o diabo e, então, é Deus.

Essa é a prática de Jesus, libertar todas as pessoas de qualquer tipo de opressão.

A 2ª leitura é da Segunda Carta de São Paulo aos Coríntios 4,13-5,1. A revista "Vida Pastoral" diz que esse texto é uma coleção de vários bilhetes, escritos em ocasiões diferentes e sobre temas diversos. Em síntese, dá um testemunho de fé dizendo que o missionário cristão sofre muito ao anunciar a Palavra, mas a própria Palavra o fortalece interiormente.

11º Domingo Comum

"Cuidado: a semente do reino cresce por si só."

Leituras: Ezequiel 17,22-24; Salmo 92; 2ª Coríntios 5,6-10; Marcos 4,26-34.

Neste final de semana, a liturgia leva-nos a refletir sobre a força do Reino de Deus. Tanto na 1ª leitura, quanto no Evangelho, o Reino de Deus é apresentado por meio de imagens e parábolas. Essas imagens e parábolas devem suscitar em cada um de nós, e principalmente em nossas comunidades, questionamentos a respeito de nossa falta de fé, de nosso desânimo, de nossa não confiança em Deus e de nosso não interesse em anunciar o Evangelho.

Às vezes, em nossas comunidades, queremos "enfeitar" tanto o trabalho, que acabamos valorizando somente nossas ações, esquecemo-nos da espiritualidade, transformamos nossos trabalhos e nossas comunidades em meras estruturas e burocracias.

Essas leituras levam-nos a rever nossa maneira de evangelizar, questionando-nos: Será que nossas comunidades, nosso jeito de ser, não carece de mais fé, de mais semear, sem buscar tantos resultados e aparentes seguranças?

A 1ª leitura traz a imagem agrícola, Deus tirando a copa do cedro (o povo eleito) e transportando-o para o monte de Israel (Jerusalém). Isso significa que Deus tira o povo do exílio e leva-o de volta a sua terra.

Além disso, o cedro transplantado torna-se majestoso e cheio de frutos, nele os pássaros fazem seus ninhos (os pássaros representam as nações). Outra imagem comparativa está no versículo 24, no qual Deus diz: "Abaixo a árvore alta e levanto a árvore baixa", referindo-se ao império babilônico e ao povo oprimido, respectivamente.

O Evangelho é composto de duas parábolas; a primeira é a da semente que cresce, a segunda é a do grão de mostarda. Essas parábolas foram escritas no início das atividades de Jesus, positivamente foram muito intensas, haja visto o Evangelho de domingo passado, pois nem Jesus, nem os discípulos tinham tempo sequer para se alimentar. Mas, negativamente, traziam muitos conflitos, inclusive com a própria família.

Por isso as parábolas foram escritas, para superar essas crises. Mas, também hoje, elas querem ajudar-nos a superar nossas crises e as crises das comunidades.

Na primeira parábola, o importante é ir semeando, mesmo em meio às crises, aos conflitos, às resistências. Isso é mostrado no Evangelho pelo fato de que o semeador, depois de semear, só se preocupa com a lavoura na hora da colheita. Por si mesma a semente cresce e produz fruto.

A segunda parábola fala sobre o grão de mostarda, assim também é o Reino de Deus, pequenino ao semear, mas grandioso em seu resultado.

Na 2ª leitura, diante de tantas dificuldades Paulo diz ser movido pela confiança (v. 6-8) e pela fé, com consequências bem concretas, das quais prestaremos contas a Deus.

12º Domingo Comum

"A tempestade acalmada"

Leituras: Jó 38,1.8-11; 2ª Coríntios 5,14-17 e Marcos 4,35-41.

Sempre nos deparamos com situações que levam ao auto-questionamento e a questionar os próprios fatos ocorridos. Às vezes as situações são tão assustadoras que nos envolvemos a ponto de vivermos o sentimento de desespero; chegamos até a pensar qual será o destino da humanidade; questionamos por que tanta dor; por que tanto sofrimento; por que tantas pessoas que nunca foram violentas e sofrem com a violência; por que tantas pessoas que nem conhecem a corrupção pagam por ela. Parece que a humanidade vive num mar tempestuoso.

É justamente sobre essas situações que as leituras deste final de semana nos fazem refletir. É sobre o mar tempestuoso que vamos descobrir como vivenciar e testemunhar nossa fé.

A 1ª leitura é do Livro de Jó. Ele, muitas vezes, foi visto como o sinônimo de paciência. Mas, na verdade, Jó representa a pessoa que quer descobrir o verdadeiro sentido da vida humana. Jó foi envolvido, sem saber, numa aposta entre Deus e o diabo (1,6–2,10). O diabo aposta que Jó somente vive na integridade enquanto possui bens: daqui se desenvolve todo o Livro de Jó.

Jó, não sabendo da aposta, começa a questionar suas perdas e o sentido da dor humana. Nos capítulos 38-41 está a resposta de Deus a Jó. Deus não o condena, mas mostra a Jó as grandes maravilhas da criação. Na liturgia deste final de semana, Deus responde a Jó na tempestade. O texto mostra que Deus é soberano sobre as forças que geram o mal. O mar que é tão assustador com suas ondas tem-nas quebradas na areia da praia (v. 10-11). Assim acontece com o mal para quem vive com Deus.

O Evangelho é de Marcos, esse evangelista sempre traz consigo a preocupação de responder a uma pergunta: Quem é Jesus? E, no texto de hoje, ele responde muito bem, quando Jesus se levanta na barca e diz ao mar: "Silêncio! Quieto", e o mar acalma-se. Essa fala de Jesus mostra realmente que Ele é o Filho de Deus, o Messias.

Da mesma forma que a primeira leitura, o Evangelho apresenta o mar tempestuoso. É a referência ao próprio tecido social, que possui misérias, mortes prematuras, impunidade, crise moral e ética. Muitas vezes, nós nos abalamos tanto, que nem percebemos a presença de Jesus nesse meio. Mas o que as leituras nos vêm dizer neste final de semana é que Deus está presente em meio às tempestades, é preciso que nós o reconheçamos e busquemos com Ele superar os conflitos, valorizando os projetos de vida e de liberdade.

A 2ª leitura é da Segunda Carta aos Coríntios. Paulo relata sobre a morte de Cristo mostrando-nos seu sentido de doação, de uma vida inteira doada. Paulo não conheceu Jesus pessoalmente, mas o importante para ele é estar comprometido com o anúncio e com a vivência de sua morte e ressurreição.

13º Domingo Comum

Leituras: Sabedoria 1,13-15; 2,23-24; 2ª Coríntios 8,7-9.13-15; Marcos 5,21-43.

Nas leituras deste final de semana encontraremos na pessoa de Jesus o próprio Deus da Vida, Ele traz à vida "a filha de Jairo e a mulher com fluxo de sangue". Encontramos na própria criação humana a vida e "não o veneno da morte" e, por fim, na segunda leitura, um gesto concreto desse amor do

Pai; a caridade de uma coleta generosa em favor de irmãos necessitados.

A 1ª leitura é do Livro da Sabedoria. Esses versículos exortam-nos à justiça como fonte de vida. Deus não fez a morte (1,13), seu autor é o diabo (2,24). O Senhor fez a criação perfeita e encheu-a de vida (1,14). O mal não prevalecerá, exceto pela opção humana. Os ímpios ficam nas garras do mal, mas a sabedoria vem aos que buscam Deus.

O Evangelho é de São Marcos. Jairo, chefe da sinagoga, faz parte do grupo social que rejeita Jesus. Pessoalmente ele se aproxima de Jesus porque sua filha está morrendo, ele pede a cura. Acompanha Jesus juntamente com a multidão. Tudo isso de maneira muito forte e insistente, pois chega até a cair aos pés de Jesus.

Uma multidão comprimia Jesus, mesmo assim, ele sentiu que alguém o tocou. Era uma mulher que já tinha sofrido doze anos com fluxo de sangue, e já tinha gasto tudo o que possuía. Ela tocou na roupa de Jesus e sentiu que estava curada. Jesus procurava saber quem lhe tinha tocado; ela, com medo, caiu-lhe aos pés e contou-lhe a verdade. Jesus lhe disse: "Minha filha, tua fé te salvou; vai em paz e estejas curada desse teu mal" (v. 34). O contexto é um pouco esse: uma mulher marginalizada, que respeita Jesus, "cheia de fé e tremendo", é acolhida em sua dignidade por Jesus, ela conta toda a verdade e, por sua coragem, sua fé e sua verdade, recebe a paz de Jesus. Saúde física (curada da doença) e saúde social (sai da marginalização).

Jairo estava ali, quando alguns membros da sinagoga lhe avisam que sua filha morrera. Jesus também ouviu a notícia, chamou os discípulos, e foram à casa de Jairo. Lá havia um alvoroço, muita gente chorando. Jesus disse: "A criança não morreu, está dormindo" (v. 39). Ordenou que todos saíssem, foi até o quarto e ressuscitou a menina; depois, mandou que dessem comida a ela. Para Jesus, a vida está acima da morte, a vida é vitoriosa sobre a morte; inclusive para ele próprio, assim será.

A 2ª leitura é da Segunda Carta de São Paulo aos Coríntios. Paulo ordena que diante da necessidade dos irmãos que padecem é preciso compartilhar o que temos, Paulo pede um gesto concreto para provar: "A sinceridade do amor que vocês têm" (2Cor 8,8).

14º Domingo Comum

Leituras: Ezequiel 2,2-5; 2ª Coríntios 12,7-10; Marcos 6,1-6.

A espiritualidade que iremos vivenciar na liturgia deste final de semana é uma reflexão sobre a rejeição dos profetas. Por que os profetas são rejeitados pelo povo? Trazendo a questão para nossa vida cristã: nós sabemos distinguir quem é verdadeiro profeta, quem é falso profeta? Será que uma pessoa sozinha, fora da comunidade, pode ser profeta? O que é ser profeta? Em que situações dizemos: esta pessoa é profeta? Essa tarefa não é nada fácil. Muitas vezes nos enganamos. Os acontecimentos podem ser manipulados pelos meios de comunicação, nossa formação na fé, às vezes, pode ser distorcida.

É bom ter em mente duas coisas: primeiro, antes de analisar os fatos distantes, ter ciência de que nós também somos chamados a ser profetas pelo batismo, é importante questionar se a comunidade da qual participamos vive o dom da profecia. Segundo, a 1ª leitura e o Evangelho deste final de semana nos dão alguns critérios de fé para saber quem é o profeta e porque ele é rejeitado.

A 1ª leitura é de Ezequiel, ele é profeta do tempo do exílio. Esse trecho do capítulo 2 é um relato da postura de Ezequiel perante o povo. No v. 2a, Ezequiel diz: "Entrou em mim um espírito e me pôs de pé". Essa fala revela duas coisas: primeiro que para ser profeta é necessário deixar-se mover pelo espírito; estar em pé revela a firmeza e a lucidez (espírito de discernimento) do profeta. Em seguida, o texto mostra que o profeta é enviado por Deus, para falar em nome de Deus aos rebeldes (povo de Israel no Exílio). O povo que foi exilado era a elite de Israel, e no exílio se tornou "filho de cabeça dura e coração de pedra".

O Evangelho narra Jesus na sinagoga, em Nazaré. Na sinagoga qualquer adulto poderia ensinar, mas geralmente quem fazia isso eram os doutores da lei e os fariseus, os quais se distanciavam e se diferenciavam do povo, que já estava cansado de carregar os pesados fardos do ensinamento.

Jesus, quando ensinou pela primeira vez, deixou todo mundo admirado (1,21-28). Mas, na segunda vez, apareceu o descrédito em relação a Jesus: "De onde ele recebeu tudo isto?" Esse descrédito chega a tanto que, após vários questionamentos sobre a própria origem de Jesus, ficaram escandalizados com Ele.

Jesus foi rejeitado porque se apresentou como um trabalhador que cresceu em Nazaré, ao lado dos parentes e amigos. Foi rejeitado por não descobrirem nele nada de extraordinário. Não perceberam que a extraordinariedade de Jesus é a sua encarnação. É ser Filho de Deus Encarnado.

A 2ª leitura fala do agente de pastoral, Paulo, que possui um "espinho na carne". Esse espinho na carne deve ser entendido como o próprio texto traz, "fraquezas, injúrias, necessidades, perseguições, angústias". São os conflitos que o agente de pastoral enfrenta. É impossível nesta terra idealizar um mundo onde não existam essas coisas, porque a própria natureza do ser profeta é confrontar-se com isso.

15º Domingo Comum

"Missão: Evangelizar"

Leituras: Amós 7,12-15; Efésios 1,3-14; Marcos 6,7-13.

O tema de reflexão da liturgia deste final de semana é sobre a Missão, isto é, sobre o anúncio explícito de Nosso Senhor Jesus Cristo. Hoje, temos uma palavra que equivale à Missão, que é evangelização. Portanto, quando se fala em missão, entende-se evangelizar.

Um simples olhar sobre a realidade nos dá alguns desafios: o êxodo rural; nossa família que tinha mais facilidade de viver a religiosidade na estrutura rural (pois na cidade esse valor é diluído). Outro aspecto é a crise econômica que exige de todos uma luta maior para a sobrevivência. Ainda devemos levar em conta algumas características da modernidade, que criam a sociedade de massa, anônima, individualista e descartável.

É nesse contexto que somos chamados em nossa fé a viver a missão do anúncio. Acredito, porém, que vivenciando esses textos bíblicos nos fortalecemos.

A 1ª leitura de Amós, que era um "profeta escritor" por volta de 760 a.C., relata sua conversa com Amasias, sacerdote de Betel. Amasias quer mandá-lo para Judá. O fato é simples: depois da morte do rei Salomão, o reino se dividiu em dois, Jeroboão ficou no norte e construiu um santuário novo, impedindo que o povo fosse a Jerusalém, assim ele podia manipular melhor o povo. Amós é contra essa situação e responde a Amasias, dizendo não ser ele profeta igual aos profetas do rei, que trabalhavam só para ganhar o pão. Mas ele foi arrebatado por Deus, não era um profeta "fabricado", era vocação verdadeira. Será que a exemplo de Amós somos firmes e não nos deixamos ser levados pelos valores contrários à vida?

O Evangelho é de Marcos e nos dá as características da espiritualidade do autêntico missionário. A primeira característica do missionário é estar a caminho tendo critérios como, por exemplo, estar preparado para a longa e difícil jornada (cajado e sandálias nos pés); não acumular bens (pão, sacola e dinheiro) e contentar-se com a hospitalidade oferecida.

Caso não sejam aceitos, porém, "sacudi a poeira dos pés" (esse gesto era usado pelo povo israelita significando a transferência de responsabilidade para quem rejeitou a Palavra).

Os discípulos começam a pregar da mesma maneira que o mestre e também com os mesmos gestos. Tudo isso era o apelo à conversão, mudança radical no modo de viver. É a libertação das pessoas da marginalização e opressão.

A 2ª leitura tirada de Efésios é um hino da graça de Deus em nossa vida, Ele nos abençoou, nos escolheu, nos predestinou, nos deu sua graça, nos deu a conhecer o mistério de sua vontade.

Diante da realidade que nos cerca, iluminados pela Palavra de Deus, podemos trazer para nossas comunidades algumas questões que, com certeza, se levadas a sério, também nos converterão. Então, pergunta-se: Nossa participação na comunidade transforma nossa vida, a vida dos irmãos, a vida da sociedade, ou participamos a vida inteira nela e nunca mudamos? Ser missionária é a natureza da Igreja viva, Igreja presente no mundo para transformá-lo. Será que nossa missão está atingindo principalmente os indiferentes e necessitados?

16º Domingo Comum

"Jesus teve compaixão, porque eram como ovelhas sem pastor" (Mc 6,34).

Leituras: Jeremias 23,1-6; Efésios 2,13-18; Marcos 6,30-34.

A reflexão da liturgia deste final de semana é questionar sobre como as lideranças tratam o povo. Pode-se pensar em nível social (lideranças políticas) e religioso (padres, pastores e lideranças leigas).

Politicamente falando, pesam sobre nós as promessas, as corrupções e seus corruptores, o pouco interesse pelas questões sociais. Na religião (de modo especial na Igreja Católica) nos pesa a falta de valorização da pessoa, a falta de acolhida na comunidade, a falta de tempo para atender e ouvir o povo.

A 1ª leitura é de Jeremias, o texto começa com a voz de Deus, que lamenta os falsos pastores, os quais deixam o povo perder-se e dispersar-se. Deus vai observar quais lideranças são falsas e castigar suas ações. Em seguida, vai reunir as ovelhas e recolocá-las de volta em seus campos para se multiplicarem. Elas terão novos pastores, os quais não mais imporão medo e angústia, e elas não mais serão abandonadas, mas terão um reino de justiça e retidão.

O Evangelho de Marcos deste final de semana inicia-se com a volta dos discípulos que no Evangelho de domingo passado tinham sido enviados em missão por Jesus. No período entre o envio e o retorno dos discípulos, Marcos em seu Evangelho narra o martírio de João Batista.

Esse fato é proposital para mostrar que com a morte de João Batista, Jesus surge como uma nova liderança. Essa nova liderança traz características que nos dão o norte da fé. É nosso seguimento na espiritualidade.

A primeira é quando nos sentimos cansados na evangelização com trabalhos árduos. Pois esse texto nos questiona: será que o povo não está mais cansado do que nós na luta pela sobrevivência?

A segunda é que o povo a pé chega primeiro que os discípulos de barco. Esse é um fato teológico para mostrar que as necessidades do povo são maiores que as necessidades dos discípulos, por isso se apressa mais.

A terceira é a própria atitude de Jesus para com o povo. É compadecer, porque "eram como ovelhas sem pastor". Será que nós também não devemos, ao invés dos preconceitos, nos compadecermos com os sofredores do povo?

A 2ª leitura é de Efésios e relata os benefícios que Jesus trouxe para a humanidade: trouxe para perto os gentios que estavam afastados, derrubou o muro que separava os judeus dos pagãos, aboliu o legalismo, criou o homem novo, fez a reconciliação com Deus, anunciou a paz e se fez caminho ao Pai.

Esses exemplos interpretados nas leituras deste final de semana iluminam a fé, aquecem o coração para tratarmos bem os sofredores do povo, as pessoas simples e humildes.

17º Domingo Comum

"Sensibilidade com os que passam fome."

Leituras: 2º Reis 4,42-44; Efésios 4,1-6; João 6,1-15.

O tema das leituras deste final de semana é a partilha. Sabemos distribuir os dons e os bens que o Criador nos deu? Para iniciar esta reflexão é necessário falar um pouco sobre a realidade em que vivemos. No Brasil existem cerca de 23 milhões de pessoas que vivem abaixo do estado de pobreza absoluta. Há uma preocupação pertinente com o sistema financeiro; consequentemente, a questão social deixa muito a desejar. É isso que as leituras nos cobram neste final de semana, o ser humano foi criado por Deus para viver bem, viver plenamente. Viver em plenitude é um esforço de todos.

A 1ª leitura, do Segundo Livro dos Reis, narra a história de um homem que levou para ofertar no Templo os primeiros frutos da colheita. Ofertar os primeiros frutos da colheita era, na tradição da época, reconhecer que o Senhor era o verdadeiro dono de tudo, criador e doador da vida.

O profeta Eliseu, homem de Deus, completa o gesto dizendo: "Dá ao povo para que coma", essa é a verdadeira compreensão da finalidade dos bens — partilhar. No entanto, a mentalidade egoísta e desacreditada sobre as iniciativas de partilha, muito semelhante às que nós vivemos hoje, leva o homem a não acreditar na partilha e questionar: "Como vou distribuir tão pouco para cem pessoas?"

O fato é que todos comeram e sobrou muito, aí está o milagre maior: se todos tivéssemos, mesmo que pequenas iniciativas concretas de partilha, não haveria miséria.

No Evangelho, tudo tem um significado; estar próximo da Páscoa significa que Jesus inaugura um novo êxodo, a travessia do mar da Galileia supera o mar Vermelho, a subida ao monte recorda o monte Sinai e Jesus que supera Moisés, o pão distribuído recorda o maná do deserto.

Seguindo o texto, Jesus mostra sua preocupação não em relação sobre o que irá dizer ao povo, mas com a fome do povo. E põe Felipe à prova perguntando onde iria comprar alimento; Felipe não vê saída. Jesus mostra que esse seu ato é uma realização totalmente nova, é uma ruptura com o sistema antigo.

André, cujo próprio nome significa humano, aquele que é

sensível, aparece no texto demonstrando isso. Vê o menino com os pães; assim nesse texto André representa as pessoas que apostam nos pequenos.

Jesus convida o povo para sentar e tomar a refeição, gesto que significa que as pessoas estavam livres, pois os escravos não podiam sentar-se para tomar a refeição. Em seguida, Jesus deu graças e distribuiu os pães, o que significa que Jesus também reconhece o Criador.

Quando as pessoas agem com liberdade, humanidade e maturidade, o pouco se torna suficiente para até sobrar doze cestos, que também é simbólico, doze é um número pleno. O povo, porém, não o compreende totalmente e quer fazê-lo rei, por isso ele se retira.

A 2ª leitura, da Carta aos Efésios, começa falando que o cristão é um Homem Novo, esse Homem Novo é feito por determinados comportamentos: humildade, mansidão e amor fraterno, cuja ideia é a unidade na diversidade.

18º Domingo Comum

"Eu sou o pão da vida."

Leituras: Êxodo 16,2-4.12-15; Efésios 4,17.20-24; João 6,24-35.

As leituras bíblicas da liturgia deste final de semana refletem sobre o mesmo tema da semana passada (pão e partilha), trazendo alguns dados de aprofundamento e nos mostrando fatos a que o povo de Deus nem sempre soube ser fiel. Portanto, também nos questiona: por que nós recorremos a Deus? Será que nossa motivação em buscar o Cristo é verdadeira?

A 1ª leitura, do Livro do Êxodo, narra que o povo de Deus está saindo da escravidão para a liberdade; na caminhada que passa pelo deserto, o povo reclama da dureza do caminho e, iludido, diz que era melhor o tempo da escravidão, pois ao menos lá tinha alimento. Essas reclamações do povo não estão em sintonia com o projeto de Deus, porque ninguém em sã consciência prefere a escravidão em lugar de liberdade; depois criaram uma ideia falsa da escravidão, a história nos conta que nem sempre os escravos sentam-se junto às panelas de carne, e o povo usa desse argumento contra Moisés.

Apesar de tudo isso Deus não os abandona, providencia-lhes o alimento necessário para cada dia. Esse fato prova que Deus os ama e os quer ver livres. Mostra que Deus vai tirá-los da escravidão do faraó e dar-lhes a liberdade e diz: "Assim saberão que eu sou o Senhor, o Deus de vocês" (v. 12); é o objetivo de Moisés. Com isso, Deus quer eliminar a confusão que o povo havia feito, no sentido de generalizar o Deus verdadeiro com os deuses do faraó.

O Evangelho segue a mesma lógica. O povo vai ao encontro de Jesus para novamente buscar mais pão. Nisso, Jesus aproveita para desenvolver o sentido da partilha dos bens da criação.

A multidão busca um líder, busca alguém para transferir seus compromissos; nesse texto do Evangelho, eles buscam Jesus novamente na esperança de que um só consiga alimento para todos. Jesus responde a eles com a questão central do fato: procuram Jesus porque é Deus ou porque simplesmente vai matar-lhes a fome?

Jesus oferece a eles uma proposta nova: "Não trabalhem pelo alimento que perece; trabalhem pelo alimento que dura a vida eterna, que o Filho do Homem dará a vocês" (v. 27a.). A multidão não entende direito e pergunta a Jesus o que fazer para realizar as obras de Deus. Jesus responde não o que fazer, mas que acima de tudo o projeto de Deus não tem preço, é dom, portanto é preciso acreditar; isto é, superar as concepções errôneas sobre Deus.

No texto, o diálogo entre Jesus e a multidão vai se desenrolando e Jesus vai transformando a passividade do povo até o ponto em que eles pedem: "Dá-nos desse pão" (v. 34). Nesse momento, Jesus dá a grande resposta: *"Eu sou o pão da vida"* (v. 35).

Nessas palavras Jesus é o amor que se doa, quem se achega a Ele também faz como Ele: aprende a doar-se, a doar-se aos que mais necessitam. Será que também a nossa comunidade não necessita de mais fé, para doar-se mais, de mais "Pão da Vida" para viver melhor e fazer os irmãos e as irmãs viverem melhor. Penso que precisamos perceber que a exemplo dessas leituras também somos o povo que quer passar o compromisso para o outro, que quer mais para si; que nem sempre entende o projeto de gratuidade do Pai e do Filho que são um no Espírito Santo.

A 2ª leitura, da Carta de São Paulo aos Efésios, fala-nos do Homem Novo, que não deve ser como os pagãos, cuja inteligência não leva a nada, pois eles possuem pensamentos vazios. O Homem Novo assume uma nova postura de ser justo e santo, é uma nova maneira de ser e pensar, uma nova e verdadeira maneira de ser diante de Deus e dos irmãos.

19º Domingo Comum

Leituras: 1º Reis 19,4-8; Efésios 4,30–5,2; João 6,41-51.

Já é o terceiro domingo consecutivo que estamos refletindo a partir do cap. 6 do Evangelho de João, no qual a proposta de Jesus vai encontrando sucessivas rejeições. Não é simples coincidência isso; na verdade, é uma reflexão extremamente importante porque, como na época de Jesus, hoje também, de uma maneira muito sutil e até despercebida, a sociedade rejeita Jesus, rejeita seu projeto de vida, rejeita fazer a vontade do Pai. E tudo isso ocorre de uma forma aparentemente natural. Um exemplo é a questão da partilha, como será que compreendemos e vivemos a partilha?

A 1ª leitura nos fala do profeta Elias, que vai para o deserto e pede a Deus a morte, mas, deitando-se no chão, adormece e um anjo lhe oferece pão e água o suficiente para percorrer quarenta dias no deserto, até chegar ao monte de Deus. O fato por si só diz pouco, mas o contexto nos ajuda muito. Elias estava jurado de morte pelo rei Acab, porque havia matado os falsos profetas. Sua peregrinação pelo deserto segue o exemplo teológico do povo de Deus em marcha para a libertação (como no domingo passado, inclusive as reclamações — análogas ao pedido de morte), o texto novamente reflete a bondade de Deus na pessoa do anjo que oferece alimento ao profeta. Um dos fundamentos da escolha desse texto para esta liturgia é este: em que circunstância o alimento vem preceder o verdadeiro alimento que é Jesus, no Evangelho?

O Evangelho de João mostra que é da humanidade de Jesus que nasce a vida para o mundo. Nesse trecho do capítulo 6, são os judeus que estão murmurando contra Jesus, porque Jesus tinha dito: "Eu sou o pão que desceu do céu". Eles não tinham fé suficiente para ver em Jesus o Filho de Deus e diziam: "Não é este o filho de José?" Jesus responde a eles dizendo de sua relação com o Pai e da crença na vida eterna, e, em seguida, apresenta-se como o pão da vida novamente.

Nesse breve texto encontramos a dificuldade dos judeus em ver um Deus humano e encarnado: Jesus. Esse Deus, que faz uma opção pela humanidade e por sua libertação, prometendo: "Eu o ressuscitarei no último dia". Os fariseus acreditavam que a ressurreição era fruto da observância da lei, mas Jesus supera isso e diz que ele próprio é a Vida, não só para um grupo, mas para o mundo. Jesus assume essa posição após ter mostrado quem Ele era.

A Carta aos Efésios continua a reflexão sobre o Homem Novo, que não deve contristar o Espírito Santo, mas deve deixar toda maldade e viver na fraternidade, no perdão e no amor. Para que possamos aumentar nossa fé devemos durante esta semana ter em nossa comunidade o seguinte questionamento: os judeus não souberam valorizar o lado humano de Jesus, será que nós sabemos valorizar o humano, ou só enxergamos os defeitos da humanidade?

20º Domingo Comum

Leituras: Provérbios 9,1-6; Efésios 5,15-20; João 6,51-59.

Os textos deste final de semana referem-se ao banquete da vida. É o próprio Cristo quem dá seu Corpo e Sangue como alimento da vida. É sua entrega total, um dom de amor para toda a humanidade, é sua presença em nossas vidas e comunidades. Comungar é orientar o tempo presente para o bem, é ter sensatez na percepção de um mundo de morte e transformá-lo em vida. E, de fato, como comungar no banquete do Senhor, se para muitos falta o pão em sua mesa?

A 1ª leitura é do Livro dos Provérbios. Coroando os oito primeiros capítulos deste livro, que versam sobre a superioridade da sabedoria em relação à insensatez, o autor nos fala que a Dona Sabedoria preparou um banquete, em contraposição ao banquete da insensatez. O banquete da Sabedoria oferece vida, o da insensatez oferece morte, mas como o banquete da Sabedoria requer um longo período de aprendizado, muitos se arriscam na insensatez por causa das tentações dos prazeres oferecidos com facilidade.

O Evangelho é de São João. Na sinagoga de Cafarnaum, Jesus se apresenta como alimento da vida, retomando o tema do pão. Os judeus não entendiam como ele pode dar sua própria carne. Ele afirma que quem quiser segui-lo e receber o dom da vida, deve estar muito próximo dele. E a maneira de se aproximar é a comunhão no seu corpo e sangue, sinais de sua morte e ressurreição. Nessa comunhão se dará a ressurreição (v. 54). Assim como Jesus está unido ao Pai, a comunhão também nos une a Cristo: "Quem come minha Carne e bebe meu Sangue vive em mim e eu vivo nele" (v. 56).

A 2ª leitura é da Carta de São Paulo aos Efésios. Paulo pede aos habitantes de Éfeso que não vivam "como tolos, mas como homens sensatos" (v. 15). Que tenham consciência de que "os dias são maus", mas pela sensatez somos chamados a resgatar o bem para o tempo presente, para isso devemos discernir "a vontade do Senhor" (v. 17). A ceia do Senhor, que, também, vai ajudar-nos a fazer esse discernimento.

21º Domingo Comum

"A quem iremos Senhor?"

Leituras: Josué 24,1-2.15-17.18b; Efésios 5,21-32; João 6,60-69.

As leituras deste final de semana fazem uma reflexão sobre as situações de pessoas e comunidades que, às vezes, empolgam-se com certos ideais de vida, mas quando percebem que para realizá-los é preciso que haja esforços, acabam desanimando.

Com relação à fé, pode acontecer o mesmo; vemos na caridade, na fraternidade, na justiça, no alimento da Eucaristia e da Palavra, no Cristo uma vida santa, a vida que desejamos. Mas, no dia a dia, essas propostas de vida tornam-se difíceis, ainda mais em nossos dias, em que os contravalores do Evangelho são muito atraentes.

A 1ª leitura é do final do Livro de Josué, em que se narra a chegada do povo à Terra Prometida. O povo fez todo o trajeto do Êxodo, desde a Aliança de Moisés no Sinai até essa assembleia convocada por Josué em Siquém.

Na assembleia, Josué faz uma espécie de credo histórico sobre os benefícios feitos por Deus e agora é o momento do povo decidir qual será seu Senhor: "Se não lhes agrada servir ao Senhor, escolham hoje a quem servir, se aos deuses a quem seus antepassados serviram lá, do outro lado do Eufrates, se aos deuses dos amorreus, em cujo país vocês moram. Quanto a mim e a minha família, nós vamos servir ao Senhor" (v. 15).

Além disso, o texto faz uma reflexão sobre o serviço: "Servir é aderir, com liberdade e alegria, ao Deus verdadeiro, abandonando os ídolos que geram morte" (Revista *Vida Pastoral*). Diante disso, o povo foi colocado frente a uma opção de vida que terá consequências históricas: a quem servir? "Longe de nós a ideia de abandonar o Senhor para servir outros deuses", essa é a resposta acertada do povo.

Já o Evangelho é o final do capítulo 6 de João, sobre o qual há algumas semanas estamos refletindo. Nesse trecho é a vez dos discípulos reclamarem de Jesus: "Esta palavra é dura. Quem consegue escutá-la"? (v. 60). Jesus reafirma dizendo: "Estas palavras são espírito e verdade" (v. 63). Isso significa que Jesus é o Cristo, é o alimento eterno, que seu projeto é vida e liberdade. Disse também que sabia que entre eles havia alguns que não possuíam fé. Esse foi o momento em que muitos discípulos voltaram atrás.

Jesus questiona mais ainda aos que permaneceram junto dele; "vocês também não querem ir embora? (v. 67). Pedro responde: "A quem iremos Senhor? Tu tens palavras de vida eterna" (v. 68).

Aqui vale nossa reflexão: nossa prática de fé está voltada para o Deus verdadeiro, liberdade e serviço aos irmãos, ou será que mesmo sendo Igreja somos afastados de Cristo?

A 2ª leitura é de Efésios 5,21-32 e orienta a vida familiar, expressa o fundamento do matrimônio e a submissão a Cristo; embora no início o texto deixe transparecer a mentalidade da época: a submissão da mulher ao marido. O matrimônio deve ser vivido numa relação profunda e misteriosa de amor, assim como Cristo amou a Igreja.

22º Domingo Comum

Leituras: Deuteronômio 4,1-2.6-8; Tiago 1,17-18.21b-22.27; Marcos 7,1-8.14-15.21-23.

A Palavra proclamada neste final de semana mostra-nos duas coisas. Primeiro, a grandiosidade de nosso Deus: "Qual é a nação cujos deuses lhe são tão próximos como o Senhor nosso Deus, sempre que o invocamos?" (1ª leitura). Segundo, a clareza e a praticidade da vivência de nossa fé: "Assisti os órfãos e as viúvas em suas tribulações..." (2ª leitura). Sendo ainda que o Evangelho não nos quer correndo atrás de aparências, mas de uma vida simples, com o coração cheio de amor.

A 1ª leitura é do capítulo 4 do Livro do Deuteronômio. Esse texto é uma introdução ao decálogo que vem a seguir. É um texto escrito no exílio, quando o povo passava dificuldades em ser fiel a Deus. Mesmo porque estando em território alheio e pagão, eles eram muito questionados a respeito de onde estava seu Deus. Por isso esse texto vem dizer que a maneira de experimentar Deus numa terra de exílio e sofrimento é justamente ser fiel à aliança, a partir de seus decretos e leis, como fora no êxodo. Essa fidelidade é tão importante que transformará o povo exilado numa grande nação. É a partir da fidelidade a uma lei justa que o povo de Israel será reconhecido internacionalmente. Aqui cabe uma questão bem atual: não será o caminho da humanidade poder sentir a presença de Deus bem próximo a partir de uma legislação internacional que promova a vida de todos os povos?

O Evangelho é de São Marcos e sua preocupação fundamental é a de responder quem é Jesus. Neste texto de hoje, Jesus é aquele que suprime as falsas tradições. O texto começa dizendo que os fariseus e os doutores da lei fizeram uma comissão para questionar a prática de Jesus. Essa elite tradicionalista fundamentava-se na Torá e na Tradição de seus antepassados e achava que Jesus estava indo contra essa "tradição".

A discussão diz respeito às normas religiosas, isto é, aos rituais de purificação. Os fariseus discriminavam os pagãos, "povo da terra", porque os consideravam impuros. Jesus dizia que esses rituais eram exteriores e que o mal não é o que entra pela boca do homem, mas o que dela sai. Para Jesus, os fariseus são hipócritas, eles se acreditam tementes a Deus, mas praticam injustiças.

Para São Marcos, Jesus é aquele que traz uma nova moralidade. Para Jesus a impureza é consequência das opções de vida das pessoas. Nos versículos 21-22, Jesus apresenta treze vícios: más intenções, imoralidades, roubos, assassínios, adultérios, ambições desmedidas, maldades, fraudes, devassidão, inveja, calúnia, orgulho, falta de juízo.

A 2ª leitura é da Carta de Tiago, que é uma explicação das exigências do mandamento do amor. No texto de hoje, ele diz que todo dom vem de Deus e que para vivenciá-lo é necessário estar atento a sua Palavra e pôr em prática o que ela determina.

23º Domingo Comum

Leituras: Isaías 34,4-7a; Tiago 2,1-5 e Marcos 7,31-37.

O texto de Marcos traz uma questão básica: Quem é Jesus? Para responder a essa questão precisamos viver uma profunda espiritualidade na caminhada de fé, alimentando-nos da própria Palavra. E, de modo especial, neste mês de setembro, somos chamados a realizar uma reflexão mais intensa dessa Palavra, porque a Igreja celebra o mês da Bíblia.

A 1ª leitura faz parte do "pequeno apocalipse de Isaías", o qual mostra a marcha dos mutilados de Javé voltando do exílio babilônico. São pessoas sem esperança e tão sofridas, como nosso povo sofrido, a quem Isaías diz: "Criai ânimo, não tenhais medo..." (v. 4).

Esse texto mostra que Deus toma parte em favor dessas pessoas. Cegos, surdos, coxos e mudos são as pessoas escolhidas por Deus; hoje, também, muitos são os cegos, os surdos, os coxos e os mudos, frutos de uma sociedade injusta que privilegia o material e deserda as pessoas.

Neste Evangelho, Jesus percorre as regiões pagãs; isso nos mostra que sua presença não é limitada, mas vem para todos. Jesus cura o surdo-mudo longe das pessoas, para que ele se sinta responsável pelo anúncio daquilo que Jesus fez, tornando-o evangelizador.

E nós também quantas vezes sentimos a graça de Deus em nossa vida, porém será que sabemos testemunhá-la? (15,39).

De fato, esse trecho do Evangelho é uma verdadeira catequese para nós. Jesus curando o mudo significa ainda que não devemos silenciar, e sim evangelizar.

No final do texto, a multidão proclama que Jesus faz bem feito todas as coisas, igual ao Pai que fez o mundo bem feito. Assim,

Jesus também cria um mundo novo, dando voz e vez a todos, justamente ao contrário dos que fazem as pessoas silenciarem. São Tiago mostra-nos em sua carta que a fé não discrimina as pessoas, e que a fé sem as obras não tem sentido. "Esse texto surgiu por causa da exploração dos ricos sobre os pobres" (Revista *Vida Pastoral*). E questiona a maneira de se comportar das pessoas nas reuniões, porém nosso comportamento deve ser o mesmo em qualquer lugar, e é bom saber que "Deus escolheu os pobres deste mundo para serem ricos na fé e herdeiros do Reino que prometeu aos que o amam" (2,5).

24º Domingo Comum

Leituras: Isaías 50,5-9a; Tiago 2,14-18; Marcos 8,27-35.

Jesus é o Messias, é o Senhor da História, é mestre, é profeta, é revelador do projeto do Pai, o ungido de Deus, o Cristo, é quem ensina com poder, cura enfermos, abre fronteiras, ultrapassa os limites humanos; mas se nos apresenta como "Filho do Homem", que deve sofrer muito e ser desprezado, viver as dores humanas antes de ressuscitar. Isso já é um grande questionamento para nossas vidas.

A 1ª leitura é do profeta Isaías. É o terceiro canto do servo sofredor. Esse texto mostra o que Deus faz com o servo; "abriu-me os ouvidos...", isto é, prepara-o e capacita-o para a missão. Por sua vez, o servo mantém-se fiel a Deus, dá as costas aos torturadores, oferece a face para arrancarem os fios de barba, não esconde o rosto das injúrias e escarros. Isso tudo como sinal de não levar em conta a ofensa recebida. O servo é levado ao tribunal por acusações falsas, mas tem convicção de que a mentira não prevalecerá.

O Evangelho é de Marcos. Esse trecho está dividido em

duas partes. A primeira parte mostra que Jesus é o Messias, e a segunda, que tipo de Messias ele é. A primeira parte termina com a frase de Pedro: "Tu és o Messias" (8,29). A seguir começa a segunda: "Jesus começou a ensiná-los" (8,31). A primeira acontece no deserto, a segunda no caminho para Jerusalém, porque é em Jerusalém que a situação se complica.

A resposta dos discípulos sobre a pergunta de Jesus revela que o povo não sabe, de fato, quem é Jesus. Mas Pedro sabe e diz: "Tu és o Messias" (v. 29). Jesus é o Messias que enfrenta os poderes geradores de morte. E isso ele fará na fragilidade humana como "Filho do Homem", sem recursos extraordinários vindos do alto ou de fora. Nas mãos dos poderosos ele deve ser morto. Pedro não está de acordo com isso e recebe uma repreensão violenta de Jesus, chamando-o de satanás e mandando-o ficar para trás do mestre.

Para ser discípulo é preciso três coisas: renunciar a si mesmo (deixar de lado as ambições), tomar a cruz (aceitar ser perseguido) e seguir Jesus (aceitar ser banido). Isso o Evangelho diz que é "perder a vida".

A fé é o tema do segundo capítulo da Carta de Tiago. "O que adianta se alguém disser que tem fé, mas não tem obras?" (v. 14). A fé sem obras está morta em si mesma.

25º Domingo Comum

Leituras: Sabedoria 2,12.17-20; Tiago 3,16-4,3; Marcos 9,30-37.

A liturgia deste final de semana tem como questionamento para nossa fé uma situação bem evidente em nossa realidade: será que, diante de Deus, ser o primeiro é ser o mais competitivo? É passar na frente dos outros, não importando as consequências?

Parece que a lógica do mundo em que vivemos é essa. Mas o Evangelho de Nosso Senhor Jesus Cristo ensina outra lógica, é a lógica da fraternidade, da solidariedade, da ternura.

A 1ª leitura é do capítulo 2 do Livro da Sabedoria e apresenta o discurso dos injustos: "Vamos armar ciladas para o justo, porque ele nos incomoda e se opõe as nossas ações..." (Sb 2,12). Esse discurso mostra o conflito entre os justos e os injustos. No v. 17, os injustos demonstram que não acreditam em Deus com um desafio, "se de fato o justo é filho de Deus, Deus o defenderá". Esse desafio revela também a intenção dos injustos que armam ciladas contra os justos.

Por fim, o conflito vai às últimas consequências: "Vamos pô-lo à prova com ofensas e torturas... vamos condená-lo à morte vergonhosa..." (18-20). De fato, permanecer justo até o fim é a consequência do martírio. A eliminação das pessoas que lutam pela justiça está presente em toda a História da Humanidade.

O Evangelho de Marcos mostra-nos que os discípulos, no início da missão com Jesus, eram muito entusiasmados e chegaram a praticar os ensinamentos de Jesus, como no caso das espigas no dia de Sábado. Aos poucos, porém, eles foram ficando assustados com Jesus, como nos mostra o Evangelho deste final de semana.

"O Filho do Homem vai ser entregue nas mãos dos homens, e eles o matarão. Mas, quando estiver morto, depois de três dias ele ressuscitará" (v. 31). Fazer milagres, atrair multidões, ficar famoso não foram problemas para os discípulos, mas falar de morte e ressurreição, falar de sofrimento, os discípulos não entenderam. É como hoje; ser católico, ser da comunidade, receber os sacramentos tudo bem, mas ajudar o irmão e a irmã a carregar a cruz é outra conversa.

A conversa dos discípulos era outra, "eles, porém, ficaram calados, pois pelo caminho tinham discutido quem era o maior" (v. 34). Isso porque a mentalidade dos discípulos ainda não tinha mudado, pensavam numa comunidade dividida em categorias, em classes. Mas Jesus lhes mostra que quem quiser ser o maior seja aquele que serve; e, mais ainda, ser o maior é acolher os pequenos: "Quem acolher em meu nome uma destas crianças, é a mim que estará acolhendo" (v. 37).

A 2ª leitura é de São Tiago, e este trecho de hoje nos mostra que a fé cristã não depende tanto de erudição acadêmica, mas do bom senso no relacionamento entre as pessoas. Essa sabedoria que vem do alto possui sete qualidades: pura, pacífica, indulgente, conciliadora, cheia de misericórdia e bons frutos, sem parcialidade, sem fingimento (v. 17).

26º Domingo Comum

Leituras: Números 11,25-29; Tiago 5,6;
Marcos 9,38-43.45.47-48.

A liturgia deste final de semana nos faz pensar sobre o ecumenismo; isto é, uma preocupação e uma solicitude pela unidade de toda a Igreja, que devem ser comuns a todos os cristãos. Tal questionamento básico deste final de semana é justificado tanto na 1ª leitura como no Evangelho e também em nossas atitudes e comportamentos quando achamos que fora da Igreja não existe Jesus Cristo.

A 1ª leitura tirada do Livro dos Números, 11,25, trata de uma resposta de Deus a Moisés, que estava cansado da marcha. Deus "retirou um pouco do espírito de Moisés e o deu a setenta anciãos" (v. 25). O número setenta significa que todos os grupos populares teriam representantes.

"Dois homens tinham ficado no acampamento" (v. 26); isto é, eles não foram à reunião na tenda, na organização profética instituída a partir de Moisés. Mas o espírito repousava igualmente sobre eles também.

Josué, futuro sucessor de Moisés, toma medidas para impedir tal situação.

Mas a sabedoria do Moisés é santa, "que dera se todo o povo fosse profeta". Isso traria uma ideia de não haver mais necessidade de profetas, porque o povo já poderá ser senhor de seu destino.

Analisando isso, pensamos: Nós, que somos Igreja, não deveríamos dar um testemunho mais humilde respeitando mais as diferenças?

O Evangelho é de Marcos, e João começa dizendo: "Mestre, vimos um homem expulsar demônios em teu nome... mas, nós o proibimos" (v. 38). João ainda não reconhece claramente quem é Jesus e tenta monopolizá-lo. Jesus responde prontamente: "Não o proíbam..." (v. 39).

Para ser discípulo, o mais importante é ter uma prática igual à de Jesus. Isto é, expulsar todas as maldades do mundo (os espíritos impuros que geram, também em nossos dias, fome, desigualdade, doenças, guerras, abandono dos excluídos e todos os tipos de vícios).

Jesus nos dá o exemplo de como realizar isto: "Quem der de beber um copo de água, porque sois de Cristo, não ficará sem recompensa" (v. 41). Para o povo da Bíblia, oferecer água a uma pessoa possui o mesmo significado do cafezinho em nossa cultura. E outro exemplo segue aconselhando a não escandalizar os pequenos, isto é escândalo, é pecado, julgar-se maior é dominar, o Evangelho é serviço aos irmãos.

Os v. 43.45.47 (mão, pé, olho) relatam três sentenças contrastando o caminho para a vida com o caminho para a morte. A mão levantada é sinal de rebelião, o olho é sinal de cobiça. Tudo isso, porém, tem um caráter simbólico, cortar a mão e os pés e arrancar o olho é tirar de nossas vidas a cobiça e a ganância.

A 2ª leitura, tirada da Carta de São Tiago, é uma forte denúncia da injustiça, é uma forte denúncia do acúmulo de bens em contraposição à miséria de muitas pessoas.

27º Domingo Comum

Leituras: Gênesis 2,18-24; Hebreus 2,9-11; Marcos 10,2-16.

Neste final de semana, os textos bíblicos nos trazem alguns aspectos da teologia do matrimônio e também refletiremos sobre a família.

A 1ª leitura é o relato da criação da mulher e nos dá o valor do ser humano dentro do projeto de Deus. Com as palavras "não é bom que o homem esteja só" (v. 18a), Deus quis fazer com que a vida humana fosse plena de felicidade e não de solidão.

A segunda ideia do texto é o projeto de Deus para o homem, cada ser vivo terá o nome que o homem lhe colocar, assim, o ser humano é participante da criação e possui poder sobre os seres vivos.

O texto, quando fala da criação da mulher, diz que o homem estava num sono profundo, para mostrar que estava inativo, incapaz; assim, homem e mulher são criados em pé de igualdade. O símbolo da "costela de Adão" vem reforçar a ideia de companheira, de quem está junto e decide junto.

Por fim, o reconhecimento do homem como um ser de comunhão é o primeiro poema de amor da Bíblia, "... é ossos dos meus ossos e carne da minha carne" (v. 23).

O Evangelho começa com a pergunta dos fariseus para Jesus sobre a lei do divórcio e Jesus responde com outra pergunta: "O que Moisés vos ordenou?" Eles responderam que Moisés permitiu o divórcio, e Jesus explica o motivo dessa atitude de Moisés.

Na época, o divórcio era para a proteção da mulher do domínio machista, que simplesmente as abandonava; a lei exigia testemunhas e razões válidas para quê? Recebendo o divórcio, a mulher estaria livre para casar-se com outro sem cometer adultério. Com o passar do tempo, os fariseus interpretaram que o divórcio fazia parte do plano de Deus.

Por isso, Jesus responde que o divórcio foi criado por causa da dureza de coração dos homens. Em seguida, os discípulos estão em casa com Jesus e a conversa é a mesma. E Jesus insiste nas garantias do matrimônio: "Quem se divorciar de sua mulher e casar com outra cometerá adultério" (v. 11).

Marcos cita no texto a cena em que são apresentadas crianças para Jesus, a fim de que Ele as tocasse. Isso mostra que Marcos quer que as crianças (simbolizando os pobres) sejam nossa preocupação, que façamos como Jesus fez; não só foram tocadas, mas abraçadas.

Os domingos seguintes trarão, na 2ª leitura, o texto de Hebreus, que tem uma preocupação básica: o perigo de rejeitar a fé em Jesus. Por isso, o texto de hoje também pede que se entenda a encarnação como um gesto de grande solidariedade de Jesus.

Concluindo, é fundamental (sobretudo nos dias de hoje) fazermos nossas reflexões sobre o matrimônio, porém sem querer julgar as pessoas, sem que nos baseemos nos preconceitos, sem discriminações, sem querer achar fora da realidade um "modelinho" ideal de família. Mas entender a família como uma instituição geradora de amor, de comunhão e de vida.

28º Domingo Comum

Leituras: Sabedoria 7,7-11; Hebreus 4,12-13; Marcos 10,17-30.

No Brasil, 54,4 milhões de pessoas (34,9%) vivem na pobreza; 13,6 milhões (8,7%) estão na indigência, segundo pesquisa do IPEA (Instituto de Pesquisa Econômica Aplicada), divulgada pelo jornal *Folha de São Paulo*. A revista *Mundo e Missão* também fez uma reportagem especial sobre a pobreza e afirma: "É sim possível interromper o processo de produção da pobreza no mundo... bastaria 1% do rendimento mundial para cobrir todo o custo da erradicação da pobreza material do mundo. O aparente milagre levaria apenas duas décadas".

A 1ª leitura é do Livro da Sabedoria. O livro é um fruto maduro da experiência de Israel. Ele quer refletir sobre o que torna o homem plenamente feliz e realizado. Essa felicidade para ele é a sabedoria. Israel é um povo livre, a sabedoria de Israel é conservar essa liberdade. Salomão é o protótipo de homem sábio e em sua oração ele pede corretamente a Deus; prefere sabedoria aos cetros e tronos (poder), à riqueza, às pedras preciosas, ao ouro e prata, à saúde e beleza, essas falsas seguranças são como um punhado de areia e lama, porque geram dependência, violência e ganância.

O Evangelho é de Marcos. O assunto é como ser discípulo de Jesus, como segui-lo. O fato narrado no Evangelho acontece quando Jesus está no caminho para Jerusalém e alguém corre ao encontro dele, ajoelha-se em sua frente e pergunta: "Bom mestre, que devo fazer para ganhar a vida eterna?" (v. 17). Esse homem rico parece ter uma atitude soberana, por causa da sua maneira de chegar e tratar Jesus, é um homem rico, senhor de si.

Jesus pergunta-lhe porque o chama de "bom", só o Pai é Bom. Em seguida, indaga-o sobre os mandamentos. Aos quais ele responde que tem seguido desde a juventude. Aqui vale ressaltar que na sociedade dos judeus o fundamental era a Lei, que sempre era cumprida com rigor, mas não com amor e misericórdia, por isso, era possível acumular riquezas e cumprir as normas religiosas. Essa é a diferença para Jesus, antes da Lei está o Amor. Por isso, Jesus questiona o homem rico sobre os mandamentos da justiça social.

Jesus mostra-lhe que não basta não ter feito o mal, não ter prejudicado nenhuma pessoa, é preciso ir além, porque riqueza não é bênção, mas sinônimo de falta para muitos. Por isso, para seguir Jesus é preciso que o homem "vá, venda tudo o que têm e dê aos pobres, e você terá um tesouro no céu. Depois, venha e siga-me" (v. 21). Isso mostra que a justiça, para Jesus, não é um cálculo legal, mas o exercício da misericórdia.

O homem rico ouviu isso, ficou muito triste e foi embora. E Jesus afirma que é muito difícil um rico entrar no Reino do Céu. Os discípulos ficaram espantados com a cena e indagaram a Jesus quem poderia ser salvo. Jesus responde que para Deus tudo é possível.

Finalmente, Pedro se apresenta e se dispõe a "deixar tudo". Jesus lhe diz que quem "deixar casa, irmãos, irmãs, mães, filhos, campos,... receberá cem vezes mais... durante essa vida" (v. 30). Com as perseguições, porém, por parte daqueles que acumulam riquezas. Mas, no futuro, receberá a vida eterna.

A 2ª leitura é de Hebreus, ela mostra que a Palavra de Deus, personificada em Jesus, é viva, eficaz, cortante, penetrante até dividir alma e espírito, articulações e medulas. Ela nos julga com clareza total.

29º Domingo Comum

Dia Mundial das Missões.

Leituras: Isaías 53,10-11; Hebreus 4,14-16; Marcos 10,35-45.

Por algum tempo, nós católicos tínhamos uma compreensão de missão como atividade dos padres e das freiras. Mas em nossa caminhada atual surgiram novos desafios, os quais nos fazem rever esse conceito de missão e estendê-lo a todos.

Por esses motivos e pela própria natureza de uma Igreja, que quer ser viva, devemos dar um grande valor à missão na Igreja, inclusive em nossas "Diretrizes da ação evangelizadora". Missão e evangelização são duas palavras equivalentes. Compreendemos que em nossa catolicidade falta muito de missionariedade, e, também por isso, a Igreja se empenha nas campanhas missionárias. As leituras deste final de semana ajudam-nos a discernir na fé algumas características missionárias.

A 1ª leitura é de Isaías, do 4º canto do servo de Javé. À primeira vista, o texto nos dá a impressão de que Deus quis esmagá-lo com sofrimentos, mas é por seus sofrimentos que a graça do Senhor vai triunfar. O justo sofre para reabilitar todos e para também ver a luz. Eis uma grande característica missionária: justiça.

O Evangelho é de Marcos e conta a história dos filhos de Zebedeu que pedem a Jesus para sentarem ao seu lado no céu. Jesus responde duramente: "Vocês não sabem o que estão pedindo" (v. 38). Jesus sabe das dificuldades que irá passar e questiona os discípulos: "Vós bebereis do cálice que eu vou beber?" (v. 39). E afirma que o lugar que eles almejam é para aqueles a quem foi reservado.

Em seguida, chama os discípulos e lhes pede para não serem como os chefes das nações que os oprimem, para Jesus o poder é serviço, "quem quiser ser grande seja vosso servo" (v. 43). Eis, aqui também, outras virtudes missionárias: humildade e serviço aos irmãos e irmãs.

A 2ª leitura é da Carta aos Hebreus e continua com o mesmo tema da semana passada: a fé em Cristo. Hoje, essa fé ressalta a dimensão da misericórdia: "Cristo é o sacerdote capaz de compadecer-se de nossas fraquezas" (v. 15). Eis aqui outra virtude missionária: a misericórdia.

30º Domingo Comum

Dia Nacional da Juventude.

Leituras: Jeremias 31,7-9; Hebreus 5,1-6; Marcos 10,46-52.

A 1ª leitura está dentro da seção chamada "livro da consolação" de Jeremias, o qual trata sobre a esperança e restauração do povo. Nessa época, Judá e Israel, territórios do povo de Deus, estão em más condições, um em ruínas, outro no exílio. É nesse contexto que Jeremias diz: "Aclamai Jacó, com alegria, reservai uma acolhida delirante... o Senhor liberta teu povo, o resto de Israel" (v. 7). Esse versículo revela a coragem do profeta que não admite se entregar ao caos, e — ainda mais — encontra a esperança nos que estão na miséria: "Entre eles há cegos e aleijados, mulheres grávidas e parturientes" (v. 8).

"Eu os levo aos cursos de água... eu sou um Pai para Israel" (v. 9). O profeta consegue ver o carinho de Deus para com os sofredores a ponto de constituir uma família com eles.

O Evangelho de Marcos narra a história da cura do cego Bartimeu, fazendo-nos uma verdadeira catequese sobre o que é ser discípulo de Jesus.

Bartimeu, cego e mendigo, sentado à beira do caminho, lembra os marginalizados da 1ª leitura. Ao ouvir Jesus passar, grita: "Filho de Davi, tem piedade de mim" (v. 47). Grita porque sabe quem é Jesus.

Bartimeu quer ser discípulo, mas encontra obstáculos: "Muitos o repreendiam para que se calasse" (v. 48). Os que querem calar o cego são os mesmos que condenam Jesus.

Assim, também hoje, muitos de nós nos julgamos estar próximos a Jesus; na verdade, podemos estar impedindo a aproximação das pessoas a Jesus. Por isso, é fundamental colocar em prática essa espiritualidade bíblica com relação aos marginalizados; isto é, ser verdadeiros discípulos e não donos de Jesus.

Outra reflexão do Evangelho é a atitude de Jesus que diz: "Chamem o cego" (v. 49). E o diálogo que segue é um diálogo de comunhão e confiança mútua, o qual levou o cego ao seguimento de Jesus.

A 2ª leitura é da Carta aos Hebreus e relata o retrato do sacerdote do Antigo Testamento; pessoas do povo, tiradas do meio do povo e instituídas em favor do povo (v. 1a), ofereciam sacrifícios pelos pecados (v. 1b); aprendiam a ter compaixão (v. 2-3); eram chamadas por Deus. E, na segunda parte, Cristo é apresentado como sumo sacerdote.

31º Domingo Comum

Leituras: Deuteronômio 6,2-6; Hebreus 7,23-28; Marcos 12,28b-34.

Penso que seja na simplicidade que Deus nos ama. Amar é cuidar, é se entregar ao outro gratuitamente por um dom, é querer o bem. Por isso, o fundamento da vida cristã consiste no amor. Amar a Deus verdadeiramente e amar o próximo, duas máximas inseparáveis. Mas, nós, os seres humanos, não somos tão simples e diretos; assim, somos complicados, muitas vezes dificultamos as coisas, queremos inventar meios para o amor e acabamos criando ídolos. A idolatria sempre esteve presente em nossas vidas. Idolatramos a nós mesmos, os prazeres, os bens materiais, as outras pessoas.

A 1ª leitura é tirada do Livro do Deuteronômio. Esse texto quer garantir a obediência, primeiro mandamento que proíbe culto aos outros deuses, além do Senhor. O povo liberto da escravidão do Egito não se deve esquecer de que a chegada na terra "do leite e mel" é graças às benevolências de Javé (O Senhor é nosso Deus; o Senhor é um), e não aos chamados deuses da terra. No v. 5, o amor a Deus deve ser entendido como fidelidade e afeição. É também obediência.

O Evangelho é de São Marcos. Em consequência da discussão com os saduceus sobre a ressurreição, Jesus afirma que nosso Deus é o Deus dos vivos, não dos mortos, eis que um escriba interroga Jesus: "Qual o primeiro de todos os mandamentos?" (v. 28). Jesus responde que é amar a Deus e ao próximo. De fato, nosso amor a Deus deve ser incondicional e muito concreto, amar a Deus e ao próximo são situações inseparáveis, por isso, "com todo o entendimento e com toda a força" (v. 30). Vale lembrar que o amor ao próximo tem sua própria raiz e fonte em Deus, nosso único Senhor.

A 2ª leitura é da Carta de São Paulo aos Hebreus. Essa leitura é um reconhecimento do perfeito sacerdócio de Cristo. Os sacerdotes oferecem diariamente sacrifícios por seus pecados e pelos pecados do povo. Mas Jesus ofereceu de uma vez por todas a si mesmo, para sempre. Esse é um sacrifício perfeito.

32º Domingo Comum

Leituras: 1º Reis 17,10-16; Hebreus 9,24-28; Marcos 12,38-44.

O Evangelho deste final de semana narra dois fatos interligados. No primeiro, Jesus pede ao povo para tomar cuidado com os doutores da Lei, no segundo ele observa e comenta a oferta da viúva no Templo. Esses fatos nos questionam como vivemos nossa religião: ela é um meio de nos sobrepor aos demais ou um meio de viver a partilha?

A 1ª leitura é tirada do Livro dos Reis e conta a história da viúva de Sarepta, que ao hospedar o profeta Elias só tinha um pouco de óleo e farinha: mesmo assim, ela partilha. Partilhando o pouco que temos, Deus não nos deixará faltar. Para acreditar nisso é preciso viver essa experiência.

O Evangelho é de Marcos. Inicia-se com um ensinamento de Jesus: "Tomai cuidado com os doutores da Lei" (v. 38). Jesus vê os doutores da Lei como seus opositores, pois andam com roupas bem vistosas, gostam dos primeiros lugares nos banquetes, roubam a casa das viúvas, fingem fazer longas orações e, por serem assim, receberão a pior condenação.

Na segunda parte do Evangelho, Jesus está no templo, em frente ao cofre de esmolas e observa que os ricos depositam grandes quantias e uma viúva depositou duas moedas que não valiam quase nada. Diante dessa observação, Jesus chama os discípulos e diz: "Esta pobre viúva deu mais do que todos os outros que ofereceram esmolas" (v. 43), porque uma coisa é dar aquilo que está sobrando, outra bem diferente é partilhar aquilo que possuímos para viver.

A 2ª leitura é da Carta aos Hebreus. Assim como a viúva de Sarepta partilhou seus bens com Elias e a viúva do Evangelho ofereceu tudo, Jesus doou-se plenamente para sempre, destruindo o pecado e sacrificando-se a si mesmo.

33º Domingo Comum

"Viver cada dia como se fosse o último, ou melhor, o primeiro."

(D. Hélder Câmara)

Leituras: Daniel 12,1-3; Hebreus 10,11-14.18; Marcos 13,24-32.

A 1ª leitura é escrita numa linguagem difícil, cheia de símbolos, imagens e figuras. Essa linguagem é chamada *apocalíptica*. É uma linguagem usada na Bíblia quando o Povo de Deus passa por situações difíceis de opressão e perseguição. É uma linguagem codificada e só era compreendida por quem estivesse vivenciando a situação, isto é, o próprio Povo de Deus.

As visões da 1ª leitura não buscam adivinhar o futuro, mas falar da vida do povo, mostrando a presença de Deus que o defende. Miguel, que aparece, significa alguém como Deus; "Miguel, o grande defensor dos filhos de teu povo..." (v. 1). Em seguida diz: "Teu povo será salvo, todos os que estiverem inscritos no Livro" (v. 1), isso significa que os conflitos enfrentados pelo povo não serão ignorados por Deus, que registrará tudo no Livro .

Já o v. 2 talvez seja o mais antigo relato da ressurreição: "muitos dos que dormem no pó da terra...". Não é uma passagem alienante, que prorroga tudo para a eternidade, mas uma passagem que nos chama ao discernimento e nos anima para acreditar e trabalhar pela justiça.

O Evangelho é de Marcos. É uma catequese sobre a vinda do Filho do Homem (quando isso acontecerá?). Também de linguagem *apocalíptica*, foi escrito no mesmo contexto de sofrimento da época da 1ª leitura, só que agora é o tempo da destruição de Jerusalém (ano 70).

"Depois da grande tribulação" (v. 24) é uma frase que traz dois grandes significados, primeiro porque marca a grande tribulação como sendo a destruição de Jerusalém; segundo, porque entre a grande tribulação e a vinda do Filho do Homem nós teremos tempo para fazer o bem e haverá muitas outras tribulações a viver.

A vinda do Filho do Homem na *literatura apocalíptica*

é mostrada com grandes sinais: "sol vai escurecer, a lua não brilhará mais..." (v. 24). É mostrada também por Marcos, que Ele é para todos os que aderirem ao projeto de Deus; "enviará os anjos aos quatro cantos da terra" (v. 27).

A metáfora da figueira ajuda a mostrar o *quando* da catequese de Marcos; "quando seus ramos ficam verdes..." (v. 28). Isso indica que o Reino de Deus já está presente, mas é preciso discernir quais são seus sinais sem ficar preso a eles, porque eles passam, o que permanece é sua Palavra.

A 2ª leitura é tirada da Carta aos Hebreus e contrapõe o sacerdócio de Cristo com o sacerdócio antigo. Pois o sacrifício de Cristo é perfeito.

Jesus Cristo, Rei do Universo

Dia Nacional do Leigo.

Leituras: Daniel 7,13-14; Apocalipse 1,5-8; João 18,33b-37.

Liturgicamente, estamos encerrando mais um ano. Esse encerramento é coroado com a Festa de Cristo Rei. A cada Domingo que celebramos, fomos conhecendo um pouco sobre Jesus Cristo, fizemos uma caminhada na estrada de Jesus, hoje chegamos ao final e nos deparamos com Cristo Rei. As leituras desta festa vão mostrar-nos que a realeza de Jesus é vida para a humanidade.

A 1ª leitura é de Daniel, é a literatura apocalíptica dos símbolos, imagens e figuras dos tempos de perseguição, é a linguagem alternativa. É o capítulo da visão das quatro feras, as quais representam os Impérios da época. Mas Daniel vê um Ancião (Deus), protegendo o Filho do Homem (Povo de

Deus) por sua fidelidade mesmo em meio aos conflitos. Deus dá ao povo o reinado eterno, mas esse reinado posteriormente foi transferido para a pessoa do rei.

O Evangelho é de João e vem dizer-nos que tipo de rei é Jesus. É uma realeza que contrasta com os modelos conhecidos por nós e é o relato do diálogo de Jesus com Pilatos.

O texto inicia-se com a pergunta de Pilatos: "Tu és o rei dos Judeus?" (v. 33), Jesus responde com uma outra pergunta, fazendo com que Pilatos tome uma posição pessoal: "Você está dizendo isso por você mesmo ou foram outros que lhe disseram isso a meu respeito?" (v. 34). Pilatos responde negando suas responsabilidades, e questiona Jesus: "Que fizestes?", isso indica que Pilatos quer saber de Jesus o motivo que o levou à condenação.

Ao invés de responder, Jesus mostra a Pilatos a diferença entre os reinados: "o meu reino não é deste mundo..." (v. 36). O reinado de Jesus não se baseia em armas, soldados e exércitos que tiram vidas, mas em doar vida, sua própria vida.

Pilatos estranha essa afirmação e pergunta de novo: "Então, tu és rei?" Jesus responde que veio para dar testemunho da verdade. A palavra verdade, em hebraico, *emeth*, é a fidelidade plena, que para Jesus significou a morte na cruz. E para nós o que isso significa?

A 2ª leitura é tirada do Apocalipse e reflete também sobre o tema central desta liturgia quando afirma que Jesus Cristo é a testemunha fiel.

ANO C
EVANGELHO DE LUCAS

TEMPO DO ADVENTO

1º Domingo do Advento

"Que tua porta esteja aberta para ele quando ele vier, abre tua alma, escancara o mais profundo de tua mente, para que ela possa ver as riquezas da simplicidade, os tesouros da paz, a doçura da graça" (Santo Ambrósio).

Leituras: Jeremias 33,14-16; 1ª Tessalonicenses 3,12; 4,2; Lucas 21,25-28.34-36.

O Advento é tempo de preparação para o Natal, quando a primeira vinda do Filho de Deus é relembrada; é tempo no qual esse memorial conduz as mentes à segunda vinda de Cristo nos fins dos tempos. É uma esperança alegre, mas é também penitência e conversão, é regeneração espiritual. As leituras deste final de semana mostram-nos que o Advento é tempo de muita esperança num mundo tão sofrido e tão machucado.

A 1ª leitura é de Jeremias e narra a restauração da dinastia de Davi, símbolo de rei justo num contexto em que seus sucessores foram injustos. Daí a necessidade de que o Senhor cumpra a promessa de brotar uma semente santa (justa) para que o povo possa viver em paz e em segurança. Ele será Javé, nossa Justiça.

O Evangelho é de Lucas e segue a mesma literatura dos dois últimos domingos, é a literatura apocalíptica. Ao lermos o texto, temos a impressão de que as coisas estão para acontecer, mas Lucas está falando da destruição de Jerusalém. Isso acontece para mostrar que o fim da cidade que matou Jesus não é o fim do projeto de Deus. Mas o cristianismo é a busca da libertação, é a história da humanidade que está em curso.

O Filho do Homem é Cristo presente na história, vem nas nuvens, isto é, com poder para julgar os que rejeitaram as propostas de Deus. É também salvação para os fiéis.

Os versos finais desse texto chamam-nos a atenção para a vigilância: "Tomai cuidado para que vossos corações não fiquem insensíveis por causa da gula, da embriaguez e das preocupações da vida" (v. 34).

A 2ª leitura, da Carta de São Paulo aos Tessalonicenses, narra Paulo orando pela comunidade para que continue dando exemplos de fraternidade e pede-lhes que se esforcem cada vez mais, para chegarem a uma santidade sem defeito.

2º Domingo do Advento

Leituras: Baruc 5,1-9; Filipenses 1,4-6.8-11; Lucas 3,1-6.

Neste tempo do Advento, as leituras deste final de semana querem animar-nos na esperança e no retorno à vida de fé para celebrar o Natal. É a presença de Deus que sempre está cuidando muito bem de nós. E assim como o Povo de Deus é chamado a seus braços, também nós somos. Vejamos as leituras.

A 1ª leitura é uma mensagem de esperança atribuída a Jerusalém, despojada de seus filhos (deportados para Babilônia). Jerusalém é convidada a tirar a veste de luto e revestir-se da glória de Deus. A troca de roupa é o início da libertação para vida de justiça, isto é, para a reabilitação do povo exilado, pois "há de mostrar teu esplendor a toda criatura debaixo do céu" (v. 3). É uma nova identidade de justiça e de paz.

No v. 5, Jerusalém, que foi para o exílio a pé, como escrava, é convidada a retornar, trazida por Deus nos seus tronos: "Deus os devolve a ti, conduzidos com honras, como príncipes reais".

Para quem andou muito pelo deserto, Deus manda rebaixar as altas montanhas, aplainar o caminho no qual as florestas e as árvores perfumadas os abrigarão. Por que Deus faz tudo isso? Será que está fazendo conosco também? Se estiver, nós percebemos? Entendemos? Reconhecemos?

O Evangelho é de São Lucas e mostra a diferença que existe entre a história de Jesus e a história "oficial". O mundo era dominado por um Imperador — Tibério — e, na Judeia, havia um governador — Pilatos. Herodes administrava a Galileia. Anás e Caifás eram sumos sacerdotes. Essas lideranças eram ambiciosas e, no final, sabemos que Jesus vai enfrentar todos eles.

A história de Jesus segue um caminho diferente, começa por João, filho de Zacarias, no deserto. João é um profeta que prepara o caminho de Jesus seguindo o método de Isaías, que anunciava o fim do exílio e uma vida nova para o povo sofrido: "Preparem o caminho do Senhor, endireitem suas estradas..." (v. 4b-5).

São duas histórias: uma história de ambição e de morte, outra de gratuidade e oferta de vida para quem sofre. E nós, como estamos nos preparando para o Natal? Usamos a história "oficial", nos moldes de uma sociedade que não valoriza o ser humano, ou nossa fé começa pelos pequenos?

Na 2ª leitura Paulo diz que reza com alegria pela comunidade que está evangelizando, e tem certeza que as pessoas estão agindo por Deus. Em seguida, pede "que o amor de Deus cresça sempre mais em todo conhecimento e clareza" (v. 9). Para que isso aconteça a comunidade não pode deixar de fazer o discernimento sobre o amor.

3º Domingo do Advento

Leituras: Sofonias 3,14-18; Filipenses 4,4-7; Lucas 3,10-18.

Que Bom! Ele está chegando. Que devemos fazer? Com essa afirmação e esse questionamento é que vamos refletir neste final de semana sobre a Palavra de Deus. A afirmação está ligada à proximidade do Natal. O questionamento também, mesmo porque neste Evangelho é o questionamento que todos fazem.

A 1ª leitura é do profeta Sofonias. É uma mensagem de esperança "ao pequeno resto" do Povo de Deus que sobreviveu à catástrofe. É uma mensagem de alegria e otimismo: "Grite de contentamento, filha de Sião! Alegre-se Israel..." (v. 14). O motivo dessa felicidade é que Deus está em seu meio. "Javé, o rei de Israel, está no meio de vós" (v. 15).

O texto também mostra o que faz o Senhor Javé: Ele é juiz que anula a sentença de morte do povo; Ele afasta os inimigos; Ele é um guerreiro que está no meio do povo. Diferente do que faziam os reis de Judá e Israel, que eram incompetentes, gananciosos e corruptos.

O Evangelho é de Lucas, narrando como João prepara a vinda de Jesus; é uma resposta à pergunta inicial "que devemos fazer?" Como vamos viver essa alegria verdadeira da chegada de Jesus? *Partilha:* "Quem tiver duas túnicas, dê uma a quem não tem. E quem tiver comida faça a mesma coisa" (v. 11). Não é esmola, é partilha dos bens da criação. *Justiça:* "Não cobrem nada além da taxa estabelecida" (v. 13). *Acabar com os abusos do poder:* "Não tomem pela força dinheiro de ninguém, não façam acusações falsas, fiquem contentes com seu soldo" (v. 14). Jesus vai eliminar o mal: "Irá batizar com o fogo do Espírito Santo" (v. 16). Isto é, irá construir uma nova história.

A 2ª leitura é de Filipenses, ela traz o tema da alegria, e o contexto em que Paulo escreveu é interessante, pois ele ficou sabendo que em Filipos havia uma briga entre as duas líderes da comunidade e, por isso, ele escreve pedindo que haja diálogo e união entre as lideranças. Em seguida, ele fala da alegria, que significa também compreensão e equilíbrio. O equilíbrio que falta tantas vezes em nossas famílias e comunidades é o melhor remédio nos momentos de tensão.

4º Domingo do Advento

"Um encontro da força do Espírito."

Leituras: Miqueias 5,1-4a; Hebreus 10,5-10; Lucas 1,39-45.

A humildade de Jesus, que nasce em Belém, e o serviço de Maria, que se declara "serva do Senhor", nos dão o verdadeiro espírito do Advento.

Miqueias 5 é um clássico da teologia messiânica, pois fala de um soberano que reina a partir dos pobres, rompendo com a ideologia palaciana central. Os versículos iniciais da leitura falam de Belém (uma aldeia do interior, é uma pequena vila do território de Judá), ela será a pátria daquele que vai governar Israel (v. 1).

A seguir, o texto fala da restauração do povo por meio da mulher que dá à luz e da volta dos exilados, "Deus deixará seu povo ao abandono, até ao tempo em que sua mãe der à luz; e o resto de seus irmãos se voltará para os filhos de Israel" (v. 2).

Por fim, o v. 3 evoca a memória de Davi, o rei-pastor, líder popular: "ele apascentará com a força do Senhor... os homens viverão em paz... ele mesmo será a Paz" (v. 4).

O Evangelho é da visita de Maria a Isabel, não somente pelo fato da história, mas principalmente pela iluminação de nossa fé; é um texto teológico mostrando a presença do Espírito Santo na vida dessas simples mulheres. É um encontro realizado na força do Espírito.

O texto quer mostrar-nos a cena de duas mulheres cheias da graça de Deus. Isabel, além de idosa, era estéril; Maria não teve relações com nenhum homem; porém, o dom da fecundidade e da vida estava com elas.

O texto também mostra o encontro de duas crianças, o Precursor e o Salvador, sob o dinamismo do Espírito Santo. Jesus foi concebido por obra do Espírito Santo, e João está no seio de Isabel, cheia do Espírito Santo.

O diálogo mostra toda essa graça de Deus: "Você é bendita entre as mulheres, e é bendito o fruto do seu ventre" (v. 42). E "bem-aventurada aquela que acreditou, porque vai acontecer o que o Senhor lhe prometeu" (v. 45).

A 2ª leitura é da Carta aos Hebreus e faz uma reflexão sobre o valor do sacrifício de Cristo, que supera os sacrifícios dos Templos, pois o verdadeiro sacrifício é imolar seu próprio corpo, trazendo a reconciliação ao mundo.

Com essa espiritualidade de pobreza, serviço e humildade é que a saudação natalina pode ser oferecida a todos os irmãos e irmãs em Cristo, é essa a vontade do Pai que buscamos viver neste advento, na alegria e na esperança da vida nova em Cristo. Feliz Natal.

TEMPO DE NATAL

Natal do Senhor *(ver festas)*

Sagrada Família

Leituras: Eclesiástico 3,3-7.14-17a; Colossenses 3,12-21; Lucas 2,41-52.

Celebrar a missa da Sagrada Família deve significar para nossa família e para todas as nossas famílias que formam a comunidade um momento de oração e reflexão. Oração de agradecimento pelo dom da família, pois é nela que vivemos nossas relações mais próximas, é dela que recebemos o amor, a educação, a sustentação para a vida. Mas é preciso refletir a fim de que possamos resgatar seus valores mais genuínos, como por exemplo, os valores de uma vida digna com pão, casa e também respeito humano, na moral.

A 1ª leitura é do Livro do Eclesiástico e diz que quem honra pai e mãe terá vida longa, terá suas orações atendidas e o perdão dos pecados. Amar, obedecer e respeitar a fonte de vida que são os pais, é amar, respeitar e obedecer a Deus, origem de toda vida. Os pais são, em parte, o ser de Deus que é doação.

O Evangelho é de Lucas e narra a perda e o encontro do menino Jesus no Templo. Lucas não está preocupado em narrar o fato ocorrido, mas, com os olhos da fé, em ver Jesus como Filho de Deus, dando um sentido teológico ao texto. Por exemplo, ao referir-se aos três dias de busca do menino, refere-se aos dias que Jesus ficou sepultado. Ou a frase dita por Jesus:

"Não sabiam que eu devo estar na casa do meu Pai" (v. 49) referindo-se a sua ressurreição e glorificação.

Jesus, no templo, estava entre os doutores da Lei, ensinando. O ensinamento de Jesus é de uma religião comprometida com a vida: "O Espírito do Senhor está sobre mim, porque ele me consagrou com a unção, para anunciar a Boa Notícia aos pobres; enviou-me... para proclamar um ano da graça do Senhor" (4,18-19).

O Evangelho diz que os pais de Jesus não compreenderam o que ele lhes dissera. E hoje, será que Jesus é compreensível para nós?

A 2ª leitura é da Carta aos Colossenses, trata-se de uma conclusão de Paulo a respeito do batismo, pois no batismo nos tornamos pessoas novas. Por isso, temos uma identidade cristã, "povo santo de Deus, escolhido e amado" (v. 12), e devemos viver com a veste nova a misericórdia, que se traduz em bondade, humildade, mansidão, tolerância, paciência e perdão, a exemplo de Jesus.

"Sejam agradecidos" (v. 15), essa ordem de Paulo refere-se à Eucaristia como a mais importante expressão da vivência de fé. Depois, vêm as instruções familiares.

Santa Maria, Mãe de Deus *(ver festas)*

Epifania do Senhor *(ver festas)*

Batismo do Senhor

Leituras: Isaías 42,1-4.6-7; Atos 10,34-38; Lucas 3,15-16.21-22.

Batizar é pôr em nome da Santíssima Trindade. É consagrar-se, entregar-se e dedicar-se totalmente a ela para amá-la de todo coração, com todo o ser e por toda a vida. A pessoa batizada transfere a Deus o direito de propriedade sobre sua pessoa e sua vida: "porque nos escolheu com ele antes de criar o mundo para que fôssemos consagrados e sem defeito a seus olhos pelo amor; destinando-nos já então a ser adotados por filhos seus por meio de Jesus Cristo — conforme seu querer e vontade — a ser um hino a sua gloriosa generosidade" (Ef 1,4-6).

A 1ª leitura é do Livro do profeta Isaías, é o cântico do servo de Javé. O Espírito do Senhor está sobre ele, da mesma forma que estaria sobre o rei messiânico (Is 11). Ele trará justiça às nações, mas de maneira não violenta, nem agressiva. Ele será a aliança entre Deus e os povos (Deus faz uma aliança com as nações, pela mediação de Israel). O servo também é enviado para abrir os olhos dos cegos e libertar os prisioneiros.

O Evangelho é de Lucas. Nesse texto notamos que o povo estava a espera de um Messias. E João tinha uma vida de pregação, de justiça e amor tão forte, que o próprio povo chegou a confundi-lo com o Messias. Mas ele mesmo esclarece a situação: "Eu vos batizo com água, mas vem aquele que é mais forte do que eu, ... ele vos batizará com o Espírito Santo e com fogo" (v. 16). Lucas em breves palavras narra o batismo de Jesus, limita-se a dizer que Jesus aceita o batismo quando "todo o povo foi batizado" (v. 21). Para Lucas, Jesus ao ser batizado identifica-se mais com um Rei Messias, dos Salmos, como a entrada do Reino de Deus na terra e não como o servo sofredor de Isaías (1ª leitura).

A 2ª leitura é dos Atos dos Apóstolos. É o discurso de Pedro em casa de Cornélio. Em sua experiência de fé, Pedro entende que Deus não é racista: "Deus não faz diferença entre as pessoas" (v. 34). Deus chama todos ao seguimento, para segui-lo é necessário pôr em prática seu projeto. Para os apóstolos, anunciar a "Boa notícia da Paz" (v. 36) significa praticar a justiça (v. 35).

TEMPO DA QUARESMA

1º Domingo da Quaresma

A caminho da Páscoa.

Leituras: Deuteronômio 26,4-10; Romanos 10,8-13; Lucas 4,1-13.

Nossa espiritualidade eclesial encontra suas fontes principalmente na Palavra de Deus e nos Sacramentos, de modo especial na Eucaristia. Mas é orientada pela organização do tempo litúrgico. O tempo litúrgico traz um ciclo catequético valorizando as celebrações dominicais, as datas e épocas celebrativas na Igreja.

Dentro deste tempo litúrgico estamos iniciando na Igreja a Quaresma — período de quarenta dias, que vai da Quarta-feira de Cinzas até a Quinta-feira Santa pela manhã. Muitos pensam que a Quaresma é um tempo só de tristeza, em que se recordam os sofrimentos de Jesus. Na verdade, a Quaresma é uma caminhada preparativa para a Páscoa. É uma caminhada de conversão, de reconciliação, de mudança de vida, portanto de muita graça de Deus e salvação. Assim como o Povo de Israel passou pelo deserto, nós também passamos pela Quaresma. É tempo de mais atenção à palavra de Deus e mais oração. No Brasil, a Quaresma é assumida com uma campanha, é a "Campanha da Fraternidade".

A 1ª leitura deste 1º Domingo da Quaresma é de Deuteronômio, texto importantíssimo do Antigo Testamento, pois faz uma síntese da História do Povo de Israel, como uma espécie de profissão de fé. O v. 4 diz que o sacerdote receberá das mãos do Povo uma cesta (dos primeiros frutos da terra — é a oferenda) e entregará a Deus no altar. Em seguida, rezará a profissão de fé: "Meu pai era um arameu errante ... (v. 5). É a história do Povo a Caminho, o qual é escolhido por Deus, que o liberta da escravidão. Esse mesmo povo faz o reconhecimento com as oferendas.

O Evangelho de São Lucas deste Domingo é o das tentações: a primeira tentação (é a da riqueza): "Se és filho de Deus manda que esta pedra se torne pão" (v. 3); Jesus responde: "Não só de pão vive o homem" (v. 4). Jesus não quer ser o messias da abundância, mas quer o pão necessário para todos, é a proposta de partilha e não o acúmulo; na segunda tentação (é a do poder político) "eu te darei toda riqueza e poder dos reinos..." (v. 6-7), como Jesus poderia libertá-los tornando-se dono de suas vidas e controlando suas liberdades como faziam os políticos?; a terceira tentação (é a religiosa): "Se és Filho de Deus, atira-te daqui abaixo..." (v. 9), o ponto mais alto do Templo era sinal da manifestação de Deus e, fazendo isso, ele provaria ser o Messias e seria aclamado por todos, porém Jesus recusa ser o Messias do prestígio.

A 2ª leitura é de Romanos, essa leitura está incluída no contexto em que São Paulo reflete sobre a diferença entre a justiça que vem da lei e a justiça que vem da fé em Jesus Cristo. A lei, muitas vezes, faz-nos cristãos da boca para fora; a fé em Jesus nos faz cristãos de verdade.

2º Domingo da Quaresma

Leituras: Gênesis 15,5-12.17-18; Filipenses 3,17-4,1; Lucas 9,28b-36.

O texto da 1ª leitura é um grande encontro de comunhão entre os anseios do homem (Abraão) e Deus. Abraão é a figura do pobre que possui uma riqueza, a fé. Abraão é velho e sua esposa estéril, é um migrante, sem terra. Mas sonha com uma descendência e um pedaço de terra.

Deus lhe promete a descendência: "Olhe para o céu e conte as estrelas, se você é capaz!" E acrescentou: "Assim será tua descendência" (v. 5). Deus realiza os verdadeiros sonhos dos pobres que vivem da fé. E a mesma promessa realiza-se com a questão da terra. Assim, aconteceu na vida de Abraão o encontro com Deus, foi um encontro em que Deus, de fato, esteve junto de um pobre com fé, foi um grande encontro entre o humano e o divino.

Em seguida, Abraão quis saber de Deus como isso iria acontecer, Deus pede a ele que faça uma celebração usando o rito da aliança, que significaria para eles a fidelidade do contrato.

Nos Evangelhos Dominicais da Quaresma é relatada a viagem de Jesus a Jerusalém, na teologia isso significa uma caminhada sofrida de Jesus, pois Ele sabe o que vai enfrentar em Jerusalém (muito sofrimento e morte de cruz). Mas sabe também que o Pai vai ressuscitá-lo. É um caminho sofrido rumo à Páscoa.

O Evangelho deste final de semana é o da transfiguração, justamente para mostrar aos discípulos que mesmo tendo de enfrentar o desprezo e a morte, Ele tem uma identidade, que é sua filiação divina: "Este é meu Filho, o escolhido, escutai o que ele diz" (v. 35b).

Essa vida de Jesus retrata também nossa vida, o que aconteceu com Jesus é o que pode acontecer conosco, se buscamos fazer a vontade do Pai. Nossa vida é como uma caminhada para Jerusalém; encontramos muitas cruzes, mas com uma só certeza de chegarmos à Páscoa.

A 2ª leitura é de Filipenses, São Paulo escreve na prisão. Na comunidade de Filipos, aparecem falsas lideranças, as quais negam o valor da Páscoa. Então, São Paulo critica-os dizendo que eles são inimigos da cruz de Cristo e seu deus é o estômago.

3º Domingo da Quaresma

Leituras: Êxodo 3,1-8a.13-15; 1ª Coríntios 10,1-6.10-12; Lucas 13,1-9.

A 1ª leitura é o relato da vocação de Moisés, que se encontra com Deus por meio de um anjo, numa chama de fogo. Moisés se aproxima, Deus chama-o pelo nome e pede para ele tirar as sandálias, pois ali era um lugar sagrado. Em seguida, Deus se apresenta como o Deus dos antepassados.

Ao se apresentar, Deus diz que realizou muitas coisas em favor do povo sofrido, Deus se mostrou sensível ao sofrimento do Povo, viu a opressão a que era submetido o povo, ouviu seu clamor e conheceu seus sofrimentos, por isso vai libertá-los da escravidão do Egito e oferecer-lhe uma terra boa e espaçosa, de leite e mel, conforme a promessa dele mesmo.

Deus precisa de Moisés, que é chamado a deixar de conduzir as ovelhas no deserto para conduzir um povo pelo deserto. Isso em nome do Deus de seus pais.

O Evangelho é de Lucas e contém três elementos. Primeiro relata uma tragédia humana; depois, a resposta de Jesus; e por fim, uma parábola. A tragédia é que Pilatos tinha matado galileus que faziam manifestações contrárias a seu governo. A mentalidade da época era fatalista, eles tinham morrido por causa de seus pecados; pecou, pagou. Na fé deles não havia lugar para o perdão e a misericórdia de Deus. Mesmo hoje, muitas pessoas pensam assim também.

Jesus responde a isso dizendo: "Se vocês não se converterem, vão morrer todos do mesmo jeito" (v. 3.5). Essa resposta de Jesus quer dizer que é muito cômodo na fé olhar os sofrimentos dos outros e dizer que eles estão sofrendo para pagar os pecados que cometeram. Inclusive essa postura é muito perigosa diante de Deus, porque se eu vejo os pecados dos outros, estou me colocando numa posição de superioridade. Por isso que Jesus diz que a conversão é para todos, quem não se converter vai morrer do mesmo jeito.

Por fim, há a parábola que vem confirmar ainda mais essa resposta de Jesus. É a parábola da figueira que ficou três anos sem dar frutos; o dono da vinha pede para cortá-la, mas o vinhateiro pede mais um ano e promete adubá-la.

Na parábola, Deus é o dono; Jesus é o vinhateiro; a figueira é o Povo de Deus. Era costume existir figueiras frutíferas em meio às vinhas na palestina, nem era preciso adubá-las. Mas, nessa parábola, a figueira era o Povo que não ouvia Jesus, e, mesmo assim, Ele pede ao Pai mais um tempo para a possível conversão.

Na 2ª leitura, Paulo responde que não há problema algum em comer carnes sacrificadas, o problema é deixar de prevalecer a solidariedade. Os fortes na fé não tinham dúvida sobre isso, mas os fracos tinham; então, para não escandalizar os fracos, é melhor abster-se.

4º Domingo da Quaresma

Leituras: Josué 5,9a.10-12; 2ª Coríntios 5,17-21; Lucas 15,1-3.11-32.

A 1ª leitura de Josué é uma narrativa não somente de fatos, mas uma reflexão de fé para orientar o povo de Deus que estava tomando consciência da situação a que chegara (escravos). E agora está prestes a conquistar a terra. Josué os prepara com a circuncisão (sinal de identidade do povo de Deus e sinal de maturidade para sair da opressão), "hoje eu retirei de cima de vocês o vexame do Egito" (v. 9a.).

Os israelitas ficaram acampados em Guilgal, que não é somente um lugar geográfico, mas teológico, situação de liberdade, próxima à celebração da Páscoa na planície de Jericó, para lembrar a Páscoa do Egito, comem os frutos da terra e o maná cessa de cair. É o fim da escravidão e o reinício de uma vida fraterna e de amor.

Para nossa fé: onde estão os sinais de liberdade, de fim da escravidão? Não será nossa prática em favor de uma educação para a vida e para a esperança?

O Evangelho é de Lucas, a história do Filho Pródigo. Ela começa com a aproximação dos publicanos e pecadores da pessoa de Jesus e os mestres da lei dizendo que Jesus acolhe os pecadores e faz refeição com Eles. Diante desse fato, Jesus conta uma parábola. Jesus não se deixa levar pela conversa deles, mas conta a parábola dos dois filhos.

O filho mais novo pede sua parte da herança e viaja para longe. Lá, gasta tudo em farras e começa a passar necessidades. Consegue um "bico", cuidar de porcos, mas reflete que em sua terra até os próprios escravos vivem melhor que ele. Volta para casa e é acolhido com festa pelo pai; então, pede perdão.

O filho mais velho fica com ciúmes e bravo, e o Pai lhe diz: "Meu Filho, o simples fato de você estar comigo já significa uma festa. Mas, agora, preciso festejar a volta de seu irmão, que estava morto e voltou a viver".

O significado da parábola é que o pai, acolhendo com festa o filho mais novo, quer mostrar que Jesus faz a mesma festa com os publicanos e pecadores. O questionamento que a parábola nos traz é para ver onde nos situamos. Mestres da lei? Filho mais velho? Filho mais moço? Pai misericordioso? São essas perguntas que devemos fazer em vista da Páscoa.

Na 2ª leitura, Paulo fala que "quem está unido a Cristo, é uma criatura nova. As coisas antigas passaram, agora existe uma realidade nova" (v. 17), pois Cristo realizou a reconciliação, assumindo nossa culpa. Cabe-nos continuar esse serviço de Cristo.

5º Domingo da Quaresma

"Quem não tiver pecados que atire a primeira pedra."

Leituras: Isaías 43,16-21; Filipenses 3,8-14; João 8,1-11.

Estamos bem adiantados nesta caminhada para a Páscoa, a cada domingo que passa podemos sentir mais a misericórdia de Deus nas leituras bíblicas, que nos chamam à conversão para a festa da Páscoa. Neste 5º Domingo, refletiremos sobre a passagem da mulher adúltera. Mas primeiro vamos ver a 1ª leitura, que é de Isaías e pode ser divida em três partes. A primeira são os v. 16-17, os quais mostram a ação de Deus em favor do povo, abrindo o Mar Vermelho e desmistificando as forças do faraó (foi fácil apagá-lo, como se apaga uma tocha na água). A segunda são os v. 18-19, Deus chama os exilados a exercitar a esperança, os fatos do êxodo não têm comparação com a nova libertação. A terceira são os v. 20-21, que descrevem a reação dos chacais, avestruzes e animais que vivem em regiões desabitadas e honram Javé por criar vida onde não havia.

No Evangelho, Jesus está no templo de Jerusalém ensinando ao povo, muitas pessoas estão a seu redor para ouvi-lo e fazer-lhe perguntas. Num dado instante, os fariseus e Mestres da Lei apresentam a Jesus uma mulher apanhada em adultério. E dizem que, pela Lei de Moisés, as mulheres adúlteras devem ser apedrejadas. Perguntam a Jesus qual sua opinião. Inclusive o evangelista diz que fizeram esta pergunta a Jesus a fim de conseguirem um motivo para acusá-lo. Porque se Jesus dissesse que deveriam apedrejá-la estaria contradizendo seus próprios ensinamentos da misericórdia do Pai; se dissesse que não, estaria contrariando a própria Lei de Moisés.

Jesus, de fato, é o Filho de Deus e sua visão vai mais longe do que a mesquinhez humana. Após um momento de silêncio e a insistência dos fariseus, Jesus responde: "Quem não tiver pecados que atire a primeira pedra" (v. 7), após essas palavras de Jesus, eles foram saindo um a um. Então, Jesus dirige-se à mulher com profunda compaixão e diz que se ninguém a condenou, Ele também não a condenaria, que ela poderia ir em paz e não pecar mais.

Esse texto bíblico é para nós o anúncio de uma alegria, porque mesmo diante de tantas fragilidades nossas, Deus não vem com cobranças, mas com amor. Pena que entre nós nem sempre é assim.

A 2ª leitura é da Carta de São Paulo aos Filipenses, e Paulo nos mostra que os verdadeiros circuncidados são os cristãos, os que prestam culto pelo Espírito de Deus e têm em Cristo o ponto de referência para suas vidas.

SEMANA SANTA

Domingo de Ramos

Leituras: Lucas 19,28-40, para a Bênção dos Ramos; Isaías 50,4-7; Filipenses 2,6-11; Lucas 23,1-49, para a Missa.

Com a celebração de Ramos, iniciamos nossa Semana Santa, nela celebraremos a paixão, morte e ressurreição de Cristo. A Quaresma foi uma viagem de fé rumo à Páscoa, a Semana Santa é como um navio chegando ao porto dessa viagem, é a imagem da Paz, de repousar na Paixão do Senhor. Essa Paixão tem na origem o amor de Deus: "Deus amou tanto o mundo, que entregou seu filho único" (Jo 3,16).

No Domingo de Ramos celebramos a entrada de Cristo em Jerusalém para cumprir seu mistério pascal. Jesus se apresenta não como um rei guerreiro, mas como Messias humilde e manso: "Veja, teu rei vem a ti; triunfante e vitorioso é humilde e manso montando um jumento" (Zc 9,9).

A procissão de Ramos é uma espécie de antecipação do Domingo da Páscoa, os ramos abençoados e levados em procissão são sinais da vitória, como diz a oração: "Hoje honramos Cristo, nosso Rei triunfante, levando estes ramos".

É o Domingo de Ramos e da Paixão, ramos pela vitória, paixão pelo sofrimento. "O caminho de Jesus e de todo cristão é paradoxal; pelo fracasso ao triunfo, pela derrota à vitória, pela humilhação à glória, pela morte à vida e à ressurreição" (B. Caballero).

A 1ª leitura é do profeta Isaías, ele relata seus sofrimentos: "Ofereci as costas para me baterem e as faces para me arrancarem a barba; não desviei o rosto de bofetões e cusparadas" (v. 6). O profeta, sofrendo nas mãos do inimigo, prefigura os sofrimentos de Cristo e sua tranquila aceitação das injúrias nos faz pensar na humildade de Cristo.

"A leitura do Evangelho é despojada de cerimônia usual, sem velas ou incenso, omite até o sinal da cruz no início. Começa com o simples anúncio: "Paixão de Nosso Senhor Jesus Cristo segundo Lucas". O Evangelho da Paixão não precisa de adornos, não requer introdução ou homilia, ela fala por si. Quando lido com reverência, não deixa de causar profunda impressão" (Vincent Ryan).

A 2ª leitura apresenta o mistério da redenção, é o autoesvaziamento, "esvaziou-se a si mesmo para assumir a condição de escravo" (v. 7) e, ainda mais, para aceitar a morte de cruz, isso é o máximo da humildade e abaixamento. Mas "Deus o sobre-exaltou grandemente e o agraciou com o Nome que é sobre todo o nome" (v. 9).

Com esta celebração iniciamos a Semana Santa, que ela seja como um navio que fez uma grande viagem (Quaresma) e que agora está atracando ao porto, da paz interior e do recolhimento para viver a paixão, do amor de Deus Pai pelo mundo e celebrar nossa Vida Nova na Páscoa. Que vivamos "a grande semana" da fé.

Quinta-feira Santa *(ver festas)*

Sexta-feira Santa *(ver festas)*

Vigília Pascal

Leituras: Romanos 6,3-11; Lucas 24,1-12.

Esta celebração é o coração de nossas celebrações, é a festa das festas. É a redenção humana mediante a morte e ressurreição do Senhor. Unidos a Cristo pela fé e pelo batismo, estamos intimamente ligados a sua morte e ressurreição. Ao celebrarmos o mistério pascal de Cristo, celebramos nossa própria passagem da morte à vida.

A 1ª leitura do Novo Testamento é da Carta de São Paulo aos Romanos. Paulo nos fala que mediante o sacramento do batismo, participamos do mistério pascal de Cristo. Cristo — nossa cabeça — sofreu, morreu, foi sepultado e ressuscitou. Assim, também nós, no batismo, somos preparados para participar, de maneira real e mais íntima, da vida à morte, do pecado à graça, da opressão à libertação, do erro ao acerto. Nessa breve leitura, abre-se para nós todo um programa de vida cristã.

O Evangelho é de Lucas. Ele narra que as mulheres, as que mais insistiram no amor ao Senhor, bem de madrugada vão ao sepulcro (com os perfumes e aromas que tinham preparados) e o encontram vazio. Mas uma voz do céu lhes anuncia que Jesus está vivo, ressuscitado. Essa mensagem dá um novo sentido a todas as palavras do Mestre que haviam ouvido anteriormente.

Diante disso elas vão correndo levar a notícia aos discípulos, elas são as primeiras anunciadoras da vitória da Vida. Com isso, vemos que tudo o que vivemos em Deus, como fé, como revelação, carece de ser proclamado. A notícia das mulheres não recebeu muito crédito por parte dos discípulos. Mas Pedro foi verificar o túmulo e voltou muito contente com o que acontecera.

TEMPO PASCAL

Domingo da Ressurreição *(ver festas)*

2º Domingo da Páscoa

Leituras: Atos 5,12-16; Apocalipse 1,9-13.17-19; João 20,19-31.

No início deste tempo pascal, como os discípulos de Jesus, somos chamados a viver uma experiência nova de fé no ressuscitado, uma vida nova na esperança e na coragem de lutar, que nos impele ao compromisso com a evangelização.

A 1ª leitura é do Livro dos Atos dos Apóstolos. Ela narra o "sucesso" das primeiras comunidades, de modo mais específico dos Apóstolos e especialmente de Pedro. Lucas nos escreve enfatizando aquilo que se tornou um *slogan* das primeiras comunidades: "muitos sinais e prodígios". "Multidões de homens e mulheres, aderiam ao Senhor, pela fé" (v. 14). Doentes e possuídos eram trazidos a eles e todos eram curados. Transportar essa experiência para nossas comunidades, hoje, seria um anacronismo. Precisamos descobrir qual o caminho para resgatar os mesmos sentimentos das primeiras comunidades, mas partindo de nosso contexto atual.

O Evangelho é de João e narra a aparição de Jesus aos discípulos. Para João, no mesmo dia da ressurreição Jesus aparece aos discípulos. É tarde de domingo e eles estavam reunidos a portas fechadas, Jesus entrou. Portas fechadas para os discípulos é sinal de medo, para Jesus é sinal de que já não existem mais barreiras.

Jesus insiste na saudação da paz. Paz naquele contexto é plenitude da vida, é também vitória da vida. Os discípulos alegraram-se por verem o Senhor e o próprio Senhor é quem lhes envia em missão com o sopro do Espírito Santo e o compromisso do trabalho a realizar.

A 2ª leitura é do Livro do Apocalipse. É o testemunho de João, que se encontra com o Senhor ressuscitado, que o encoraja, mesmo nas tribulações, dizendo: "Estive morto, mas estou vivo para sempre" (v. 18). Esse testemunho de João foi sua missão e também é a missão de cada um de nós, da Igreja.

3º Domingo da Páscoa

Leituras: Atos 5,27b.32.40b-41; Apocalipse 5,11-14; João 21,1-19.

"As comunidades cristãs, quando não assumem o projeto de Jesus, entram em crise interna e externamente: não conseguem sentir a força do Espírito de Jesus, que as anima, e se esforçam inutilmente na missão que procuram desenvolver" (Revista *Vida Pastoral*). A vida de cada um de nós também é assim; quando experimentamos o fracasso, a derrota, quando lutamos e nada conseguimos, devemos entender que nosso jeito de viver (de pescar) não está sendo como Jesus quer. Essa é a reflexão que as leituras deste final de semana nos trazem.

A 1ª leitura, tirada dos Atos dos Apóstolos, é escrita por São Lucas. Ele está convencido de que os cristãos, coerentes com o projeto de Deus, passarão pelo que Jesus passou: prisão, tortura e morte. Na leitura, o sumo sacerdote interroga os discípulos por causa de seus ensinamentos sobre a pessoa de Jesus. Mas Pedro responde, deixando bem claro que Jesus Ressuscitado é o verdadeiro Chefe e Salvador de seu povo. Por isso, mandaram açoitar os apóstolos.

O Evangelho é de João, e a cena de hoje acontece no mar de Tiberíades, reino de Tibério, terra pagã, isso para indicar que a comunidade (discípulos) está em atividade missionária (pesca), no meio dos gentios (representados pelo lago de Tiberíades).

Para indicar a totalidade da comunidade, o v. 2 mostra a presença de sete discípulos, que liderados por Pedro decidem ir pescar. Essa decisão pode significar que a comunidade não está firme, porque ao invés de pescar homens decidem voltar a ser simples pescadores de peixes. Ou ainda, que a comunidade está sendo missionária em meio aos pagãos.

Na segunda hipótese, nota-se que a pesca foi infrutífera, e o motivo é claro: a ausência de Jesus, para a comunidade é noite. Cristo é luz, é claridade, é dia. Quando amanhece, aparece Jesus, manda jogar as redes, e eles apanham grande quantidade de peixe.

Com Jesus, a pesca foi extremamente fecunda, e isso serve para nossas comunidades: como estamos fazendo nossas pescas? Elas estão sendo frutíferas? Estamos fazendo com Jesus? Com amor? Porque é o discípulo amado que reconhece: "É o Senhor". Pedro veste as roupas porque estava nu. Isto é, está disposto ao serviço. E se joga ao mar, enfrenta os riscos.

Na praia estão as brasas, o peixe e o pão, é Jesus que prepara a ceia. É Jesus que se doa. Pedro arrasta a rede sozinho, tamanha é a disposição de evangelizar. Cento e cinquenta e três peixes é a totalidade dos povos. Jesus toma a iniciativa: "Venham comer". Pedro, que negará a Jesus por três vezes, aqui se supera afirmando amá-lo incondicionalmente, isso faz de Pedro aquele que prolonga a ação de Jesus.

No cap. 5 do Apocalipse, Jesus é apresentado às comunidades como aquele que dá sentido à história, que por sua morte e ressurreição leva-a à plenitude. Isso é expresso no texto por meio das doxologias (breves e densas orações). O texto contempla duas doxologias: uma atribui sete valores a Cristo (sete é perfeição), outra convida a tudo para ouvir Jesus.

4º Domingo da Páscoa

Leituras: Atos 13,14.43-52; Apocalipse 7,9.14b-17; João 10,27-30.

Duas comemorações importantes celebramos neste final de semana. Tudo é favorável à graça de Deus. Estamos celebrando o Tempo Pascal e, de modo especial, neste Domingo, celebramos o "Domingo do Bom Pastor", isso significa reconhecer em Jesus nosso Pastor Supremo e pedir ao Pai para que nossos pastores sejam inspirados em Cristo. Outra comemoração é o "Dia Mundial de Oração pelas Vocações", neste dia somos convidados a rezar pelos jovens chamados por Deus à vocação religiosa ou sacerdotal.

Todos os cristãos e, de modo especial, os católicos somos chamados a vivenciar essas comemorações da espiritualidade e da liturgia. Também somos chamados a nos alimentarmos na fé da Palavra de Deus da liturgia deste final de semana.

A 1ª leitura é de Atos dos Apóstolos e narra a Primeira Viagem missionária de Paulo. Em Antioquia, ele faz o anúncio da Palavra de Deus causando um alvoroço na cidade inteira, os judeus ficam com raiva e ciúmes, e os pagãos aderem com alegria à Palavra do Senhor. O significado dessas reações está no fato de que o anúncio da Boa Nova quebra a falsa religiosidade dos judeus, pois eles ocultavam suas verdadeiras intenções com esse verniz da aparente fé. E suscita entre os pagãos a vivência dessa novidade anunciada pelos missionários.

O Evangelho é do Bom Pastor; Jesus é o Bom Pastor que vive em estreitas relações com suas ovelhas, é uma relação de reciprocidade, pois as ovelhas escutam a voz do pastor e o pastor conhece suas ovelhas uma por uma, chamando-as pelo nome, e elas o seguem. Os que o seguem recebem a vida eterna, é o próprio pastor que dá a vida, protegendo-a contra os lobos, ladrões e assaltantes.

Foi o Pai quem deu ao Filho as ovelhas, Jesus afirma que ninguém vai tirá-las de suas mãos, nem das mãos do Pai, porque Ele diz "Eu e o Pai somos um". Isso mostra a unidade de poder e de ação comuns.

A 2ª leitura, do Livro do Apocalipse, traz uma visão messiânica, como uma janela aberta para o presente/futuro mostrando uma grande e festiva celebração no céu. "É uma comunidade universal, incontável, da qual tomam partes todas as nações, tribos, povos e línguas" (Revista *Vida Pastoral*).

Diante das leituras surgem alguns questionamentos: Será que nossas comunidades reconhecem a voz do Pastor? Ou ainda: Existem lobos que se vestem de cordeiros para nos dominar? Não deveríamos nos espelhar na ousadia de Paulo e Barnabé para anunciar o Evangelho?

5º Domingo da Páscoa

Leituras: Atos 14,21b-27; Apocalipse 21,1-5a;
João 13,31-33a.34-35.

Neste 5º Domingo da Páscoa a Palavra de Deus nos fala sobre o mandamento do amor. Muito se fala de amor cristão:

muitos políticos assumem cargos e dizem que o fazem por amor ao povo; há donos de indústrias que dizem amar os empregados; muitas pessoas públicas dizem amar o povo... mas esse amor está sempre misturado com ambição, interesses e egoísmos. Vejamos o que as leituras nos falam.

A 1ª leitura é tirada dos Atos dos Apóstolos, ela nos mostra o valor mais forte entre os primeiros cristãos, a solidariedade. O amor solidário é visto no Livro dos Atos dos Apóstolos, nas primeiras viagens missionárias, por meio do anúncio da Boa Nova nas diversas comunidades da Síria; com isso, os apóstolos conquistaram muitas pessoas, fazendo novos discípulos que vão entrando na vivência do amor fraterno.

O Evangelho é de João e traz com insistência a palavra "glorificar", que para João significa "revelação". A glória que os discípulos viram em Jesus era sua revelação progressiva por meio dos sinais que fazia e por sua adesão ao Projeto do Pai. No Antigo Testamento, Deus Pai manifestava-se por meio dos fenômenos da natureza; nos Evangelhos, Deus Pai manifesta-se por meio de seu Filho Jesus.

A glória de Jesus é também o amor às pessoas, Ele chama os discípulos de filhinhos, pois está na hora de sua partida, e aos discípulos só resta uma coisa: viver o mandamento novo do amor. Jesus não pede uma retribuição para si. Pede que nos amemos uns aos outros. O Amor é prático; "nisso todos conhecerão que são meus discípulos, se tiverem amor uns para com os outros" (v. 35).

A 2ª leitura é tirada do Apocalipse, ela descreve uma cidade nova, recriada pelo amor, onde Deus está presente. Na cidade nova não há mais morte, luto, grito ou dor; "essas coisas antigas passaram. Eis, que faço novas todas as coisas" (v. 3 e 5).

6º Domingo da Páscoa

Leituras: Atos 15,1-2.22-29; Apocalipse 21,10-14.22-23;
João 14,23-29.

A Igreja celebra este Tempo Pascal como um grande domingo de alegria e esperança da presença do Cristo Ressuscitado e de suas promessas, trazendo a cada domingo uma motivação a mais para a vida.

Neste 6º domingo da Páscoa, Jesus nos fala que o Pai enviará o Espírito Santo a fim de nos ensinar e recordar tudo o que ele nos disse. Para nós, isso é fundamental nos dias de hoje para enfrentar tantos desafios que se nos apresentam. Por exemplo, que posição assumir diante da fome e da seca do Nordeste, dos cassinos, da pena de morte, da lei do aborto, dos presos políticos, da reforma agrária, do desemprego e de muitas outras questões? Jesus nos fala que acima de tudo deve existir o amor. É a vida no Espírito que vai mostrar-nos como tratar com amor esses problemas.

É também o mesmo Espírito que nos ilumina na interpretação da Palavra de Deus, a qual nos servirá de luz para os problemas atuais.

A 1ª leitura é tirada do Livro dos Atos dos Apóstolos, fala-nos do "Concílio de Jerusalém", que buscava resolver as questões da época. Paulo dizia que os pagãos ao abraçarem a fé tornavam-se membros do Povo de Deus. Pela fé serão salvos, porque o cristianismo não é imposição de culturas nem de costumes, mas da encarnação do Projeto de Deus, que é o amor acima da lei e (no caso em discussão, a lei da circuncisão).

O Evangelho é de João e mostra que a sociedade da época esperava um Messias guerreiro para transformá-la, porém Jesus não vai por esse caminho da violência, mas pela entrega de sua própria vida. "Se alguém me ama, guarda minha palavra e meu Pai o amará. E nós viremos a ele e faremos nele nossa morada" (v. 23). Amar e guardar a palavra, para Jesus, é assumir um projeto de vida, o Projeto do Pai. É tornar-se filho com o Filho.

Em seguida, Jesus fala de sua partida e assusta os discípulos, prometendo-lhes um defensor, o Espírito Santo. Ele vai ensinar e recordar as coisas de Jesus na comunidade. Por fim, num clima de tristeza e despedida, Jesus traz palavras de esperança e alegria, deixando a Paz de Deus e prometendo sua volta.

A 2ª leitura é do Livro do Apocalipse, e João nos diz que um anjo movido pelo Espírito levou-o a uma montanha grande e alta e mostrou-lhe Jerusalém, cidade Santa, com toda a sua glória. Essa Jerusalém é a visão de um mundo novo, uma sociedade nova nascida do Espírito Santo, Dom de Deus e busca de seu povo por justiça e liberdade.

Ascensão do Senhor

Leituras: Atos 1,1-11; Efésios 1,17-23; Lucas 24,46-53.

Na liturgia deste final de semana queremos celebrar juntamente com a Festa da Ascensão o início da "Semana de Oração pela Unidade dos Cristãos". Tanto a Festa da Ascensão quanto a questão do ecumenismo são fatos pertinentes a nossa realidade do cotidiano.

Com relação à celebração da Ascensão, todo "bom católico", com certeza, professa sua fé na oração do credo, "... subiu aos céus...", mas será que de fato temos consciência dessa oração que fazemos? Entendemos o verdadeiro significado dela?

Sobre a "Semana de Oração pela Unidade dos Cristãos";

hoje em dia, convivemos com pessoas de outras igrejas, inclusive pessoas de nossas famílias, o que nossa fé diz a respeito disso? Como encarar essa situação? Que postura assumir?

São Leão Magno diz num de seus sermões: "Onde ele, nossa cabeça, nos precedeu na glória, ali nós, o corpo, somos chamados em esperança". E Santo Agostinho reitera: "Assim como Ele ascendeu sem afastar-se de nós, nós estamos já ali com Ele, também quando ainda não se tenha realizado em nosso corpo o que nos foi prometido".

Nesta festa da Ascensão, a 1ª leitura, tirada do Livro dos Atos dos Apóstolos, narra todo o acontecimento: quarenta dias após a ressurreição, no Monte das Oliveiras, Jesus aparece aos apóstolos pela última vez e confia-lhes uma grande missão: deverão ser testemunhas, pregando a Boa Nova de Deus por todo mundo. O Espírito Santo outorga-lhes forças para cumprirem a missão. Depois que Jesus terminou de dizer essas coisas, apareceram dois anjos e prometeram aos discípulos que Jesus voltaria um dia da mesma forma que o viram ir-se.

O Evangelho mostra-nos que a Ascensão é o coroamento da Páscoa, porque Jesus entra definitivamente na esfera de Deus, e para nós isso é um grande sinal de esperança, que nos fortalece em nossa tarefa de sermos testemunhas. A presença do Espírito como força do alto é a mesma pela qual encarnou Jesus, ele é poder de Deus presente na caminhada da comunidade. Por fim, Lucas descreve Jesus, que ao ser levado ao céu abençoa os Apóstolos. Ele não faz simplesmente uma viagem para além das nuvens, mas a comunhão definitiva e plena com Deus. O que continua é a missão alegre dos Apóstolos e também a nossa.

A 2ª leitura é tirada da Carta de São Paulo aos Efésios. Para ele o que mais interessa é a Igreja, o corpo de Cristo. A Igreja é a plenitude daquele que tudo plenifica em todos (Ef 1,23).

Retomemos a questão do ecumenismo e meditemos sobre esta letra da música de Antonio Cardoso, em seu disco religioso *Aprendiz*:

"Tenho irmãos, tenho irmãs aos milhões em outras religiões.
Pensamos diferentes, oramos diferentes, louvamos diferentes,
Mas numa coisa nós somos iguais, buscamos o mesmo Deus,
Amamos o mesmo Pai, queremos o mesmo céu,
Choramos os mesmos ais.

Tenho irmãos, tenho irmãs aos milhões em outras religiões.
Falamos diferentes, cantamos diferentes, pregamos diferentes,
Mas numa coisa nós somos iguais, buscamos o mesmo amor,
Queremos a mesma luz sofremos a mesma dor,
Levamos a mesma cruz.

Tenho irmãos, tenho irmãs aos milhões em outras religiões.
Um dia talvez quem sabe (bis),
Descobriremos que somos iguais,
Irmão vai ouvir irmão e todos se abraçarão
Nos braços do mesmo Deus, nos ombros do mesmo Pai". (bis)

Pentecostes *(ver festas)*

TEMPO COMUM

Santíssima Trindade

"Três dobras em um só tecido, porém não há mais do que um tecido.
Três falanges em um dedo, porém não há mais que um dedo.
Três folhas em um trevo branco, porém não há mais que um trevo branco.
Geada, neve, gelo... os três são água.
Três pessoas em Deus são assim mesmo um só Deus."

(Oração popular irlandesa, traduzida por Tomás Kinsella)

Leituras: Provérbios 8,22-31; Romanos 5,1-5; João 16,12-15.

Nesta Festa da Santíssima Trindade somos convidados a celebrar nossa união, nossa partilha, nossa comunhão, porém nem sempre em nossas comunidades conseguimos viver essa espiritualidade, e fora dela o individualismo e o egoísmo estão presentes. Portanto, vamos olhar para as leituras e ver em que elas nos animam.

O início do Livro dos Provérbios foi escrito depois do exílio e seu contexto é marcado por uma busca do bom senso vivido pelas gerações anteriores, para o Povo de Israel era o momento de sensatez. A Sabedoria descrita nesta 1ª leitura significa justamente essa sensatez que nasce da experiência de vida. Ao longo dos tempos ela foi personificada como uma criatura de Deus (v. 22-26). A Sabedoria é uma dama que as pessoas precisam cortejar, amar e conquistar para viver bem. A Sabedoria é o projeto de Deus que vai construir um mundo justo.

No v. 29, a Sabedoria é mostrada como um mestre de obras, quando a liberdade e a vida começaram a existir, pois ela é a "inspiradora" de Deus em favor da vida.

O Evangelho de João deste Domingo é o discurso de despedida de Jesus. Ele começa falando: "Tenho ainda muitas coisas para lhes dizer, mas agora vocês não podem compreender" (v. 12), aqui está presente a função do Espírito Santo: conduzir a comunidade à "verdade completa" (v. 13). E mais, a Verdade não é pura contemplação, pelo Espírito quem acredita em Jesus "fará obras maiores do que estas" (cf. 14,12).

"Tudo o que pertence ao Pai é meu também" (15a), isso significa que há uma perfeita comunhão entre o Pai e o Filho. "O Espírito não falará por si mesmo, mas falará tudo ao que ouvir" (v. 14). O Espírito é essencialmente escuta e disponibilidade. Assim a trindade é a melhor comunidade.

A 2ª leitura (da Carta aos Romanos) faz uma exaltação à fé e à esperança, a nenhum grupo está restrita a salvação, mas ela é entregue aos que têm fé no Cristo Ressuscitado. Para Paulo, viver a fé e a esperança não é fácil, porque temos consequências imediatas, que são as tribulações, os sofrimentos. Mas quem acredita na vitória de Jesus tem esperança.

Santíssimo Corpo e Sangue de Cristo

Leituras: Gênesis 14,8-20; 1ª Coríntios 11,23-26; Lucas 9,11b-17.

"Isto é meu corpo, que é para vós; fazei isto em memória de mim" (1Cor 11,24b). "Este cálice é a nova Aliança em meu sangue; todas as vezes que deles beberdes, fazei-o em memória de mim" (1Cor 11,25b). O corpo e o sangue de Cristo expressam, simultaneamente, a morte e a vida do Senhor. Celebrar esta festa é celebrar o amor total de Deus Trindade, que interpela diretamente a nossa realidade: como é possível comungar o pão do céu, se falta pão na mesa de muitos?

A 1ª leitura é do Livro do Gênesis. Quando Abraão encontra Melquisedec, eles compartilham o pão e o vinho como um sinal de amizade e de bênção.

O Evangelho de Lucas narra a multiplicação dos pães. Jesus acolhendo as multidões, falava-lhes do Reino; e aos necessitados de cura, restituía-lhes a saúde.

Ao final do dia, os discípulos pedem a Jesus que despeça a multidão para que as pessoas fossem procurar pousada e alimento. Mas Jesus lhes disse: "Dai-lhe vós mesmos de comer" (v. 13). Os discípulos argumentaram que não tinham alimentos suficientes, a não ser que fossem comprar. Eram quase cinco mil homens. Jesus mandou que os discípulos os organizassem em grupos de cinquenta; quando terminaram, Ele tomou os cinco pães e os dois peixes, elevou ao céu, abençoou, partiu e deu para que os discípulos distribuíssem à multidão. Todos comeram, ficaram saciados e ainda foram recolhidos doze cestos de sobra.

Para Jesus, compartilhar é uma atitude que não tem limites. Quando os discípulos queriam encerrar a missão, já cansados, Jesus tem outra coisa em mente: assumir as necessidades do povo até as últimas consequências, só assim é que se tem vida digna, de que todos comem até se saciar e, ainda, sobra.

A 2ª leitura é tirada da Carta de São Paulo aos Coríntios. Narra que Jesus jantou com seus discípulos e escolheu o alimento como sinal para permanecer no meio deles. Assim, a ceia mantém viva na comunidade a própria vida entregue pelo Senhor.

2º Domingo Comum

Em um mundo com falta de vinho, Jesus é o "vinho bom".

Leituras: Isaías 62,1-5 ; 1ª Coríntios 12,4-11; João 2,1-11.

Entre a festa da Epifania (domingo passado) e a Quaresma, viveremos na liturgia, o que podemos chamar de 1ª parte do Tempo comum. Neste período, as leituras bíblicas apresentam o mistério da revelação do Senhor a seu povo, e, de modo especial, o texto do Evangelho de hoje é altamente simbólico: em meio às bodas e à festa, aparece um Deus novo para nós.

A 1ª leitura é um texto do Terceiro Isaías e descreve a relação de Deus com seu povo como um amor esponsal. Esse já é um tema antigo na Bíblia (cf. Oseias 2 — Parábola da mulher infiel). O profeta Jeremias também retomou esse mesmo tema (Jr 3,11-13), Ezequiel também (Ez 23). O Terceiro Isaías inverte as palavras anteriores e diz: "Já não te chamarão abandonada (...). Como a alegria do noivo por sua noiva, tal será a alegria que teu Deus sentirá por ti (Is 62,4-5).

O Evangelho é o de João, do primeiro milagre de Jesus, nas bodas de Caná. Esse milagre é contextualizado no Livro dos Sinais do Evangelho de João; é o primeiro sinal. O Evangelho de João não queima etapas, esses sinais apresentam mostras do que realmente significa abraçar o "novo". João usa uma linguagem simbólica para uma experiência fascinante.

O casamento na Bíblia é o símbolo da Aliança com Deus. Será que a presença de Jesus não pode significar Nova Aliança? E o vinho? Não seria o ardor missionário? A alegria de evangelizar? O judaísmo da época estava sem vida, como as talhas de pedra. Jesus é o novo que vem trazer a alegria e a beleza de viver, a vitalidade; é a mudança radical da água em vinho.

Jesus é o vinho definitivo para nossas vidas. Cientes disso em nossa fé, não podemos mais vivê-la por obrigação e como se fosse um peso, mas sim como o verdadeiro sentido de nossas vidas. Nossa mãe Maria dá o exemplo: "Fazei tudo o que ele vos disser" (v. 5).

A 2ª leitura é tirada da Carta aos Coríntios. O tema é unidade na diversidade: "Há diversidade de ministérios, mas um mesmo é o Senhor" (v. 5). Pelo Espírito entramos na família de Deus e nos tornamos seus filhos. Ele constrói a Igreja na unidade e diversidade, mas pela diversidade de Igrejas é preciso testemunho e diálogo entre as diferentes Igrejas, neste mundo de competição e poder violentos.

3º Domingo Comum

Leituras: Neemias 8,2-4a.5-6.8-10; 1ª Coríntios 12,12-14.27; Lucas 1,1-4; 4,14-21.

Na 1ª leitura, vamos reconhecer a importância da Palavra de Deus; no Evangelho, Jesus é conduzido pelo Espírito e apresenta seu programa de vida. Na 2ª leitura, vamos conhecer a importância dos carismas. Tudo isso para que a comunidade tenha fé madura, para que os valores cristãos sejam praticados, a fim de que a vida seja respeitada e moldada pelo comportamento verdadeiramente digno.

A 1ª leitura, tirada do Livro do profeta Neemias, situa-se no contexto da volta do exílio da Babilônia, quando a comunidade passava por muitas dificuldades, o sacerdote Esdras teve fé na Palavra e usou-a como instrumento para animar a vida do povo: a) a Palavra de Deus gera comunidade, pois ela é proclamada — "na presença dos homens, mulheres e todos os que eram capazes de entender" (v. 3); b) a Palavra de Deus é o centro de atenção da comunidade — "todo povo escutava com atenção" (v. 3); c) a Palavra de Deus suscita reações iguais — "todos ficam de pé... todos se ajoelham..." (v. 5-6); d) a Palavra de Deus ilumina a vida do povo — "... leram... explicaram seu sentido... instruíram a respeito do livro da Lei de Deus" (v. 8-9); e) a Palavra de Deus suscita partilha de bens — "comam carnes de primeira, tomem bebidas doces e repartam com os que nada prepararam..." (v. 10).

O Evangelho é de Lucas, são suas primeiras palavras, elas demonstram muita seriedade em seu trabalho, não são fruto de especulação, mas pesquisa feita a partir de testemunhas oculares e ministros da palavra. Jesus é um fato histórico, Deus em nosso meio.

Na capítulo 4,14-15, encontramos uma imagem clara daquilo que é Jesus: na Galileia (terra dos excluídos), conduzido pelo Espírito, ensinava nas sinagogas e todos os elogiavam. Assim é Jesus, aquele que caminha no meio do povo, um exemplo para quem se acha importante. E para todos os seus seguidores.

Na sinagoga, Jesus abriu o Livro Sagrado e leu: "O Espírito do Senhor está sobre mim, porque Ele me consagrou com a unção para anunciar a Boa Nova aos pobres; enviou-me para proclamar libertação aos presos e aos cegos a recuperação da vista; para libertar os oprimidos e para proclamar um ano de graça do Senhor" (v. 18-19). Seu programa não consiste em palavras, doutrinação, dogmas, conceitos, documentos, mas numa prática que leve as pessoas marginalizadas à posse da vida plena. Qual é nosso programa de vida?

A 2ª leitura é tirada da Primeira Carta de São Paulo aos Coríntios. Ele mostra para a comunidade de Corinto que cada membro dela tem seu dom, e que todo dom vem da Trindade, que é comunhão. Portanto, ninguém é mais importante; ninguém se considere melhor. Quem se sente com dons extraordinários só causa conflito e separação.

4º Domingo Comum

Leituras: Jeremias 1,4-5.17-19; 1ª Coríntios 13,4-13;
Lucas 4,21-30.

As leituras deste final de semana iluminam nossa fé para o caminho da maturidade, porque falam de dois assuntos muito pertinentes para nossa atualidade: o verdadeiro amor e o profeta que não é aceito em sua própria terra. O "verdadeiro amor" (2ª leitura) quer nos tirar os sentimentos ilusórios de amor nos dias de hoje e mostrar-nos uma autêntica espiritualidade de vida. Já o Evangelho nos chama atenção, porque hoje todo mundo se diz cristão, mas muitas pessoas rejeitam ou interpretam mal os mesmos valores cristãos, negando assim o próprio Cristo. Vejamos as leituras.

A 1ª leitura é tirada do profeta Jeremias. Os profetas são pessoas de Deus para os tempos difíceis. A vocação de Jeremias antecede a concepção, e a nomeação antecede o nascimento: "antes que eu te formasse no ventre materno, eu te escolhi; antes que tu nascesses, eu te consagrei e te nomeei como profeta das nações" (v. 5).

Desde o início, Deus pede para que ele ponha o cinto, isto é, esteja preparado para os conflitos e fale o que Deus manda, com confiança absoluta, senão o próprio profeta vai tremer de medo. Na vida é assim mesmo, já diz um ditado: quem tem medo de morrer acaba morrendo de medo. A coragem é uma das virtudes cristãs. Pois Deus dá a garantia de não nos abandonar: "Estou contigo para defender-te, diz o Senhor" (v. 19).

O Evangelho mostra que o programa de vida de Jesus encontra muitas oposições, sendo que a primeira está numa pergunta que andava na boca do povo: "Não é este o filho de José?" Por detrás dessa pergunta havia uma mentalidade, o povo esperava um messias espetacular, um salvador da pátria, não era o "filho de José" — de Nazaré, um homem comum — o esperado. E, hoje, será que também nós não idolatramos pessoas famosas da música, do futebol e da novela que não nos dão exemplo algum de vida cristã? O segundo obstáculo está na busca de milagres em que o povo sustentava sua fé: "Faze também aqui, em tua terra, o que ouvimos dizer que fizeste em Cafarnaum" (v. 23b).

Por isso Jesus também foi rejeitado, aos moldes dos profetas antigos. Por isso expulsaram Jesus de sua cidade e até queriam lançá-lo no precipício. No entanto, "Jesus passando pelo meio deles, continuou seu caminho" (v. 30).

A 2ª leitura é de 1ª Coríntios, é o hino ao amor:

"O amor é paciente, o amor é prestativo, não é invejoso, não se ostenta, não se incha de orgulho.

Nada faz de inconveniente, não procura seu próprio interesse, não se irrita, não guarda rancor.

Não se alegra com a injustiça, mas se regozija com a verdade.

Tudo desculpa, tudo crê, tudo espera, tudo suporta."

5º Domingo Comum

Leituras: Isaías 6,1-2a.3-8; 1ª Coríntios 15,3-8.11; Lucas 5,1-11.

Toda missa tem como ponto central o encontro com Nosso Senhor Jesus Cristo. Encontrar-se com o Senhor e encontrar-se em oração com os irmãos e irmãs em comunidade é nossa felicidade; a missa celebra na fé nossos desejos e sonhos mais profundos: sermos a grande família dos filhos e filhas de Deus. As leituras deste final de semana falam sobre um encontro importante de Isaías com Deus, e o Evangelho nos fala do encontro de Jesus com a multidão e também com os discípulos. O encontro, por si, já expressa grande riqueza, ainda mais quando no encontro há muita conversa boa; os encontros relatados nessas leituras são acompanhados da Palavra de Deus, por isso ir à missa é ir ao sagrado.

A 1ª leitura relata o chamado de Deus à vocação ao profeta Isaías, durante a liturgia no Templo, em que celebrava a realeza de Deus sobre o universo, cantando o Salmo 99. Na fé de Isaías, Deus é o Senhor Absoluto da história, Deus está sentado no trono, Ele reina no trono majestoso e elevado, esse trono é o céu, cujas franjas se estendem até à terra, entram no santuário. Isaías vê a barra do manto de Deus, e isso já basta para crer que a terra está cheia da glória do Senhor. Quando a comunidade reconhece a santidade de Deus, as portas começam a tremer e o Templo se enche de fumaça. Isaías reconhece sua pequenez diante da majestade e sente-se perdido, mas Deus lhe dá o perdão dos pecados, purificando-lhe os lábios com o fogo do altar. Diante dessa situação, Deus chama Isaías, e ele responde "sim".

No Evangelho, Lucas conta que Jesus estava na margem do Lago de Genesaré, e a multidão se apertava a seu redor para ouvir a Palavra. De fato, sempre o povo tem sede da Palavra de Deus. Jesus subiu na barca para ensinar. Lucas não diz o que ele ensinava. Depois que terminou o ensinamento, Cristo disse a Simão, o dono do pequeno barco: "Lançai a rede em águas mais profundas" (v. 4). Em nossas vidas também precisamos ouvir a Palavra do Senhor, que manda sairmos das superficialidades e tratar a vida como busca aos seus autênticos valores. Pedro, quando reconhece a voz do Senhor, sente-se pecador. Mas Jesus lhe confia uma missão: "De hoje em diante tu serás pescador de homens". "Então levaram as barcas para a margem, deixaram tudo e seguiram a Jesus" (v. 11). Quando se encontra com Deus é assim.

A 2ª leitura é da Carta de São Paulo aos Coríntios. Ela trata da ressurreição de Cristo. E para defender essa verdade de fé, ele faz uma profissão a partir de sua experiência de vida e também das aparições de Jesus aos discípulos.

6º Domingo Comum

Leituras: Jeremias 17,5-8; 1ª Coríntios 15,12.16-20; Lucas 6,17.20-26.

O texto da 1ª leitura, que é de Jeremias, segue muito bem seu jeito de ser, ele sempre desmascarou as falsas seguranças pessoais e sociais. Baseado no Salmo 1, que também é da liturgia deste final de semana, o profeta Jeremias faz uma crítica à aliança que Judá quer fazer com as potências internacionais de seu tempo, pois elas geram escravidão e morte.

"Os v. 5-8 põem lado a lado uma maldição e uma bem-aventurança." As duas explicações sobre elas são feitas com imagens da roça. A estrutura desses versículos é a confiança, que se entende como fundamento ou base sólida para construir a vida e a sociedade.

O sentido dessa leitura é perceber que se colocamos nossa confiança exclusiva nas pessoas, corremos o risco de torná-las absolutas e até idolatrá-las. Na verdade, o único Absoluto é Deus.

O Evangelho é o Sermão da Montanha, é uma síntese de todo ensinamento de Jesus. É o centro da espiritualidade do Evangelho.

No início do texto há detalhes importantes, o primeiro é a presença de uma grande multidão e de muitos discípulos, o que conota a importância do acontecimento. A segunda é a maneira do tratamento de Jesus, Ele levanta os olhos e olha para os discípulos a fim de anunciar-lhes que o Reino lhes pertence, é dos pobres, é de uma multidão de pessoas pobres vindas da roça e é também dos discípulos.

"Bem-aventurados vós, os pobres, porque vosso é o Reino de Deus" (v. 20). Jesus, no Evangelho de Lucas, desde o início é aliado dos pobres (Izabel, Zacarias, Maria, Simeão, Ana... e agora de muitos discípulos e de todo esse povo).

As bem-aventuranças seguem e saúdam os que têm fome, os que choram, os que são perseguidos e maldizem os ricos, os fartos e os que riem. Por que essa contraposição? Por que uns conseguem tudo e outros nada? Uns vivem no lucro, na ganância e na falta de solidariedade, outros à margem? No Evangelho de Lucas, Jesus quer instaurar uma sociedade nova, uma história de igualdade.

Para os agentes de pastoral, para os católicos, para os cristãos o Sermão da Montanha é uma luz na fé e um alerta para não se deixarem manipular por uma sociedade que gera desigualdades, mas manterem-se firmes nos propósitos do Evangelho.

Na 2ª leitura, São Paulo vem nos mostrando nestes domingos que a comunidade de Corinto tinha dificuldades para acreditar na ressurreição, eles não valorizam o corpo, mas só o espírito é que tinha valor. Por isso, Paulo trabalha bastante com eles, para que reconheçam o valor da ressurreição.

7º Domingo Comum

Leituras: 1º Samuel 26,2.7-9.12-13.22-23;
1ª Coríntios 15,45-49; Lucas 6,27-38.

A 1ª leitura vem mostrar-nos que o rei Saul estava em marcha no deserto com três mil homens, escolhidos de Israel, para caçar Davi, seu opositor. Davi era um forte pretendente ao trono e contava com o apoio popular, porém estava refugiado no deserto com poucas pessoas.

Davi e seu amigo dirigem-se à noite ao acampamento e encontram Saul e todo o exército dormindo. Saul, no meio das barricadas, tinha sua lança na cabeceira. O amigo de Davi lhe sugere o que com certeza todos sugeririam: "Deus entregou hoje em tuas mãos teu inimigo, vá cravá-lo em terra com sua lança, e não será preciso repetir o golpe" (v. 8).

Davi frustra todas as expectativas com sua postura, pois disse que não iria matar um ungido do senhor e apanha a lança da cabeceira, levando-a para outro lado do monte, onde diz que o Senhor retribuirá cada um conforme sua justiça e sua fidelidade.

Nos dias atuais, vemos que a violência impera soberana em nossas mentes; como exemplo, 70% das mortes em São Paulo são decorrentes de assassinatos; dessas mortes, 95% são por armas de fogo em virtude do tráfico de drogas. São entre 600 a 700 homicídios por mês nas áreas metropolitanas do Brasil, fazendo da violência uma situação endêmica (dados da campanha do desarmamento promovida por estudantes). Davi não só não matou Saul, como desarmou-o.

O Evangelho é de Lucas, uma continuação das Bem-aventuranças do domingo passado. O essencial desse Evangelho é entender que a humanidade pode e deve construir uma história nova, bem diferente daquela que o judaísmo defendia e, por que não dizer, bem diferente dessa que está impregnada em nossa sociedade.

No tempo de Jesus, o amor tinha uma dimensão somente para com os amigos, só se amava quem nos amava, era a lei do olho por olho, dente por dente. Por isso é que no Evangelho, Jesus diz: "Amem seus inimigos, façam o bem aos que os odeiam. Desejem o bem aos que o amaldiçoam e rezem por aqueles que os caluniam" (v. 27-28).

A justiça e amor devem caminhar juntos; a vida do ser humano, quando baseada só nas leis, é muito diminuída. É preciso mais que as leis, pois o grande sentido de nossas vidas é o amor. É amar e ser amado. Por causa de nossos limites, porém, Deus entra com sua graça, que é a misericórdia. "Deus é bondoso também para com os ingratos e os maus. Sede misericordiosos como vosso Pai é misericordioso" (v. 36).

A 2ª leitura apresenta-nos uma contraposição entre Cristo e Adão. Adão é o símbolo da fragilidade humana, e Cristo é a fonte da vida que não termina.

8º Domingo Comum

Leituras: Eclesiástico 27,5-8; 1ª Coríntios 15,54-58; Lucas 6,39-45.

As pessoas são conhecidas pelo o que falam e pelo o que fazem. Certas pessoas fazem promessas que não pretendem cumprir, falam mas não pretendem fazer (1ª leitura). Outras pessoas fazem "certas coisas", têm certos comportamentos que logo percebemos que boa coisa não é (Evangelho). Por isso, é nosso dever cristão nos esforçarmos nas boas palavras e na prática do bem, porque estamos "certos de que nossas fadigas não são em vão, no Senhor" (2ª leitura).

A 1ª leitura é do Livro do Eclesiástico, escrito para manter a identidade do povo e conservar suas raízes e sua fé. O texto deste domingo trás quatro provérbios, tomemos um como exemplo, que por sinal é vindo da roça: "Com a peneira, o agricultor separa a semente dos refugos, assim os defeitos dos homens aparecem em seu falar" (v. 4).

O Evangelho é de Lucas, é a continuação dos dois domin-

223

gos anteriores que estão narrando o "Sermão da Planície", primeiro foram as bem e as mal-aventuranças, depois o princípio fundamental do Reino: amor gratuito ao exemplo do Pai misericordioso.

O texto do sermão de hoje narra três parábolas, deixando-nos lições práticas de vida cristã. A primeira é o cego guiando outro cego. Um cego não poderá orientar o outro porque está cegado por suas incoerências. Cegos são os que pretendem julgar os outros, colocando-se no lugar de Deus. A segunda é a da pessoa que quer tirar o cisco do olho do outro sem perceber um caibro no seu olho. Isso se chama presunção, julgamento pelas aparências. A terceira é da árvore boa, que só pode dar bons frutos. Os frutos das pessoas são suas ações e suas palavras sábias, que transbordam de um coração justo e puro.

A 2ª leitura, tirada da Primeira Carta aos Coríntios, narra sobre a ressureição de Cristo (árvore boa que produziu fruto bom — a ressurreição). A ressurreição de Cristo é a vitória da vida sobre tudo o que gera morte neste mundo, portanto os que são de Cristo assumem a tarefa de lutar contra o pecado e suas consequências, sofrendo pelo "cansaço de ser cristão", mas certos de que esse trabalho não será inútil.

9º Domingo Comum

Leituras: 1º Reis 8,41-43; Gálatas 1,1-2.6-10; Lucas 7,1-10.

A Palavra de Deus nesta liturgia revela a universalidade e a força de Deus, e a realização disso na vida do ser humano quando ele se faz humilde.

A 1ª leitura é do Primeiro Livro dos Reis, ela nos fala dessa universalidade do amor de Deus. Para um povo nacionalista como era o judeu havia pouco lugar para a obra salvadora de Deus. Mas o texto quer libertar o povo de seus limites, mostrando-lhes que "mesmo o estrangeiro, que não pertence a Israel, se vier a Israel por causa do nome do Senhor... escuta o céu onde resides, atende todos os pedidos dos estrangeiros" (v. 41-43).

O Evangelho é da cura do servo de um centurião. Centurião é um pagão, comandante de um grupo de cem soldados, nesse caso, um homem simpatizante do judaísmo — "ele é digno de que lhes conceda isso, pois ama nossa nação" (v. 4-5). Um de seus soldados estava doente, à beira da morte. Quando ouviu falar de Jesus, enviou anciãos dos judeus para pedir a Jesus que fosse salvar seu servo, e Jesus foi. Quando estavam se aproximando da casa o centurião mandou dizer a Jesus: "Senhor, não te incomodes, porque não sou digno que entres em minha casa... porém, dize uma palavra e meu criado seja salvo" (v. 7). Jesus admirou-se com sua atitude e disse: "Eu vos digo que nem mesmo em Israel encontrei tamanha fé" (v. 9). E, ao voltarem, encontraram o servo curado. De um lado a grandiosidade de força da Palavra de Deus, do outro a fé autêntica de um "pagão". É a graça que vem de Deus na sensibilidade da dor humana

A 2ª leitura é da Carta de São Paulo aos Gálatas, onde ele exorta o povo na tentativa de não deixar o próprio povo reduzir a obra do Senhor somente a seu povo (judeu). O verdadeiro evangelho é defender a universalidade da obra de Cristo.

10º Domingo Comum

Leituras: 1º Reis 17,17-24; Gálatas 1,11-19; Lucas 7,11-17.

Neste final de semana, tanto na 1ª leitura, quanto no Evangelho ocorre o mesmo fato: por intermédio da ação divina acontece a ressurreição do filho de uma viúva. De imediato os dois textos nos fazem imaginar o drama de tantas mães que vivem a dor da perda do filho, muitas vezes de forma inesperada ou violenta. E também lembramos tantos jovens que se vão antes do tempo, prematuramente, na flor da idade.

O profeta Elias hospeda-se na casa da viúva, e o filho dela fica tão doente, que vem a falecer; ela acredita que a presença do profeta, um homem de Deus, é como uma testemunha: por sua presença as faltas ocultas são reveladas e atraem o castigo.

Mas o profeta tomou o "menino" consigo, levou-o para o andar de cima da casa e rezou por três vezes a Deus implorando a volta de sua vida. Logo depois, o profeta desceu e entregou o menino vivo para sua mãe. E a mãe reconheceu a graça de Deus por meio do profeta.

No Evangelho, Jesus caminha com os discípulos e uma grande multidão. Ele se encontra com uma viúva que é acompanhada por uma grande multidão, era o funeral de seu filho. Jesus ao vê-la ficou comovido, falou com ela, aproximou-se, tocou no caixão e disse: "Jovem, eu te ordeno, levanta-te!" (v. 14). Ele sentou-se e começou a falar, Jesus entregou-o a sua mãe. Todos se assustaram e ficaram louvando a Deus, essa notícia espalhou-se por toda a região.

A compaixão de Jesus pela mulher é entendida literalmente como "moveram-se-lhe as entranhas". É a experiência de Jesus ao ver a dor da pobre viúva. A bondade de Jesus não fica apenas no sentimento, é força de vida: levanta e faz andar.

À semelhança de Paulo, somos chamados por Deus para "revelar em mim seu Filho, para que eu o anunciasse aos pagãos" (v. 16). De fato, Deus nos chama a todos para sermos anunciadores e testemunhas de seu Filho, Nosso Senhor Jesus Cristo.

11º Domingo Comum

Leituras: 2º Samuel 12,7-10.13; Gálatas 2,16.19-21; Lucas 7,36-8,3.

Numa sociedade em que não se faz nada de graça, em que tudo é cobrado, a Bíblia apresenta-nos com muita insistência um Deus que muito perdoa e que muito ama. Acreditamos que nossas comunidades, ouvidoras do apelo da Palavra, dá testemunho de serviços aos necessitados de uma maneira até mesmo velada, sem muito aparecer, num espírito bem evangélico.

A 1ª leitura mostra-nos Davi como um grande e verdadeiro líder do povo, que conseguiu reunir pessoas de todas as tribos de sua terra e tornar-se rei. Quando consolidou seu império, o poder lhe subiu à cabeça: ao invés de ir à guerra e defender o povo, começou a ficar em casa cometendo adultério, sendo violento, hipócrita e até assassino.

No trecho deste domingo o profeta Natan conta uma historinha comovente ao rei, e Davi dá uma sentença de morte ao soberano da história, porém o profeta diz que o rei é o próprio Davi, que recebeu muitos favores de Deus, mas pagou tudo com injustiça. Davi foi tão ganancioso, que seus três filhos (Amnon, Absalão e Adonias) morreram pela espada. Só assim ele pode reconhecer-se pecador, só quando sua violência voltou-se contra si próprio. Mas reconheceu seus pecados e foi perdoado por Deus.

O Evangelho é de Lucas e conta a história de Jesus, que é convidado por um fariseu para uma refeição em sua casa. Além de Jesus vai também uma mulher pecadora. Ela lava os pés de Jesus, dá um beijo de boas-vindas, derrama óleo em sua cabeça. Enfim, faz todos os gestos de acolhida, bem diferente da postura dos fariseus, que ficam questionando Jesus por ter aceitado aqueles gestos da prostituta. O significado disso é que a mulher viu em Jesus o sinal do perdão do Pai, e o fariseu não, porque já se achava o santo.

Por esse fato é que Jesus conta a história dos dois devedores, cuja conclusão é a de que a quem muito se perdoa, sente-se muito amor. O fariseu não foi capaz de acolher Jesus enquanto revelação da misericórdia de Deus para com os marginalizados.

A 2ª leitura é da Carta de São Paulo aos Gálatas; o problema daquela comunidade estava em achar que cumprindo as leis determinadas pela religião teriam direitos sobre Deus. São Paulo procura alertar que a religião verdadeira não são as normas, mas o amor, a graça de Deus mediante a fé. Cristianismo é mais do que norma, cristianismo é amor.

12º Domingo Comum

Leituras: Zacarias 12,10-12; 31,1; Gálatas 3,26-29;
Lucas 9,18-24.

A liturgia da Igreja está dentro do Tempo Comum, o que na verdade significa o prolongamento do "sabor da festa pascal" no cotidiano da vida, revelando-nos a presença salvadora de Deus. Também este ano estamos refletindo sobre o Evangelho de Lucas.

Neste final de semana as leituras são uma reflexão sobre a cruz, "se alguém quer me seguir, renuncie a si mesmo, tome sua cruz cada dia, e siga-me" (Lc 9,23). E a aplicação dessa máxima do Evangelho em nossa vida passa pelo questionamento de conduta, no sentido de entender como vivemos. Porque somos educados para "vencer" na vida, para ser alguém na vida, para garantirmos o nosso espaço no mundo. Isso nos mostra nossa diferença de mentalidade com a proposta do Evangelho, o mundo é desigual, competitivo, é de quem leva vantagens, é dos espertos. Vamos aprofundar-nos um pouco nas leituras.

A 1ª leitura é do Livro do profeta Zacarias, é um texto apocalíptico, cheio de mistérios e símbolos e começa falando de um "espírito de graça", que os estudiosos entendem como tempo de pesar profundo, de arrependimento, de conversão, de pranto e de luto.

O texto parece falar de coisas do futuro, mas é o próprio tempo presente, "chorarão como se chora amargamente um primogênito" (v. 10b). E chega a comparar isso com a morte do rei Josias. O assunto tratado no texto é a morte de um inocente. Quem é esse inocente? Pode ser o próprio povo de Israel, vítima das idolatrias. Assim, podemos também comparar às vítimas dos dias de hoje, que perdem o verdadeiro caminho da vida, indo pela mentalidade da competição.

O Evangelho é de Lucas e inicia com Jesus perguntando aos discípulos: "Quem diz o povo que eu sou?" (v. 18b). As respostas dos discípulos mostraram que o povo não sabia que era Jesus. Então, Jesus faz a mesma pergunta aos discípulos. E Pedro responde com a maior profissão de fé do Evangelho e a maior revelação a respeito de Jesus: "Tu és o Messias de Deus" (v. 20b).

Diante dessa resposta, Jesus recomenda a eles silêncio e lhes diz: "O Filho do Homem deve sofrer muito, ser rejeitado pelos anciãos, pelos sumos sacerdotes e doutores da lei, deve ser morto e ressuscitar ao terceiro dia" (v. 22). Essa frase de Jesus revela sua fragilidade humana, seus adversários e sua vitória.

Por fim, Jesus apresenta três condições para segui-lo: renunciar a si mesmo (desfazer-se de toda ambição pessoal); tomar a cruz (não ter medo das consequências) e seguir (ir com ele até o fim).

A 2ª leitura é da Carta aos Gálatas. São Paulo traz uma notícia que muda as relações humanas, pois numa sociedade dividida, classista, machista, ele prega: "O que vale não é mais ser judeu, nem grego, nem escravo, nem livre, nem homem, nem mulher, pois todos vós sois um só em Cristo Jesus" (v. 28).

13º Domingo Comum

Leituras: 1º Reis 19,16b.19-21; Gálatas 5,1.13-18; Lucas 9,51-62.

Os três textos deste final de semana tratam da dinâmica existente entre o chamado e a resposta à vocação (1ª leitura e Evangelho) e da liberdade de espírito que deve existir para uma autêntica resposta.

Olhando essas leituras, podemos refletir sobre o significado de ser cristão, pois ser discípulo de Jesus é seguir seus passos de despojamento radical para fazer a vontade do Pai. A questão é viver assim num mundo egoísta e materialista...

A 1ª leitura é do Primeiro Livro dos Reis e aborda a vocação de Eliseu. Elias simbolicamente lança seu manto sobre Eliseu, significando com esse gesto que Elias adquire um direito sobre Eliseu. Elias, destruindo o arado e sacrificando os bois, dá uma resposta radical de renúncia ao modo de vida anterior. Elias permite que ele vá despedir-se de seus pais. Jesus não permite nenhuma atitude que desvie o objetivo da missão.

O Evangelho é de Lucas e narra as exigências da vocação apostólica. Jesus encontra-se com três pessoas distintas e dá a cada uma delas a possibilidade de segui-lo. O texto relata que eles iam andando para Jerusalém. Isso significa que o chamado é feito independente de lugar e espaço, mas na dinâmica do dia a dia, é no cotidiano que se descobre o extraordinário, especialmente quando o caminho é Jerusalém (ir a Jerusalém é fazer a vontade do Pai, ter consciência da necessidade de passar pela paixão).

Os três encontros indicam os três passos necessários para tornar-se discípulo. O primeiro é referente ao estilo de vida de Jesus: "o Filho do Homem não teve onde repousar a cabeça" (v. 58). Seguir a Jesus é segui-lo na liberdade e na confiança sem reservas, garantias, lugares, nem refúgios (apoiar-se nas instituições).

O segundo aspecto é a compreensão da dimensão missionária: "Você, vá anunciar o Reino de Deus" (v. 60). Não se pode dizer cristão sem se comprometer com o projeto evangelizador. Por fim, ao chamado de Jesus não existe motivo para adiá-lo. A resposta deve ser imediata: "quem põe a mão no arado e olha para trás não serve para o Reino de Deus" (v. 62).

A 2ª leitura é da Carta de São Paulo aos Gálatas. O Reino de Deus é um "dom", o encontro com esse dom se dá na entrega decidida do discípulo. Para Paulo, ser salvo é ser verdadeiramente livre, isto é, ser servidor, viver segundo o Espírito.

14º Domingo Comum

Leituras: Isaías 66,10-14c; Gálatas 6,14-18; Lucas 10,1-12.17-20.

A religião em nossa vida tem a função de dinamizar a fé. A fé leva-nos a um modo de vida, um tipo de comportamento e até a um jeito de ser. Essa dinâmica oferecida pela religião na fé nos transforma de uma fé individual para comunitária, de uma vida de ganâncias para uma vida solidária, de uma vida de apegos materiais para uma vida de despojamento, de uma vida que usufrui os serviços da Igreja para uma vida missionária. E assim entende-se com alegria que o Reino de Deus exige nossa colaboração.

A 1ª leitura é do profeta Isaías, que demonstrou sua grande maturidade de fé ao anunciar esperança numa situação cheia de dificuldades: "Alegrem-se com Jerusalém, façam festa com ela todos os que a amam..." (v. 10). O profeta da esperança compara Jerusalém a uma mãe que oferece o peito à criança. Assim é Deus para com nossas vidas, Deus é uma mãe que nos alimenta com o leite de seu peito.

O Evangelho é de Lucas. Jesus escolhe setenta e dois missionários, esse número é simbólico e significa que todos, sem exceção, são chamados para dar testemunho do Reino. O jeito de ser de uma pessoa que é madura na fé é assim: uma pessoa que reza, "pedi ao Senhor da messe..." (v. 2); uma pessoa consciente, "como cordeiros no meio de lobos..." (v. 3); uma pessoa desapegada, "nem bolsa, nem sacolas..." (v. 4); uma pessoa pacífica, "a paz esteja convosco" (v. 5); uma pessoa justa, "o trabalhador merece seu salário"; uma pessoa compassiva, "curem os doentes que nela houver" (v. 8-9). Finalmente, uma pessoa que não faz média com a sociedade, rejeitando o projeto de Deus, "sacudi a poeira..." (v. 10-11).

Com o anúncio do Reino, o poder de Satanás (poder de dominação e morte) chega ao fim. A missão não deve ser trunfo da instituição eclesial, "fiquem alegres porque os nomes de vocês estão inscritos no Reino dos Céus" (v. 20b).

A 2ª leitura é a conclusão da Carta de São Paulo aos Gálatas. A lei, a circuncisão, ou não, não importam; o que importa é a cruz de Nosso Senhor Jesus Cristo.

15º Domingo Comum

Leituras: Deuteronômio 30,10-14; Colossenses 1,15-20; Lucas 10,25-37.

Neste final de semana, celebramos o amor de Deus colocando nossas orações em favor dos doentes e sofredores. É o domingo do "bom samaritano", faremos a seguinte reflexão: "por que arranjamos tantas desculpas na hora de tomar uma atitude concreta em favor do próximo?" O escritor Mário Quintana em seu livro *Caderno H*, da editora Globo, diz: "O pior dos problemas da gente é que ninguém tem nada com isso".

No Evangelho, a pergunta do doutor da lei é uma desculpa para não querer ver quem é o próximo, é uma teorização. Hoje, muitas vezes fazemos a mesma coisa com outras desculpas, como por exemplo, "ainda não estou preparado". O problema maior é que muitas vezes temos consciência e não agimos, ao passo que uns fazem sem saber o que estão fazendo, fazem pela resistência e pela solidariedade próprias da vida.

O Papa João Paulo II, em sua carta apostólica *Salvifici doloris*, apresenta-nos o que é ser o bom samaritano: "Bom samaritano é todo ser humano que se detém junto ao sofrimento dos outros, não por curiosidade, mas por disponibilidade, é uma disposição interior do coração, é comover-se, é ter compaixão diante da desgraça e do infortúnio de seu próximo, é prestar ajuda no sofrimento...".

No início da 1ª leitura, Moisés pede ao povo o cumprimento dos mandamentos, essa Lei de Moisés não é vista como uma simples prescrição de normas e proibições, mas síntese das experiências positivas da vida de fé do povo. Buscar os mandamentos é buscar a vida. Por isso "está a seu alcance: está em tua boca e em teu coração, para que você a coloque em prática" (v. 14).

O Evangelho é de Lucas, é a parábola do bom samaritano, texto em que o doutor da lei demonstra ter transformado a lei de Moisés num código de normas. Ele quer saber quem é o próximo, mas Jesus quer mostrar-lhe como ser próximo, como sair de suas teorias e viver a misericórdia, como o Pai é misericordioso.

A parábola mostra a primeira pessoa, um sacerdote, a passar pelo homem caído: "passa adiante por outro lado" (v. 31), ele está preocupado com o Templo, com o culto; para ele, Deus está aí. A segunda pessoa é o levita, "passa adiante por outro lado" (v. 32), suas preocupações estão no saber "quem é meu próximo". A terceira pessoa é o samaritano; desprezado pelos judeus, ele é quem vai compadecer de uma situação semelhante a sua, "teve compaixão" (v. 33).

A 2ª leitura é tirada da Carta aos Colossenses; tal povo estava ameaçado por heresia que misturava elementos pagãos, judaicos e cristãos. Por isso, nesse trecho, Paulo quer mostrar que Cristo é a plenitude do humano e do divino, Cristo é a raiz, centro e ponto de unidade de toda a criação.

16º Domingo Comum

Leituras: Gênesis 18,1-10a; Colossenses 1,24-28;
Lucas 10,38-42.

O tema de reflexão deste final de semana é a hospitalidade. A hospitalidade é uma forma de caridade cristã. A hospitalidade não é só abrir a porta da casa, mas abrir o coração e o ouvido. Acolher e ser acolhido é uma necessidade humana. A dinâmica do mundo atual impõe-nos um ritmo de vida muito agitado, quase sempre estamos sem tempo para coisa alguma. Então, o que fazer para tornar a nossa vida mais humana?

A 1ª leitura é do Livro do Gênesis e relata o acolhimento de Abraão para com os três homens viajantes. Parece-nos um tanto estranho Abraão fazer uma acolhida tão calorosa, servindo tão bem, matando até um novilho para servir aos hóspedes estranhos, mas para os nômades a hospitalidade era algo sagrado (para nós também não deveria ser?). Por que Abraão age assim? Para Abraão, acolher as pessoas é acolher o próprio Deus: "Meu Senhor, se ganhei tua amizade, peço-te que não prossigas viagem, sem parar junto a mim, teu servo" (v. 3).

Os visitantes beduínos quebram a regra e perguntam sobre a esposa de Abraão, inclusive sabem seu nome, "onde está tua mulher, Sara?" (v. 9). Os visitantes conhecem a situação de Abraão e Sara e sabem que um filho para eles é uma questão fundamental, por causa da promessa de descendência feita por Deus, e dizem: "Voltarei o ano que vem e tua mulher terá um filho" (v. 10).

O Evangelho é o de Marta e Maria, que acolhem Jesus. Marta faz as vezes da dona de casa, fica preocupada com as tarefas e mostra-se chateada com Maria, que não ajuda no serviço: "Senhor, não te importas que minha irmã me deixe sozinha com todo o serviço?" (v. 40). "Maria sentou-se aos pés do senhor e ficou escutando sua palavra" (v. 39).

Corremos o risco de sermos simplistas, de dizer que Maria é só contemplação e Marta ativista. Maria senta-se aos pés do Senhor não pelo fato de nada fazer, mas porque a Palavra do Senhor é o fundamento de seu apostolado, ela faz sua espiritualidade acolhendo a Palavra de Deus que vem da pessoa de Jesus. Isso não significa que Maria só reza, mas que existem momentos importantes na vida em que necessitamos parar para ouvir a Palavra do Senhor. O equívoco de Marta está em não saber o momento certo de fazer suas atividades. Não se pode afirmar que Maria não trabalhava.

A 2ª leitura e da Carta de São Paulo aos Colossenses. Paulo fala de sua alegria em servir a Igreja, "alegro-me de tudo o que já sofri por vós e procuro contemplar na minha própria carne o que falta das tribulações de Cristo, em solidariedade com seu corpo, isto é, a Igreja (v. 24).

17º Domingo Comum

Leituras: Gênesis 18, 20-32; Colossenses 2,12-14; Lucas 11,1-13.

Este final de semana, a Palavra de Deus vem motivar nossa vida de oração, mostrando que não é Deus quem precisa de nossas orações, mas nós mesmos é que precisamos dela, pois a oração confiante é que nos leva ao colo do Pai, dando-nos a certeza de que não estamos órfãos neste mundo que nós mesmos complicamos. Na oração aprendemos a ser solidários, porque sempre estamos rezando pelos irmãos, principalmente por suas necessidades e agradecimentos.

Rezamos na liturgia deste final de semana de modo especial pelos avós, porque fazemos memória de Ana e Joaquim, pais da virgem Maria.

A 1ª leitura é do Livro do Gênesis e relata a história de Sodoma e Gomorra, que estavam abusando com seus pecados. Por causa disso, Deus vai tomar providências. Deus comunica sua vontade a Abraão, que entende essa tomada de providência como extermínio do povo, por isso Abraão pede ao Pai que poupe os justos, mesmo se forem só 50. Inclusive Abraão tinha parentes naquelas cidades. Assim Abraão começa a negociar com Deus, que aceita a negociação: se forem 45? E 40? E 30? E 20? E 10? Essa conversa é entendida como uma oração de Abraão, na qual ele é solidário com o povo, intercedendo em seu favor.

O Evangelho é de Lucas. Os discípulos pedem a Jesus para ensiná-los a rezar. Jesus ensina a oração do Pai-nosso, é uma oração no plural. Jesus apresenta uma forma inédita de rezar, pois, no Antigo Testamento, Deus era amigo, aqui Ele é Pai. É a nova identidade dos discípulos.

É o catecismo sobre a oração no Evangelho de Lucas. Ele contém cinco elementos: dois de abertura ao Pai e três que nos conduzem à transformação das relações entre as pessoas; a) *santificado seja teu nome* (Deus é Santo, é Pai, estamos em comunhão com Ele, reconhecemos sua presença agindo no mundo); b) *Venha teu Reino* (significa nossa abertura à construção de um mundo novo); c) *dá-nos a cada dia o pão de que precisamos* (é assumir a partilha do pão, da terra, da moradia, da educação, da saúde, é o paraíso saído das mãos do Pai); d) *perdoa-nos os nossos pecados, pois nós também perdoamos a todos os que nos devem* (perdoar é um dom divino oferecido às relações humanas); e) *não nos deixe cair em tentação* (tentação do ter, do poder, da ambição, do prestígio e da idolatria).

Depois, o texto do Evangelho segue com uma parábola mostrando-nos a certeza de que somos ouvidos pelo Pai; "peçam e receberão, procurem e encontrarão..." (v. 9-10). Por fim, volta à tona o tema da paternidade: "Se vocês que são maus sabem dar coisas boas a seus filhos, quanto mais o Pai do céu" (v. 13).

A 2ª leitura é de São Paulo aos Colossenses e questiona se nossa religião é a expressão da gratuidade do amor de Deus, que gera relações de amor e gratuidade nas pessoas, ou só aponta pecados.

18º Domingo Comum

Leituras: Eclesiastes 1,2; 2,21-23; Colossenses 3,1-5.9-11; Lucas 12,13-21.

Neste Domingo, a Palavra de Deus vem mostrar-nos o que é o verdadeiro tesouro para a vida humana. Com certeza não é vencer com a segurança de bens materiais, dinheiro, lucro, acúmulo e interesses pessoais; mas sim com a convivência fraterna, a partilha, a solidariedade e o bem comum a exemplo de Jesus, que "sendo rico se fez pobre e servo da humanidade". Vejamos as leituras.

A 1ª leitura do Livro do Eclesiastes é ousada ao afirmar: "Ilusão das ilusões! Tudo é ilusão!" (1,2). Essa frase diz que a vida é vaidade, é absurdo, tudo passa, ela é como uma bolha de sabão. Por quê? Na época (250 a.C.), o império grego, por meio dos impostos pesados, explorava a família dos Tobíades a tal ponto de tornar a vida insuportável. O povo trabalha muito e "nem mesmo de noite repousa seu coração" (2,23).

O Evangelho inicia com o pedido de uma pessoa do meio da multidão: "Mestre, dize ao meu irmão que reparta a herança comigo" (v. 13). Em resposta Jesus faz uma outra pergunta: "Quem me encarregou de julgar e dividir os bens entre vocês?" (v. 14). É claro que a resposta é "ninguém". Se Jesus tivesse encerrado o diálogo nisso, poderíamos dizer que Jesus não se importa com o clamor de justiça do povo. Mas Ele continua a conversa com uma advertência: "Atenção! Tomai cuidado contra todo tipo de ganância, porque mesmo que alguém tenha muitas coisas, a vida de um homem não consiste em abundância de bens" (v. 14).

Jesus denuncia um tipo de mentalidade que está por detrás do pedido feito para que Ele reparta a herança: a mentalidade da não partilha, do acúmulo e, consequentemente, da perda do sentido da vida, tanto para quem acumula, quanto para quem é subtraído.

Em seguida, Jesus conta uma parábola de um homem rico que fez uma grande colheita e não tinha onde guardar. Resolve desmanchar seus celeiros e construir outros maiores, para armazenar seu trigo por vários anos. "Louco! Nesta mesma noite você vai ter de devolver sua vida. E as coisas que você preparou, para quem vão ficar?" (v. 20).

Na 2ª leitura, de São Paulo aos Colossenses, o que vale são as coisas do alto, é preciso fazer morrer a imoralidade, a impureza, a paixão, os maus desejos e a cobiça, que são formas de idolatria. Não mentir, para viver o homem novo do Cristo Ressuscitado.

19º Domingo Comum

Leituras: Sabedoria 18,6-9; Hebreus 11,1-2.8-19; Lucas 12,32-48.

A liturgia deste final de semana nos fala do significado de se esperar em Deus. Nossa esperança em Deus muitas vezes é acomodada, descompromissada; ficamos sempre aguardando a ação de Deus e não tomamos a iniciativa de arrumar "nossa casa" para a chegada do Senhor. Arrumar a casa é "arregaçar as mangas". No Evangelho é servir, trabalhar para defender os fracos, amparar e amar os pequeninos. Será que vale aqui o ditado popular "quem espera sempre alcança" ou dessa forma "quem espera nunca chega". Vejamos as leituras.

A 1ª leitura é tirada do Livro da Sabedoria, o trecho escolhido para essa liturgia mostra-nos a sorte diferente entre o povo hebreu e o povo egípcio na noite que marcou a saída do povo de Deus da terra da escravidão; o povo hebreu viveu aqui sua libertação, e o povo egípcio, a morte dos primogênitos. Isso ocorreu para mostrar a fidelidade de Deus em favor da vida, da liberdade. Outro aspecto mostrado no texto é o da solidariedade: "Os santos participariam solidariamente dos mesmos bens e dos mesmos perigos" (v. 9).

O Evangelho de Lucas começa falando que os discípulos de Jesus são um "pequeno rebanho", a partir do qual o Reino de Deus vai manifestar-se: "Vendam os bens e deem esmola. Façam bolsas que não se estragam, um tesouro no céu que não perde seu valor" (v. 33-34). O Reino de Deus se manifesta na partilha de bens.

Outro ponto de reflexão do Evangelho é a vigilância, "estejam com os rins cingidos, com as lâmpadas acesas" (v. 35). Igual à prontidão do povo hebreu ao sair do Egito e à prontidão dos discípulos deverá também ser a nossa. Isso é mostrado a seguir no próprio texto do Evangelho, em que Jesus conta a parábola dos servos que esperam seu senhor a voltar da festa de casamento (v. 36-38). A surpresa feliz e dada aos servos que estiverem vigilantes, pois irão sentar-se à mesa e o próprio Senhor vai servi-los.

Por fim, Pedro pergunta se essa história é só para as lideranças. Jesus responde contando outra parábola, a parábola do administrador fiel. Sua fidelidade está no serviço, ele ganha o título de administrador porque, a exemplo do Senhor, serve. É importante estar atento, porque "a quem muito foi dado, muito será pedido..." (v. 48).

A 2ª leitura é do cap. 11 da Carta aos Hebreus, é um hino da fé, que relata a história do Povo de Deus e de pessoas pertencentes a esse povo que os guiou na fé, pessoas como Abraão. Também o verso I dá uma definição de fé: "fé é um modo de já possuir aquilo que se espera, é um meio de conhecer as realidades que não se veem".

20º Domingo Comum

Leituras: Jeremias 38,4-6.8-10, Hebreus 12,1-4; Lucas 12,49-53.

Os protagonistas das leituras deste final de semana são Jeremias e Jesus, diz-se até que Jeremias prefigurou Jesus. São protagonistas porque lutam pela paz, porque compreendem e são fiéis ao projeto de Deus, que não compactua com a mentira e com a enganação; assim, em nome da verdade se submetem a situações difíceis de vida. Hoje, somos levados a refletir em nossa fé; será que muitas vezes não deixamos de ser fiéis a Deus por medo de passar por situações desafiadoras?

A 1ª leitura é do profeta Jeremias, que assumindo falar em nome de Deus não é nem um pouco omisso, pois sujeitou-se a ir parar no fundo de uma cisterna do palácio real para morrer de fome e de sede e ser considerado ainda um traidor da pátria. Um amigo de Jeremias convence o rei a tirá-lo da cisterna, assim acontece e o rei pede uma palavra vinda de Javé, ele fala e novamente é repelido. Jeremias permanece no pátio do palácio até a destruição da cidade.

O Evangelho é de Lucas e está mostrando palavras nada moderadas que saem da boca de Jesus: "Eu vim trazer fogo à terra e como já desejaria que estivesse aceso" (v. 49); "pensais que vim estabelecer a paz sobre a terra? Não, eu vos digo, mas a divisão" (v. 51); "ficarão divididos pai contra filho..." (v. 53). Com essas palavras Jesus quis mostrar aos discípulos aonde iria chegar sua missão sobre a terra. Por causa de tanta hipocrisia no mundo, seu julgamento leva o próprio "Filho do Homem" a posturas de enfrentamento; não só Ele, mas também seus discípulos, chegando a causar divisões a partir da própria família por causa do Reino de Deus.

A 2ª leitura é tirada da Carta de São Paulo aos Hebreus, ela vem coroar nossas reflexões de hoje falando-nos do exemplo de Cristo, que "com os olhos fixos naquele que é o autor e realizador da fé... suportou a cruz, desprezando a vergonha..." (v. 2).

21º Domingo Comum

Leituras: Isaías 66,18-21; Hebreus 12,5-7.11-13; Lucas 13,22-30.

As leituras deste domingo querem mostrar-nos que a salvação é para todos, e que ninguém pode considerar-se o melhor ou o primeiro. Pois desde que o pecado existe no mundo todos temos que nos esforçar e nos sacrificar para passar pela "porta estreita".

A 1ª leitura é de Isaías 66, ela inicia dizendo que todas as nações se reunirão e verão a glória de Deus. Os que forem convertidos se tornarão missionários em todas as nações espalhadas pelo mundo. O texto cita sete cidades, que indica as nações espalhadas pelos quatro pontos cardeais.

Em seguida, o autor faz referências à glória de Deus. Qual será essa glória? A glória de Deus nesse texto é um sacerdócio renovado, não mais preso a uma descendência nem a uma oferta de sacrifícios de animais, mas dedicado às pessoas, à libertação das pessoas.

O Evangelho é um trecho do capítulo 13 de Lucas e começa dizendo que Jesus ia atravessando por povoados e nações, ensinando e prosseguindo caminho para Jerusalém. Segundo São Lucas essa caminhada de Jesus não é só histórica, mas traz um sentido de fé, é a caminhada da vida, da conversão a partir dos ensinamentos de Jesus.

Nessa caminhada surge a pergunta: "Senhor, quem irá se

salvar?" (v. 23). Porque na cabeça de muitos a salvação estaria reduzida a uma nação ou a um grupo eleito. Jesus não responde a pergunta, para Ele o caminho da salvação é a porta estreita, que significa comprometer-se com o projeto do Reino de Deus, é a prática da justiça.

Jesus explica isso com uma parábola. É a parábola da porta da sala do banquete, onde muitas pessoas estão querendo entrar, os que se consideram mais conhecidos dizem: "Senhor, abre a porta para nós, que comemos, bebemos e ouvimos suas pregações". Mas Jesus rejeita todos. Por quê? Porque esses só cumpriam legalmente as normas da religião, suas vidas eram injustas e em seus corações não existia amor.

O que fazer então para entrar no Reino? É preciso ter a prática de Abraão, Isaac, Jacó, os profetas...

A 2ª leitura, tirada da Carta aos Hebreus, nos faz lembrar certas frases já ouvidas muitas vezes: "Meu pai era durão, com ele tinha que ser tudo ali, na linha... mas ele me ensinou tudo direitinho sobre a vida". Assim também fala a 2ª leitura: "Meu filho, não desprezes a educação do Senhor, não desanimes quando te repreende, pois o Senhor corrige a quem ele ama e castiga a quem aceita como filho" (v. 6).

22º Domingo Comum

Leituras: Eclesiástico 3,17-18.20.28-29;
Hebreus 12,18-19.22-24a; Lucas 14,1.7-14.

As leituras deste final de semana nos falam da humildade, que é uma grande virtude cristã, principalmente numa cultura atual, que diz que é feliz quem é "esperto", quem quer subir na vida, quem quer levar vantagem em tudo.

A 1ª leitura do Livro do Eclesiástico apresenta dois modos de ser, o primeiro ser humilde e o segundo ser orgulhoso. A humildade é uma forma de "encontrar graça diante do Senhor" (v. 18b). Mesmo que alguém seja considerado grande é preciso ser humilde, porque só Deus é grande.

O orgulho é visto na Bíblia como um mal sem cura; "não existe remédio para o mal do orgulhoso, pois uma planta ruim está enraizada nele" (v. 28). O orgulho é a pessoa achar que pode fazer tudo sozinha, sem ajuda de ninguém, é achar que é melhor que os outros, é adorar a si própria.

O final do texto dessa leitura traz um discernimento: "O homem inteligente reflete sobre os provérbios, e o que o sábio deseja é um ouvido atento" (v. 29).

O Evangelho é de Lucas, em que Jesus, num Sábado, foi fazer uma refeição na casa de um dos chefes dos fariseus. Jesus notou que os convidados escolhiam os primeiros lugares, e que o jantar era de pessoas influentes e amigos dos chefes dos fariseus (pessoas de posse). Era uma festa da alta sociedade. Jesus aproveita essa festa para mostrar quais as condições para sentar-se à mesa do Reino.

Jesus começa a parábola dizendo "quando tu fores convidado para uma festa não ocupes o primeiro lugar..." (v. 8-10). Porque "quem se eleva será humilhado, quem se humilha será elevado" (v. 11). Depois disse: "Quando você for dar um almoço ou um jantar, convide os pobres, os aleijados, os coxos, os cegos... então será feliz" (v. 12-14).

Os dois conselhos de Jesus na parábola são para as lideranças, Ele quer mostrar para elas que para sentar-se à mesa do Reino a regra não é acumular e concentrar somente com aqueles que têm condições de retribuir, mas partilhar e ser solidário.

A 2ª leitura é de Hebreus relatando dois modos de experimentar Deus, um conhecido no Antigo Testamento, a Aliança no Sinai, "fogo ardente, trevas... (v. 18-19). Outro, no Novo Testamento, Jesus com sua morte e ressurreição, tornando o mundo um lugar de presença divina, e, hoje, queremos continuar com a presença de Jesus continuando suas obras".

23º Domingo Comum

Leituras: Sabedoria 9,13-18; Filêmon 9-17; Lucas 14,25-33.

As leituras desta missa trazem uma reflexão em torno das exigências para ser cristão, ressaltando que elas são feitas de renúncias. Ou melhor, escolhemos dentre tantas coisas aquilo que é o mais importante: O Reino de Deus.

A 1ª leitura é do Livro da Sabedoria, esse livro é na ordem cronológica o mais novo do Antigo Testamento. É atribuído a Salomão, o patrono da sabedoria. O texto começa falando da pequenez do raciocínio humano, em vista do grande valor que se dava na época ao pensamento grego: "Quem pode imaginar os desígnios do Senhor? (v. 13). "Os pensamentos dos mortais são tímidos e incertos..." (v. 14). Mas "... lhes destes Sabedoria e do alto lhes enviastes teu santo espírito" (v. 18). A Sabedoria é o conhecimento que agrada a Deus.

O Evangelho é de Lucas, é o trecho da viagem a Jerusalém, é uma mensagem para quem está vivendo sua fé no anonimato da comunidade, no afrouxamento. Porque não se pode seguir Jesus sem ter uma prática atuante. É olhar para muitos católicos que estão indiferentes a sua fé, nos dias de hoje.

As condições para segui-lo são as seguintes:

a) *desapego afetivo:* pai, mãe, mulher, filhos, irmãos, irmãs e até a própria vida;

b) *disponibilidade para a cruz:* identificar-se com o projeto do Mestre;

c) *renunciar tudo:* "se não renunciar tudo o que tem não pode ser meu discípulo" (v. 33).

O trecho traz ainda duas pequenas parábolas ilustrativas: uma se baseia nos grandes projetos de engenharia, a construção de uma torre; outra, numa estratégia militar, o rei prudente. Elas querem mostrar que o seguimento de Jesus compara-se à realidade de um arquiteto e à prudência de um rei.

A 2ª leitura é de São Paulo a Filêmon. Paulo devolve o escravo Onésimo a Filêmon, pois ele havia fugido, mas se encontrou com Paulo na prisão e foi convertido ao cristianismo. Paulo pede para Filêmon recebê-lo como se fosse ele próprio, com uma nova atitude cristã.

24º Domingo Comum

Leituras: Êxodo 32,7-11.13-14; 1ª Timóteo 1,12-17; Lucas 15,1-32.

Não há salvação sem perdão. Esse é o tema central das leituras deste final de semana. Ficamos sempre apreensivos com o sofrimento das pessoas queridas e desejamos o bem para elas, sem nos importarmos se elas têm culpa ou não, com o que estão passando. Se somos assim, quanto mais não será nosso Deus para conosco: "Esse homem acolhe pecadores e come com eles" (Lc 15,2).

A 1ª leitura é do Livro do Êxodo, é a narrativa do bezerro de ouro. Ele pode significar a intenção do povo de fabricar um ídolo segundo suas supostas necessidades e abandonar o verdadeiro Deus.

O texto conta que Moisés estava conversando com Deus na montanha, o próprio Deus fala para ele que o povo se corrompeu adorando o bezerro; esse povo de cabeça dura será exterminado. Moisés fica assustado com isso e fala com Deus sobre as promessas de descendência para com Abraão, Isaac e Israel. Diante disso Deus decide não fazer o mal que havia ameaçado.

O Evangelho é o capítulo 15 de Lucas, esse texto revela o ser de Deus, nas atitudes e parábolas de Jesus que mostram o perdão e a misericórdia do Pai. A atitude está em ter ido comer com os pecadores, e as parábolas em se alegrar com o encontro de quem estava perdido. São três parábolas: a ovelha perdida, a moeda de prata extraviada e a do "filho pródigo". Tanto o pastor que procura a ovelha, como a mulher que varre a casa e o pai do "filho pródigo" são personagens que representam atitudes de Deus. Deus procura incansavelmente os pecadores.

Refletindo sobre a "parábola do filho pródigo", notamos uma cena breve de início, em que o filho mais novo pede sua parte da herança, o pai lhe dá e ele sai de casa. É a liberdade e imparcialidade de Deus para com seus filhos.

Longe da família, o filho mais novo se perde, deixa de ser filho e passa a ser escravo, passa a conviver com os porcos, uma situação humilhante. Mas toma consciência e quer retornar ao pai; reconhece o pecado, a perda da filiação e quer ser admitido como servo (v. 18-19).

A compaixão do pai ao vê-lo retornando demonstra o amor de Deus para com o sofrimento e humilhação humanos. As atitudes do pai de abraçá-lo, vesti-lo, calçá-lo retratam uma verdadeira festa da ressurreição.

O filho mais velho, que parecia bonzinho, "há tantos anos eu te sirvo" (v. 29), não quer saber de reconciliação, é um fariseu que se sente servo e não filho, e reclama que tendo trabalhado a vida inteira nunca ganhou um cabrito, não entende que tudo o que é do pai também é dele. A parábola não diz se o filho mais velho entrou ou não para a festa.

Na 2ª leitura Paulo escreve a Timóteo, dizendo que mesmo sendo pecador, imperfeito, Cristo chamou-o ao serviço, porque Deus é bom. Isso é motivo de ação de graças. E mais ainda, em Cristo, Paulo encontrou misericórdia e toda a grandeza do coração.

25º Domingo Comum

Leituras: Amós 8,4-7; 1ª Timóteo 2,1-8; Lucas 16,1-13.

O Evangelho deste final de semana conta a parábola do administrador astuto. Jesus ao contar esta parábola mostra que somos mais espertos para as coisas deste mundo do que para com o anúncio do Reino de Deus. É necessário ser melhor no serviço do Reino, não perdendo de vista os valores éticos do evangelho — "os filhos deste mundo são mais espertos em seus negócios do que os filhos da luz" (v. 8) e "vós não podeis servir a Deus e ao dinheiro" (v. 13).

A 1ª leitura é do Livro do Profeta Amós, ele foi profeta num período de injustiças sociais e manipulações religiosas, naquele tempo o comércio era muito próspero, vivia-se o "milagre econômico", mas a população pobre também aumentava. No cap. 8, Amós se levanta contra os comerciantes gananciosos, que por detrás de sua riqueza escondiam a injustiça social. Na época a Lei proibia o comércio nas datas festivas (lua nova, início de mês, sábado), as quais serviam de descanso para o povo, a Lei também garantia a prática da justiça, mas eles burlavam: vendiam o refugo do trigo para os pobres, diminuíam medidas, adulteravam balanças e compravam a simpatia dos pobres dando-lhes sandálias.

O Evangelho é de Lucas e narra a parábola do administrador infiel. Por sua infidelidade ele está ameaçado a perder o emprego, mas consegue uma engenhosa solução, que de fato não é um comportamento exemplar. Pois ele faz abatimentos clandestinos nas dívidas de seu patrão, para obter garantias junto a seus amigos na hora do desemprego.

O que Jesus quer elogiar não é a desonestidade, mas a astúcia do administrador, sua criatividade, sua capacidade inventiva, sua imaginação para resolver um problema. Com isso Jesus quer dizer que é preciso ser esperto com as coisas de Deus. Na hora de servir o Reino de Deus não podemos ser rotineiros, pouco criativos, fazer pela metade, fazer por mera obrigação e não nos preparar bem. É preciso também usar as mesmas competências que usamos para outras atividades nas atividades do Reino, sem perder de vista a prioridade: Deus e não o dinheiro.

A 2ª leitura é da Segunda Carta de São Paulo a Timóteo. Nesse texto São Paulo insiste em pedir a Timóteo que suas orações sejam destinadas a salvação de todos, pois esta é a grande bandeira de Paulo; o cristão reza por todos. Reza com pedidos, orações, súplicas e ação de graças (v. 1), pois quem reza assume os mesmos sentimentos de Deus, portanto só se reza verdadeiramente sem rancores no coração.

26º Domingo Comum

Leituras: Amós 6,1.4-7; 1ª Timóteo 6,11-16; Lucas 16,19-31.

A parábola deste final de semana é do rico e do pobre Lázaro. É a continuação do Evangelho da semana passada. Se na semana passada Jesus questionava a falta de interesse pelas coisas de Deus, nesta semana, ele questiona a omissão para com o problema dos necessitados. Aliás, não só o Evangelho, mas também a 1ª leitura de Amós segue o mesmo itinerário, porque na semana passada Amós "solta a boca" sobre os ricos desonestos. Nesta semana, sobre os que são acomodados, os que só cuidam de seus afazeres, os que só comem, bebem e se divertem...

A 1ª leitura é do Livro do Profeta Amós, na qual ele contesta a falsa segurança dos que detêm o poder e a riqueza; "Ai dos que vivem despreocupadamente..." (v. 1), "por isso eles irão para o desterro, na primeira fila, e o bando dos gozadores será desfeito" (v. 7). Amós está prevendo que vai chegar uma hora que toda essa farsa cairá por terra. Eles serão os primeiros da fila a perder a máscara das gozações para com os simples.

Amós caracteriza bem em sua época quem são essas pessoas: "Os que dormem em camas de marfim, os que deitam-se em almofadas, os que comem os cordeiros dos rebanhos e os novilhos de seu gado, os que cantam ao som das harpas, os que bebem vinhos em taças e os que usam perfumes finos. Enfim, os que não se preocupam com as ruínas" (v. 4-6). Diante desse texto, não é preciso nem refletir muito para saber quem são essas pessoas nos dias atuais.

O Evangelho é da parábola dos seis irmãos ricos e de Lázaro. No início da parábola há uma descrição contrastante do rico que esbanjava luxo, "que se vestia com roupas finas e elegantes e fazia festas esplêndidas todos os dias" (v. 19), e um pobre "cheio de feridas, no chão, à porta da casa do rico, com fome" (v. 20). Lázaro, como os cães vinham lamber-lhes as feridas, era considerado também um "cão" impuro, ferido no corpo e na dignidade, excluído. Mas diante de Deus ele tem nome; Lázaro significa Deus ajuda. Deus optou por ele, assim como opta pelos pobres.

No céu a situação se inverteu, o rico está em tormentos e

Lázaro junto à Abraão. O rico pede para o Pai Abraão mandar Lázaro molhar a ponta do dedo para refrescar sua língua, por causa de seu sofrimento nas chamas. Isso é trágico para qualquer ser humano, quanto mais para quem só vivia em banquetes. Mesmo assim, o pedido foi negado porque havia um "abismo" entre eles. Esse abismo é explicado em outra passagem que diz "quando deres uma festa chama os pobres, os aleijados, os cegos..." (14,13-14).

Em seguida, o rico faz um segundo pedido para que Lázaro seja enviado para avisar seus cinco irmãos, para que não tenham o mesmo fim (v. 28). Abraão diz que se a Lei e os Profetas não conseguem convencê-los, nem que alguém ressuscite e volte também não os convencerá. Fica então a pergunta, os cinco irmãos ricos estão perdidos? Se permanecerem insensíveis aos pobres, sim. Mas se aprenderem com Jesus a partilha dos bens, possuirão a vida. Com nossa comunidade também é assim, ou partilhamos ou não conheceremos o Reino de Deus.

A 2ª leitura é da Primeira Carta a Timóteo. Paulo considera Timóteo um filho na fé, um homem de Deus. Ordena-lhe o seguimento da justiça (retidão diante das pessoas), da piedade (retidão diante de Deus), da fé (adesão a Jesus Cristo), do amor (comportamento comunitário), da firmeza (perseverança) e mansidão (característica do cristão).

27º Domingo Comum

Leituras: Habacuc 1,1-3; 2,2-4; 2ª Timóteo 1,6-8.13-14; Lucas 17,5-10.

No Evangelho deste final de semana os discípulos pedem a Jesus: "Senhor aumenta nossa fé" (v. 5). Por que será que os discípulos fizeram esse pedido a Jesus? Qual a compreensão de fé dos discípulos? Será que os problemas que os discípulos enfrentavam eram tão grandes quanto os nossos? Será que as comunidades no tempo dos discípulos desanimavam fácil como desanimamos com a participação na vida em comunidade? Os problemas são grandes, mas a nossa fé é fraca. E, mais ainda, muitas vezes pensamos que temos fé o suficiente. Mas, na verdade, falta qualidade a nossa fé.

A 1ª leitura é de Habacuc, ele acusa Deus de estar fechando os olhos para as injustiças e violências; "Senhor até quando clamarei, sem me atenderes? Até quando devo gritar 'violência', sem me socorreres?" (1,2). Mas Deus responde que está disposto a tomar providências. Deus irá, de uma vez por todas, acabar com a injustiça, "quem não é correto vai morrer, mas o justo viverá por sua fé" (2,4).

A preocupação de Lucas ao escrever seu Evangelho era animar as comunidades para a prática cristã. Pois as primeiras comunidades não estavam mais conseguindo reproduzir, na prática, o projeto de Deus. Essas comunidades que de início eram tão fervorosas, agora vivem uma crise de fé. Por isso, os discípulos pedem a Jesus: "Senhor, aumenta nossa fé".

Jesus responde com uma parábola, a parábola do grão de mostarda e do empregado (para mostrar que a fé e o serviço superam as dificuldades). A semente de mostarda tão minúscula, mas capaz de tornar-se uma grande árvore; se a fé for assim, poderá transpor grandes obstáculos, simbolizados no texto pela amoreira, que tem raízes profundas. E o empregado que, embora livre, assume posição de servo, para garantir a dignidade do serviço. O Evangelho também é assim, é preciso ser anunciado na gratuidade.

Na 2ª leitura, São Paulo pede a Timóteo que alimente constantemente o dom recebido de Deus pela imposição das mãos e ainda para fugir do sofrimento, mas manter firme o testemunho; "reaviva o Dom de Deus que há em ti... não te envergonhes do testemunho" (1,6-8).

28º Domingo Comum

Leituras: 2º Reis 5,14-17; 2ª Timóteo 2,8-13; Lucas 17,11-19.

A mensagem deste final de semana refere-se ao agradecimento de tudo aquilo que Deus nos dá, em seu imenso amor. Nem sempre, porém, sabemos reconhecer suas graças. É o exemplo dado no Evangelho de hoje, que dos dez leprosos curados apenas um voltou para agradecer.

A 1ª leitura é do 2º Reis e narra a cura de Naamã, o general Sírio que sofria de lepra. Naamã é curado por causa de sua fé. Com fé, ele é capaz de ter a humildade em reconhecer a presença do verdadeiro Deus em Israel, pois nos versículos anteriores desse texto é narrado que ele poderia ter procurado a cura em rios mais famosos, mas ele acredita que o verdadeiro Deus está no pequeno rio Jordão. Naamã quer "pagar a graça", oferecendo a Eliseu um presente, mas Eliseu não aceita. Por fim, Naamã quer levar um pouco de terra de Israel para colocar no altar de suas orações.

Desse episódio podemos tirar algumas conclusões. Primeiro sobre quem é o profeta; Eliseu é um homem de Deus e de fama internacional, é alguém a serviço de Deus para todos. Segundo, a graça não tem preço, porque a relação com Deus deve ser de reconhecimento e confiança, e entre as pessoas as relações devem ser de serviço e gratuidade.

No Evangelho, cap. 17 de Lucas, Jesus passando entre a Samaria e a Galileia cura dez leprosos, que eram obrigados a morar fora do povoado, longe do convívio social, inclusive o que volta para agradecer era samaritano. A lepra era considerada castigo de Deus. Ainda mais o leproso estrangeiro era o símbolo de toda a marginalização. E, quando alguém se aproxima deles, por Lei, eram obrigados a gritar para que se afaste. Mas, com Jesus, eles transgridem a Lei e pedem: "Jesus, mestre, tem compaixão de nós" (v. 13). Jesus segue o costume da época e manda-os até os sacerdotes. Quando eles começam a caminhar ficam curados e só o samaritano volta para agradecer. Jesus pergunta a ele sobre os demais. E diz: "Levanta-te e vai! Tua fé te salvou" (v. 19).

Os detalhes desse texto são importantes, por exemplo, a cura acontece quando eles estão caminhando. Isso significa que a cura também depende de nossa fé. O samaritano voltou louvando e agradecendo em voz alta, jogou-se ao chão, aos pés de Jesus e agradeceu, essa é uma grande expressão e testemunho de que Deus está libertando os marginalizados. Quanto aos que não voltaram para agradecer, entendemos que não estavam bem preparados para a convivência e nem para o bem que lhes foi feito. É o mesmo caso hoje de pessoas que só andam mal-humoradas, "azedas" e de caras amarradas.

Na 2ª leitura São Paulo fala a Timóteo, seu filho na fé, que é preciso suportar qualquer coisa pelos eleitos, porque "se com Ele morremos com Ele viveremos". Paulo está algemado. Mas a Palavra de Deus não.

29º Domingo Comum

Leituras: Êxodo 17,8-13; 2ª Timóteo 3,1-4,2; Lucas 18,1-8.

Insistência é a palavra-chave das leituras deste final de semana. No Evangelho de Lucas, Jesus nos conta a parábola da viúva insistente e do juiz desinteressado. Por que precisamos ser insistentes? Será que Deus é um juiz desinteressado? Claro que não! Pois Deus está sempre a nosso favor, ele é fiel. A oração insistente é que nos irá manter ligados ao Pai para fortalecer a esperança e alimentar a fé. Vejamos as leituras.

A 1ª leitura é do Livro do Êxodo, ela conta a vitória do povo de Israel em luta contra os amalecitas. O povo de Israel é representado por Moisés e os amalecitas por Amalec. Sabemos pela história que havia uma grande rivalidade entre esses dois povos, que se odiavam apesar de terem os mesmos antepassados, os patriarcas. No Êxodo, Moisés é o intercessor entre Deus e seu povo. E Amalec representa os que tentam abortar as promessas de Deus, impedindo que o povo tenha terra.

Para que Moisés pudesse manter-se firme contou com a participação de dois amigos, Arão e Hur, que o apoiavam, não com uma mágica, mas mantendo-o firme, pois isso também dava firmeza ao povo.

O Evangelho é de Lucas, escrito para uma comunidade que estava achando demorada a vinda do Reino. Por isso Jesus mostra na parábola a necessidade de rezar sempre, sem esmorecer.

Os oprimidos (a viúva) e opressores (o juiz) moram na mesma cidade. A viúva é o símbolo dos injustiçados, o juiz não respeitava a lei, nem as pessoas. A viúva insiste em azucrinar a vida do juiz, até o ponto de cansar-se dela e ter medo de ser agredido (levar um tapa na cara em praça pública, v. 5).

Assim como agiu a viúva, devem agir também os cristãos; perseverar no testemunho e na oração insistentemente para que Deus faça justiça aos eleitos. Por fim, a parábola nos questiona: "Quando o Filho do Homem voltar para fazer justiça encontrará fé sobre a terra?" (v. 8).

A 2ª leitura, da Segunda Carta de São Paulo a Timóteo, mostra no v. 5 que Timóteo conhece a Bíblia desde a infância, "ela tem o poder de comunicar a sabedoria, que conduz a salvação pela fé em Cristo Jesus" (v. 14). A Bíblia "é inspirada por Deus e útil para ensinar, para denunciar, para corrigir, para educar na justiça, a fim de que o homem de Deus seja perfeito e qualificado para toda boa obra" (v. 15-16).

30º Domingo Comum

Leituras: Eclesiástico 35,15b-17.20-22a;
2ª Timóteo 4,6-8.16-18; Lucas18,9-14.

O Evangelho deste final de semana quer mostrar que a vontade de Deus é a coerência da vida humana. Nossa fé em Deus deve ser firmada na legítima verdade, não podemos criar um deus a nossa imagem e semelhança, nós é que devemos conhecer e viver a sua imagem e semelhança. Pela crise ética que se vive nos dias atuais, em que os valores universais que garantem a vida estão ameaçados, corremos o risco de também relativizarmos o Evangelho, manipulando uma fé e uma religião somente ao gosto particular; "aquilo que é bom para mim, aquilo que eu gosto, é o que vale, é o meu critério".

A 1ª leitura do Livro do Eclesiástico tem nos dois primeiros versículos uma justificativa do porquê Deus não aceita ofertas injustas, "ele é juiz que não faz distinção de pessoas" (v. 15). Em seguida o texto mostra quem é que agrada a Deus; "daquele que o serve, servindo ao próximo, respeitando-o e respeitando o que lhe pertence" (v. 16a).

O Evangelho é a parábola do fariseu e do publicano. Essa parábola é para desmascarar a falsa religião, mostrar aos discípulos como se relacionar autenticamente com Deus. Os dois vão ao templo para rezar, à primeira vista tem-se a impressão de que o fariseu esteja correto e o publicano errado.

O fariseu tem "consciência" de não ser como as demais pessoas, dirige-se a Deus com altivez, reza em voz alta, de pé, enumerando suas qualidades de não ser como os outros (ladrões, injustos e adúlteros). Diz que jejua, paga dízimo. Seu erro consiste em se julgar merecedor da benevolência divina.

O publicano, cobrador de impostos, acusado de corrupto, considerado como pessoa de moral pervertida. Ele reconhece-se pecador e "à distância, nem se atrevia a levantar os olhos para o céu, mas batia no peito dizendo: 'Meu Deus, tem piedade de mim que sou pecador!'" (v. 13).

Jesus conclui dizendo: "Este último voltou para casa justificado (perdoado), o outro não" (v. 14). Isso mostra a falsidade da oração do fariseu, porque cria diferenças e divisões, fazendo da oração uma troca de favores. A oração do publicano é autêntica porque nasce de sua miséria e de sua condição de pecador, reconhece Deus misericordioso.

Na 2ª leitura, Paulo está preste a morrer e faz uma revisão olhando para seu passado e para seu futuro. No passado Paulo diz: "Combati o bom combate, completei a corrida, guardei a fé" (v. 7). No futuro, tem esperança de receber a coroa da justiça.

31º Domingo Comum

Leituras: Sabedoria 11,22-12,1; 2ª Tessalonicenses 1,11-2,2; Lucas 19,1-10.

"Mas a todos perdoas, porque são teus: Senhor amigo da vida!" (Sb 11,26). Ninguém está excluído do amor e da misericórdia de Deus, pois Ele é amigo da vida. E "o Filho do Homem veio procurar e salvar o que estava perdido" (Lc 19,10).

A 1ª leitura é do Livro da Sabedoria, que é uma grande teologia da misericórdia de Deus. Diante da grandeza de Deus tudo é nada, exceto seu povo (cf. Is 40,15). "Mas compadeces de todos, tudo podes" (v. 23), são a universalidade e o poder de Deus realçados, e diante do pecado humano ele fecha os olhos para que se arrependam. Ele ama tudo o que criou, não se aborrece com nada do que fizeste. Ele é amigo da vida. "Pouco a pouco corriges os que caem..." (12,2).

O Evangelho é de Lucas; para ele, Jesus é aquele que "está no meio de nós", Jesus é a salvação que entra em nossa casa, entra na casa dos pecadores, do publicano, Zaqueu, que é rico, não é uma pessoa qualquer, é um chefe dos coletores de impostos, malvistos pelos judeus; ele manipulava e possuía dinheiro. Zaqueu com constância e entusiasmo quis ver o Senhor.

Zaqueu, em cima da árvore, é chamado por Jesus para ficarem em sua casa. Em seguida, ele desce da árvore e vão para casa de Zaqueu. Curiosamente é Jesus quem convida Zaqueu para abrir a porta. A iniciativa sempre parte de Deus, para conosco também. Ele se mostrou pronto a seguir Jesus, partilhando a metade de seus bens aos pobres e restituindo o quádruplo dos quais ele havia roubado. Jesus na vida de Zaqueu leva-o a repartir e compartilhar. Ninguém está excluído do chamado de participar do Reino.

A 2ª leitura é da Segunda Carta de São Paulo aos Tessalonicenses. Paulo diz estar rezando por todos dessa comunidade para que Deus os faça dignos de suas vocações, porque estão sempre crescendo na fé mesmo sofrendo as perseguições, e que o Senhor Jesus os compensará, caso continuem com essa mesma serenidade.

32º Domingo Comum

Leituras: 2º Macabeus 7,1-2.9-14; 2ª Tessalonicenses 2,16-3,5; Lucas 20,27-38.

Na medida em que se aproxima o final do ano litúrgico, é sempre bom irmos renovando nossa esperança na ressurreição. É esse o enfoque deste final de semana, ter fé na ressurreição, pois nosso Deus é o Deus da vida, não da morte.

A 1ª leitura é de 2º Macabeus e conta a história dos sete irmãos barbaramente torturados diante da mãe, eram torturados porque comiam carne de porco, o que significava para eles quebrar a fidelidade a Deus. Na história dos Macabeus essa recusa significava não aceitar a dominação grega, era ficar com Deus e recusar a escravidão. Na medida em que a tortura vai acontecendo, os Macabeus vão revelando sua fé, que traz uma novidade vital para o povo. Pela primeira vez no Antigo Testamento é expressa a fé na ressurreição; "é preferível ser morto pelos homens tendo em vista a esperança dada por Deus, de que ele um dia nos ressuscitar" (v. 14). Esse texto também nos faz lembrar as torturas dos dias atuais, nas guerras, nas prisões.

O Evangelho é de Lucas e amplia a reflexão sobre a ressurreição, pois se nos dias de hoje muitas pessoas vivem sem convicção da ressurreição, naquele tempo também. Nesse Evangelho os saduceus (chefes dos sacerdotes, nobres e latifundiários), gente de grande poder econômico e político, tentam enrolar Jesus com uma pergunta: "Se alguém tiver um irmão casado e este morrer sem filhos, o irmão deve casar-se com a viúva a fim de garantir a descendência para seu irmão?" (v. 24).

Jesus responde em duas etapas. Primeiro que o mundo futuro não é reprodução da vida terrena, pois no céu serão como anjos. Isso significa a impossibilidade de se descrever a vida em plenitude. Segundo, que a ressurreição é revelada pelo próprio Deus dos vivos, pois se os patriarcas tivessem morrido "para sempre" Deus seria contraditório ao afirmar ser o Deus dos patriarcas.

A 2ª leitura é de 2ª Tessalonicenses e fala de como devemos nos comportar na espera do fim do mundo. É uma oração de Paulo que agradece a Deus a graça da esperança eterna a todos os fiéis, mas nos alerta a confirmar isso por meio de uma religião verdadeira (boa ação e palavra). Paulo também pede à comunidade que reze por ele, "para que a Palavra do Senhor seja difundida e glorificada... e para que sejamos livres dos homens perversos, pois nem todos têm fé" (3,1-2). Por fim, há uma certeza: "O Senhor é fiel e os guardará de todo mal" (v. 4). E também é isso que todos nós desejamos, "que o Senhor dirija vossos corações ao amor de Deus e à firme esperança em Cristo" (v. 5).

33º Domingo Comum

Leituras: Malaquias 3,19-20a; 2ª Tessalonicenses 3,7-12; Lucas 21,5-19.

A 1ª leitura e o Evangelho deste final de semana trazem a linguagem apocalíptica para falar do que está acontecendo no mundo. Precisamos fazer um discernimento claro da realidade, da vida e da própria Palavra de Deus, é nisso que essas leituras vão nos ajudar.

Na 1ª leitura, assim como nos dias atuais, o povo esperava a justiça, a fraternidade e só vivia a opressão. Isso acontecia de maneira tão forte, que o povo chegava a dizer: "Vamos fazer como os injustos, pois os que praticam a injustiça prosperam, tentam a Deus e ficam impunes" (3,15). Hoje, da mesma forma, de tanto o povo conviver com a corrupção e impunidade acaba assumindo para si também essas práticas desonestas, é uma cultura presente no "jeitinho" brasileiro de ser, que não está de acordo com os valores da fé, apesar de o povo brasileiro ser muito religioso.

O profeta Malaquias, na 1ª leitura, está diante desse quadro, e anuncia profeticamente: "Eis que virá o dia abrasador como fornalha, eis que todos os soberbos e ímpios serão como palha" (3,19). Aqui a impunidade vai acabar para sempre, é preciso acreditar nisso para não se igualar aos ímpios, é necessário manter-se fiel a Deus mesmo em tempos difíceis.

O Evangelho é o relato de uma "nova história", que Jesus vai inaugurar, Lucas escreve isso para suscitar resistência no sofrimento do povo. Os v. 5 e 6 narram uma futura destruição do Templo, para afirmar que os sistemas injustos serão destruídos. Os discípulos perguntam a Jesus quando isso vai acontecer e qual o sinal desse fato. Jesus não responde a isso, mas aponta para o discernimento, porque muitos irão se apresentar em nome de Cristo, mas são falsos. Parece que vivemos isso nos dias atuais.

Mas o importante é fazer esse discernimento para não ser enganado. As catástrofes descritas não significam o fim do mundo, mas a vontade do povo de encontrar a liberdade; "um povo lutará contra outro povo, um país lutará contra outro país" (v. 10). Isso também pode significar a autodestruição dos sistemas de força.

Em meio à tanta violência os cristãos sofrerão perseguições, violências, martírios, na verdade era isso que estava para acontecer nas primeiras comunidades. Para os cristãos, em todos os tempos, é sempre preciso resistência inteligente e muita esperança: "É permanecendo firmes que ireis ganhar a vida" (v. 19).

A 2ª leitura é da Segunda Carta de São Paulo aos Tessalonicenses, e reflete sobre o trabalho e a justiça social. "Há alguns que vivem à toa, muito ocupados em não fazer nada" (v. 11). Esse fato pode ter dois significados, primeiro porque aqueles cristãos esperavam o fim do mundo em breve; segundo, porque o trabalho manual, na visão dos gregos, era para os escravos. Para mudar isso Paulo dá seu exemplo; "não temos vivido entre vocês na ociosidade. De ninguém recebemos de graça o pão que comemos. Pelo contrário trabalhamos dia e noite, para não sermos pesados a ninguém de vocês" (v. 7b-8).

Jesus Cristo, Rei do Universo

Leituras: 2º Samuel 5,1-3; Colossenses 1,12-20; Lucas 23,35-43.

Neste último Domingo da liturgia celebramos a Festa de Cristo Rei, significando que na caminhada de mais um ano de fé queremos coroá-lo como nosso Rei; também celebramos neste final de semana o dia do leigo, leigo é todo aquele que participa da Igreja sem receber o sacramento da ordem.

Nossa reflexão, nesta liturgia, está centrada na concepção que temos de "rei", porque no mundo em que vivemos ser rei é ser aquele que manda, inclusive muitas pessoas vivem como se tivessem o rei na barriga, quantas vezes não ouvimos pessoas dizer assim: "Você sabe com quem está falando?" Mas com Jesus é diferente, "seu reino é da verdade e da vida, reino da santidade e da graça, reino da justiça, do amor e da paz" (cf. prefácio da Festa de Cristo Rei), reinar para Jesus é se despojar de qualquer triunfalismo e estar a serviço dos mais fracos.

A 1ª leitura, de 2º Samuel, mostra o desfecho do processo que conduziu Davi à realeza sobre todo o povo de Israel, governou por trinta e três anos como alguém que lidera o povo nas lutas pela liberdade e justiça; "já antes quando Saul era nosso rei, na verdade eras tu quem conduzia os israelitas para a guerra e os trazia de volta" (v. 2a). Ele também tinha consciência de que o povo pertencia a Deus; "o Senhor te disse: 'és tu quem guiará meu povo como um pastor e será chefe de Israel'" (v. 2b). Sabia também conviver com as lideranças populares; "o rei Davi fez uma aliança com os anciãos de Israel" (v. 3 a).

O Evangelho é de Lucas narrando Jesus na cruz, no meio dos ladrões. Ao redor da cruz estavam muitos curiosos do povo, lideranças político-religiosas e soldados, eles ficavam zombando de Jesus; "... que salve a si mesmo, se é de fato o Messias, o Escolhido de Deus... Se tu és o Rei dos judeus salva-te a ti mesmo" (v. 35-37). Essa zombaria revela a falsa expectativa em torno de um messias triunfalista, rei ao molde dos poderes da época, mas Jesus foi feito Rei, pelo Pai, para salvar os que estavam à margem.

O episódio do bom ladrão é próprio de Lucas, caracterizando seu próprio Evangelho: a inesgotável misericórdia do Pai; a mística da cruz no seguimento de Jesus para chegar ao paraíso.

A 2ª leitura é de São Paulo aos Colossenses. Paulo escreve a eles porque estavam dando muita importância aos poderes angélicos, às forças cósmicas e a outros seres intermediários entre Deus e os homens, também valorizavam demais as festas religiosas. Por causa dessas coisas que Paulo quer mostrar que Cristo Jesus é a plenitude do humano e do divino; "Ele é a imagem do Deus invisível, o primogênito de toda criação... Ele é o Princípio, o primogênito dentre os mortos... por Ele Deus reconciliou consigo todos os seres, que estão na terra e no céu..." (v. 15-20).

FESTAS

TEXAS

Natal do Senhor

"Nasceu-vos hoje um Salvador, que é o Cristo Senhor."

Leituras: Isaías 9,1-6; Tito 2,11-14; Lucas 2,1-14.

O Natal é a festa da humanidade de Deus, Deus que se faz presente na história por uma mulher marginalizada. Jesus nasce no meio dos pobres, migrantes, pastores, para remi-los definitivamente. É uma Boa Notícia onde a história toma um rumo novo; é a solidariedade do Deus fiel e sua Glória que chega na Paz.

A 1ª leitura, de Isaías, descreve a situação de um povo que andava nas trevas (v. 1) e viu uma grande luz. É o povo de Israel que vivia oprimido e que Isaías profetiza a salvação que está próxima.

Isaías dava as características dessa salvação: é o começo de uma nova aurora, como na criação em que Deus com a luz trouxe ordem ao caos; é a paz e alegria, semelhante a quem faz uma grande colheita, como quem reparte as riquezas conquistadas nas guerras (v. 2). Porque tudo o que os oprimia foi destruído (v. 3 e 4) com o nascimento de um menino que será o Príncipe da Paz (v. 5) consolidado e sem limites (v. 6). Diante desse texto, cabe-nos uma questão em nossos dias: por que ainda hoje o povo de Deus continua oprimido?

O Evangelho é o relato do nascimento de Jesus, centrado no anúncio do anjo, "Nasceu-vos hoje um Salvador, que é o Cristo-Senhor" (v. 11), essa salvação passa também por sua morte e ressurreição. Por isso, o Evangelista dá os detalhes de seu nascimento com situações muito parecidas com sua morte e ressurreição: "Maria enfaixou Jesus e o colocou na manjedoura" (v. 7) e "José de Arimateia enfaixou o corpo de Jesus e o colocou no sepulcro (Lc 23,53).

Em seguida São Lucas preocupa-se em mostrar que a Salvação não vem dos poderosos, que querem usar do recenseamento para sobretaxar as pessoas livres e escravas, mas vem de um menino pobre nascido em uma manjedoura e visitado por pastores.

A 2ª leitura é de Tito, em que Paulo escreve-lhe contando com seu trabalho na Ilha de Creta, onde se havia misturado Evangelho com ensinamentos judaicos. Paulo pede a Tito para firmar-se na graça de Cristo Salvador que ensina a abandonar a impiedade e as paixões mundanas levando a uma vida equilibrada, justa e piedosa.

"A luz resplandeceu..."

Ouçamos um canto novo
tomando conta da terra:
Glória a Deus, Paz ao Povo,
ódio ao ódio, guerra à guerra!

Miséria, mentira e morte
não vão nos fazer parar.
Ó, venham, cantemos forte,
Inda é tempo de louvar!

O Senhor esteja convosco!
Ele está no meio de nós!
Os corações para o alto!
Ao Deus ressoe nossa voz.

Ó noite silenciosa! O desejado chegou!
A promessa foi cumprida: tempo de espera acabou

Bendito seja o Cristo Senhor,
hoje nascido — nosso Salvador!

Ó, noite silenciosa! Chegou-nos o Emanuel!
O clamor foi atendido, choveu justiça do céu!

Ó, noite silenciosa! A sede foi saciada!
O Esposo está à porta! Encontra sua amada!

Ó, noite silenciosa! Chegou o dia esperado!
Brotou a antiga raiz, sinal do céu nos foi dado!

Ó, noite silenciosa! Deus enviou seu Filho!
Nasceu o sol do oriente, a luz espelha seu brilho!

A vós, ó Pai, nesta noite, os servos cantam louvor,
tornados filhos no Filho, no Espírito de amor.

(Versos da proclamação do Natal)

Santa Maria, Mãe de Deus

Dia Mundial da Paz.

Leituras: Números 6,22-27; Gálatas 4,4-7; Lucas 2,16-21.

Primeiro de janeiro, Dia Internacional da Paz, Missa Festiva de Maria, Mãe de Deus. Feliz Ano Novo!

"Que o Senhor vos abençoe e vos guarde, dirija para voz seu olhar e vos conceda a Paz" (Nm 6,24-26).

No século XX houve um avanço extraordinário da técnica e

da ciência, proporcionando o bem-estar a uma parcela considerável da humanidade, mas também passamos por duas grandes guerras mundiais e muitos conflitos localizados. Construíram a bomba atômica.

Vivemos num mundo globalizado e, junto com a globalização, assistimos ao escândalo da fome, do desemprego, da crise econômica, do analfabetismo, das doenças, da corrida armamentista. São escândalos que atentam a dignidade da vida humana e conspiram contra a paz. Jesus Cristo foi o grande defensor da paz: "A paz esteja com vocês". A pessoa humana é digna e merecedora de respeito porque é filha de Deus. *Precisamos nos educar para a paz.*

A 1ª leitura é do Livro dos Números, é uma fórmula da bênção sacerdotal atribuída a Araão, bênção é sinônimo de vida, de liberdade, fecundidade e paz. No texto, Deus abençoa e guarda (protege e conduz a seu rumo), mostra sua face e é bom (favorece a vida). A bênção, além de ser sinal de carinho e proteção de Deus, é educativa. É como quando a mãe abençoa o filho e diz: "Deus te acompanhe", isso significa que esteja protegido por Deus, portanto ele deve se comportar como quem está na presença de Deus.

Assim como os filhos se parecem com os pais, o povo de Deus é chamado a ser sinal, ser parecido com o Pai. E entrar numa família é ter Deus como Pai, Maria como Mãe e Jesus como irmão.

No Evangelho, o nascimento de Jesus é anunciado primeiro aos pastores, isso é um grande sinal de que Deus veio primeiro para os excluídos (um pastor não podia ser eleito a cargo de juiz ou testemunha nos tribunais, por causa da má fama). Os pastores reconhecem no Menino o Salvador, Maria "guardava todos esses fatos e meditava sobre eles em seu coração" (v. 19), isso significa que ela interpreta as ações de Deus nos momentos mais obscuros da vida. Esse texto também revela a grande solidariedade de Deus para com a humanidade, porque Jesus é apresentado no Templo e traz todas as características de que Ele é a plena realização do plano do Pai.

A 2ª leitura é de São Paulo aos Gálatas e mostra Jesus "nascido de uma mulher", Maria é a porta da entrada de Jesus na família humana, Jesus se faz um de nós. Ele não é só o pregador dos 30 aos 33 anos, mas é também o filho de Maria, que cresceu em Nazaré, aprendeu o ofício de José, é um jovem que cresceu sob o olhar meditativo de Maria. São Paulo nos fala que somos herdeiros, Jesus é Filho, mas entregou sua vida pelo mundo. Será que nossa herança não é transformar o mundo em mais fraternidade e justiça? Às vezes só pensamos em desfrutar dessa herança sem preservá-la.

Epifania do Senhor

Os Magos: primícias da grande colheita da humanidade.

Leituras: Isaías 60,1-6; Efésios 3,2-3a.5-6; Mateus 2,1-12.

A festa da Epifania do Senhor é como um "Pequeno Natal". O Natal celebra a vinda de Jesus, a Epifania celebra sua manifestação. Epifania era o acontecimento da visita de um rei a uma cidade, fazendo uma entrada solene. E a religião assumiu como manifestação do poder divino em favor de um homem. A maior manifestação de Deus é a encarnação de Cristo, que celebramos no Natal. Mas houve outras manifestações: a adoração dos magos, o batismo, os milagres. Por fim, o episódio dos magos tornou-se o tema central dessa festa.

Na 1ª leitura de Isaías temos a esplêndida visão da entrada das nações na Igreja. O profeta prediz o retorno dos exilados a

Jerusalém. A cidade é representada por uma mãe que lamentava a dispersão de seus filhos e que logo irá alegrar-se com seu retorno: "Levanta os olhos ao redor e vê, todos se reuniram e vieram a ti; teus filhos vêm chegando de longe, com tuas filhas carregadas nos braços" (v. 4). Essa leitura traz uma visão de universalidade, como grande procissão de povos de todas as partes do mundo convergindo para a cidade santa, a Igreja trazendo presentes.

No Evangelho de Mateus com o nascimento de Jesus, vêm uns magos. O texto não diz que eram três, nem que eram reis, nem que pertenciam a raças diferentes. Mas a tradição cristã usou a imaginação para dar mais sentido ao fato. Os magos eram sábios sacerdotes, astrólogos, talvez. Eles estão em busca do menino, "rei dos judeus", guiados pela estrela (que pode ser um fenômeno natural, mas a tradição cristã a interpreta como símbolo de fé, luz que nos leva ao conhecimento de Deus). Isso assusta o rei Herodes, que convoca os sumos sacerdotes e os mestres da lei, para saber onde devia nascer o menino. O Evangelista faz referências ao profeta Miqueias e conclui que o pobre e o esquecido são como Belém, insignificante à primeira vista, mas grande porque dela vem o Senhor até nós.

Herodes chama e envia os magos, que encontram o menino e lhe oferecem sua homenagem, à qual mais tarde foi dada uma interpretação mística: ouro, como poder régio de Cristo; incenso, o sumo sacerdócio; e mirra, paixão e sofrimento.

Na 2ª leitura é reforçado o sentido da indicação universal que a festa traz: "Os gentios são herdeiros, membros do mesmo corpo e coparticipantes da promessa em Cristo, por meio do Evangelho" (v. 6).

Oração: "Ó Deus, que hoje revelastes vosso filho às nações, guiando-as pela estrela, concedei a vossos servos, que já os conhecem pela fé, contemplar-vos um dia face a face no céu" (Papa Gregório Magno).

A 2ª leitura da Carta aos Coríntios fala dos dons: "Ninguém possui plenamente o espírito, ninguém é privado dele! A comunidade é o corpo de Cristo" (Revista *Vida Pastoral*).

Quinta-feira Santa

Leituras: Êxodo 12,1-8.11-14; 1ª Coríntios 11,23-36; João 13,1-15.

Nesta missa comemora-se a última ceia do Senhor e a instituição da Eucaristia. Ela evoca a memória da refeição pascal de Cristo com seus discípulos. As leituras nos fazem lembrar da instituição da Eucaristia, o último discurso de Cristo e o lava-pés dos discípulos.

A 1ª leitura é do Livro do Êxodo, ela narra as instruções do Antigo Testamento para a refeição da Páscoa judaica, a qual prefigura a Páscoa cristã (Cristo Cordeiro de Deus é imolado na cruz e oferecido na ceia). Ao reviver isso, Cristo pretendeu mostrar que ele era o cumprimento das figuras do Antigo Testamento. A Páscoa judaica era a oferenda dos pastores pela prosperidade de seus rebanhos, quando a tribo partia em busca de novas pastagens. Era na primavera, época em que nasciam as crias das cabras e ovelhas, isto é, momento decisivo para o rebanho.

O Evangelho é de João. É o lava-pés. É o tempo da Páscoa. Agora, passagem definitiva deste mundo para o Pai. Jesus servo do Pai torna-se servo da humanidade, revelando a centralidade da vida cristã: o amor fraterno. A Eucaristia é o sacramento do amor, compromete-nos à vida de amor e de serviço: "Dei-vos o exemplo para que, como eu vos fiz, também vós o façais" (v. 15).

A 2ª leitura é da Segunda Carta de São Paulo aos Coríntios. É o relato da instituição da Eucaristia. Fica claro que na época de Paulo a tradição litúrgica já estava estabelecida. Podendo até ser o relato mais antigo da instituição da Eucaristia.

Sexta-feira Santa

"A Sexta-feira Santa é dia de profunda tristeza, mas tristeza suavizada pela esperança cristã. A lembrança de que Cristo sofreu por nós não pode deixar de em nós despertar sentimentos de tristeza e compaixão, e de remorso por nossa participação nos pecados do mundo" (Vincent Ryan).

Leituras: Isaías 52,13-53,12; Hebreus 4,14-16; 5,7-9; João 18,1-19,42.

A 1ª leitura é do Livro do profeta Isaías. É o quarto canto do servo sofredor. O servo sofredor é uma figura profética em quem a tradição cristã e o próprio Novo Testamento reconheceram Cristo. De fato, ele é o "homem das dores", sofrido, humilhado, rejeitado, "transpassado por causa de nossas faltas". Nele, porém, as trevas já começam a ser expulsas pela luz e pela esperança: "Eis, que meu servo terá êxito".

O Evangelho é o da Paixão, narrado por João. Teólogo e místico, vê a paixão de Jesus mais profundamente que os demais evangelistas, à luz da ressurreição. Para João, a cruz é o lugar onde Cristo redimiu a humanidade, por isso ela é objeto de veneração. E até mais do que isso, ela é uma espécie de trono, na cruz Jesus é exaltado, numa imagem de elevação e glorificação. Sem minimizar os sofrimentos de Jesus, João faz sua narrativa de forma pacífica e serena. É Jesus quem controla a situação, não os seguidores, é na liberdade e no amor que estão as ações de Jesus. Para João, Jesus é rei, juiz e salvador.

A 2ª leitura é da Carta de São Paulo aos Hebreus. Nela Jesus é apresentado como sacerdote misericordioso, que foi provado como nós em tudo, menos no pecado. Nela Cristo foi mediador entre nós e o Pai, e foi atendido, por causa de sua submissão (fidelidade), assim recebeu nos céus um título de sumo sacerdote.

Domingo da Ressurreição

Leituras: Atos 10,34a.37-43; Colossenses 3,1-4; João 20,1-9.

A 1ª leitura é do Livro dos Atos dos Apóstolos, em que Pedro faz a pregação do anúncio da morte e ressurreição de Nosso Senhor Jesus Cristo. Cornélio era um militar romano, ele convida Pedro e a comunidade para lhe fazer uma visita. Lá Pedro faz uma pregação.

A pregação de Pedro traz quatro pontos sobre a vida cristã. Primeiro é que Deus não faz distinção de pessoas, "ele andou por toda parte, fazendo o bem e curando a todos os que estavam dominados pelo demônio" (v. 38). Segundo ponto é que a comunidade cristã tem a função de ser testemunha (anunciar e praticar o que Jesus fez), o texto usa quatro vezes a palavra "testemunhar".

O terceiro ponto é ver no anúncio de Jesus o critério para sabermos se nossas ações estão certas ou erradas. E por fim entender que em Jesus está a realização cabal do projeto de Deus. Quem adere a Ele recebe o perdão dos pecados e passa a fazer parte de seu povo (v. 43).

A 2ª leitura é de São Paulo aos Colossenses, ele pede "esforçai-vos por alcançar as coisas do alto" (v. 1). Entendemos que buscar as coisas do alto é fazer um discernimento sobre o que está de acordo ou não com o projeto de Deus. Paulo contrapõe as coisas do alto com as coisas da terra para nos mostrar que não podemos ter uma vida ambígua, para isso é necessário sempre estar buscando as coisas do alto.

O Evangelho deste Domingo é uma catequese sobre a ressurreição: "no primeiro dia da semana" (v. 1), esta indicação de tempo é teológica e mostra que iniciou-se uma nova criação da vitória da vida sobre a morte.

Maria Madalena é uma figura simbólica e representa as comunidades que vivem como se o túmulo fosse o fim, "já é madrugada (nasceu um novo dia), quando ainda estava escuro (para Madalena ainda é trevas)" (v. 1). Existe, porém, algo positivo, ele vai ao túmulo, isso representa nossos anseios. Mas o fato de achar que o corpo tinha sido roubado representa que a morte tinha engolido a vida. Isso também ocorre na Segunda cena com os dois discípulos, "tiraram o Senhor do túmulo e não sabemos onde o colocaram" (v. 2).

Também os discípulos representam a comunidade que não tem fé na ressurreição. A comunidade do texto de João está desacreditada, os discípulos estão dispersos, Madalena encontra os dois a sós. A comunidade não vive sem o Cristo ressuscitado.

Os dois discípulos correm em direção ao túmulo após o relato de Madalena. Chegou primeiro ao túmulo quem amava mais e viu sinais de vida, "abaixando-se viu panos de linho estendidos, mas não entrou" (v. 5). Pedro entrou no túmulo e constatou que Jesus tinha vencido as malhas da morte.

Essas leituras da ressurreição nos mostram que o cristão só pode ser autêntico se estiver inserido numa comunidade, porque é preciso ser testemunha da Vida. E que uma comunidade só pode sobreviver quando Cristo Ressuscitado for o centro de sua fé.

Domingo de Pentecostes

Leituras: Atos 2,1-11; 1ª Coríntios 12,3b-7.12-13; João 20,19-23.

O ponto de partida da celebração dessa festa é um olhar para a vida e para relacioná-la com a comunicação, porque acima de tudo o Espírito Santo enviado em Pentecostes é a comunicação verdadeira que produz frutos bons. E a vida nem sempre desfruta da verdadeira comunicação, ainda mais nos dias de hoje, em que muitas vezes vivemos numa torre de babel, porque quanto mais a humanidade desenvolve os instrumentos de comunicação, mais abusos se criam com eles. Embora isso também prove que não existe melhor comunicação que o próprio relacionamento humano.

A Festa de Pentecostes é para a Igreja a Festa do Espírito Santo, é a Festa do Nascimento e da Igreja, é a Festa dos Frutos do Espírito, é a Festa dos Dons, e é também a consequência da glorificação do Senhor, na festa da Ascensão. Ela é relacionada também a uma colheita, por causa da tradição judaica, que celebrava no período de sete semanas as ofertas das primícias e dos frutos (Páscoa e Pentecostes).

Na 1ª leitura Lucas escreve nos Atos dos Apóstolos a partir dessas experiências de fé do Povo do Antigo Testamento. O período de cinquenta dias coincide com a celebração da entrega da Aliança no Sinai, que para Lucas em Pentecostes é o surgimento do Novo Povo de Deus; é dada a Nova Lei, o Espírito Santo.

Lucas baseia-se também no Livro dos Números 11,10-30, na reunião dos setenta anciãos, em que eles receberão o Espírito de Deus, agora Lucas atesta esse Espírito de Deus a todo o povo. No Gênesis, Lucas olha o episódio da Torre de Babel, onde as pessoas não se entendiam mais, e que agora "todos nós os escutávamos anunciarem, em nossa própria língua, as maravilhas de Deus" (At 2,11).

Para Lucas, Pentecostes é a Nova Aliança, no Espírito Santo, sem fronteiras, num Povo Novo que se comunica no amor.

O Evangelho é de João, no qual os fatos acontecem na própria tarde da ressurreição, para João o "dia pascal" não tem fim, é a vitória definitiva sobre a morte. Era domingo porque era dia da ressurreição, as portas fechadas representam o medo da comunidade, Jesus entra rompendo as barreiras e se faz presente no meio da comunidade. Traz a Paz como plenitude dos bens, é a saudação vencedora. Jesus faz o envio e sopra sobre eles o Espírito Santo, é a nova criação, a nova vida, a comunidade messiânica.

Essa comunidade tem o encargo de continuar a missão de Evangelizar, "os pecados daqueles que vocês perdoarem serão perdoados; os pecados daqueles que vocês não perdoarem não serão perdoados" (v. 23). Para João, pecado é conviver com as injustiças; e, para ser perdoado, é preciso ser justo, não estar a favor de condições que desfavoreçam a vida, tais como latifúndio, corrupção, abuso de poder etc.

Natividade de João Batista

Leituras: Isaías 49,1-6; Atos 13,22-26; Lucas 57-66.80.

No centro das festas juninas celebramos a festa do nascimento de João Batista. As festas juninas são alegria do povo. O nascimento de João é um sinal de esperança para os humildes da Bíblia. Na festa junina, há problemas gravíssimos, a bebida alcoólica, a violência, o "funk" no lugar da música típica. Infelizmente não são problemas apenas das festas juninas, são problemas mais amplos, sociais e até conjunturais, de uma juventude carente, empobrecida, de uma sociedade massificada pelos meios de comunicação.

Mas, nessa carência toda, a festa junina expressa um meio onde grupos eclesiais ou não se organizam, se mobilizam, demonstram generosidade, prestam serviços, pela alegria e pela satisfação da festa, pela comunhão, pela convivência. A festa junina assegura aquilo que é genuinamente humano e sagrado ao mesmo tempo, a alegria é o serviço ao próximo...

A 1ª leitura é de Isaías, é o segundo canto do servo de Javé, semelhante à vocação de Jeremias (Jr 1,4-10). É um texto de missão que inicia com apelo às ilhas distantes, é um texto de vocação profética a partir do reconhecimento do chamado do Pai, que o prepara como uma flecha para realizar a glória do Pai. Apesar das fraquezas o servo será a justiça e esperança dos pobres.

No Evangelho de Lucas, João é o último profeta do Antigo Testamento. Há muita alegria na serra de Judá, porque com a esterilidade e a idade de Isabel e Zacarias, nasce João, puro dom de Deus! Deus é misericórdia para os pobres. Deus vai construir a história a partir desses pobres, pois eles são portadores do amor misericordioso de Deus. Os pobres, simbolizados na pessoa de João, é que preparam a vinda de Deus.

A 2ª leitura é do Livro dos Atos dos Apóstolos e narra o discurso de Paulo na sinagoga, pautado na catequese fundamental de Jesus morto, ressuscitado e glorificado. Colocando esse anúncio na boca do próprio João.

São Pedro e São Paulo

"Pedro, o primeiro a proclamar a fé... Paulo, mestre e doutor das nações..." (Prefácio da Missa).

Leituras: Atos 12,1-11; 2ª Timóteo 4,6-8.17-18; Mateus 16,13-19.

Ao celebrarmos a festa de Pedro e de Paulo, olhamos para a caminhada que a Igreja faz e percebemos nela uma diversidade de expressões do anúncio, ora de maneira mais edificada (Pedro), ora mais missionária (Paulo). Essa festa de Pedro e de Paulo, porém, nos faz amadurecer nessa caminhada quando percebemos as diferenças e as valorizamos. E, hoje, mais do que nunca é necessário conviver na pluralidade e na unidade, pois a sociedade urbana é uma sociedade complexa e só é possível atingi-la com o Evangelho quando sabemos valorizar as mais variadas formas possíveis de evangelização.

O Evangelho deste domingo nos mostra o ponto mais alto de revelação bíblica na resposta de Pedro que diz: "Tu és o Messias, o Filho do Deus vivo" (v. 16). Mas para chegar a isso é preciso reportar ao contexto do Evangelho e entender que Mateus faz toda uma caminhada catequética para que essa resposta seja bem entendida. Não dá para descrever essa caminhada nesse texto, mas é importante relatar alguns aspectos próximos a essa resposta.

Primeiro o local do fato ocorrido é Cesareia de Felipe, é a periferia, é longe dos centros de poder da época, é longe da influência ideológica do centro. Teologicamente pode-se deixar uma questão para nossa sociedade hoje: É possível reconhecer plenamente Jesus se estivermos comprometidos com os centros de poder?

A seguir, o texto divide-se a partir de duas perguntas: primeiro Jesus pergunta aos discípulos o que as pessoas dizem a respeito dele (v. 13) e depois diretamente aos discípulos, "e vós quem dizeis que eu sou?". Ao observamos a primeira resposta notamos que o povo não tinha uma imagem verdadeira de Jesus. Será que nós temos? Pedro tem. Nessa resposta de fé de Pedro, surge sua responsabilidade de manter de pé a esperança da comunidade em torno da justiça que inaugura o Reino, até o ponto do martírio, como o mestre.

Assim, nasce a comunidade de Cristo: construirei minha Igreja. E, ainda mais, essa comunidade participa de sua graça: darei as chaves do Reino dos Céus.

A 1ª leitura mostra Pedro, que está na prisão pela terceira vez. Teologicamente, São Lucas ao escrever no Livro dos Atos dos Apóstolos a história de Pedro, procura-a fazer semelhante a história de Jesus; e assim como o Pai libertou Jesus da morte, faz com que o anjo do Senhor liberte Pedro da prisão. Ao dizer da maneira como Pedro está preso mostra o lado repressivo de Herodes. Mas será que também nossa sociedade não é semelhante a Herodes?

Por outro lado, mostra a força da comunidade, que está em oração.

Nesta 2ª leitura temos o "testamento de Paulo", prestes a morrer faz uma revisão de vida e vê nela a graça de Deus, está preparado para o martírio, para ir morar no Reino de Deus.

O exemplo de Pedro e Paulo nos questiona, questiona nossa fé e nos faz correr ao encontro da prática da justiça, do amor, da doação de nossas vidas. Para que a humanidade, a sociedade, também como a sociedade de Herodes, possa sair de situações de morte e chegar à vida.

Transfiguração do Senhor

Leituras: Daniel 7,9-10.13-14; 2ª Pedro 1,16-19; Marcos 9,2-10.

Rezando com o Livro Sagrado fortalecemos a esperança. Mais ainda ela se fortalece na liturgia da Transfiguração do Senhor, porque é nela que Jesus nos mostra que mesmo com tanta maldade no mundo seu projeto vai vencer, é a Ressurreição.

A 1ª leitura é do Livro de Daniel, literatura apocalíptica, isto é, dos tempos difíceis. O cap. 7 de Daniel apresenta a visão das 4 feras, são os 4 impérios opressores de seu tempo. Nessa história, cheia de conflitos, Daniel vê um Ancião de roupas e cabelos brancos sentar-se num trono, cercado por multidões de anjos. Esse Ancião é o próprio Deus, Senhor da História. Ele está agindo, julgando a história, pelas imagens de rio de fogo e livros abertos. Em seguida aparece o filho do homem, é o símbolo do povo de Deus que está sendo morto e perseguido pelas "feras". Mas a fidelidade do filho (povo) lhe garante a vida.

O Evangelho é da Transfiguração de Jesus. Esse Evangelho nos mostra que, mesmo diante de toda maldade no mundo, Jesus e seu projeto irão vencer. Jesus sobre a montanha com Pedro, Tiago e João, isso recorda Êxodo 24; Moisés sobre a montanha com Aarão, Nadab, Abiu e os setentas anciãos. Na transfiguração "as roupas de Jesus ficaram brilhantes e tão brancas como nenhuma lavadeira sobre a terra poderiam alvejar" (v. 3), isto é a ressurreição mostrando que ninguém, nem a morte, poderá deter o projeto do Reino.

Moisés e Elias, que aparecem, representam a Lei e os Profetas, todo o Antigo Testamento que vem testemunhar Jesus como libertador definitivo. Nuvem, esplendor, personagens, sobretudo a voz que sai das nuvens, são modos de indicar a presença de Deus. O próprio Pai é quem fala: "Tu és meu Filho Amado, em ti ponho meu agrado" (v. 7b).

Pedro querendo ficar no alto da montanha com Jesus representa cada um de nós que quer viver a alegria da ressurreição sem passar pela cruz, escutar o que Jesus diz é ir com Ele até o fim. Para Pedro significava voltar a Galileia e enfrentar as oposições, para nós significa enfrentar os indiferentes à comunidade, à partilha, à solidariedade, aos excluídos.

A 2ª leitura é da Segunda Carta de São Pedro, ela insiste na força do testemunho, "este é meu Filho amado..."; na credibilidade das profecias, "uma luz que brilha nos lugares escuros" (v. 19).

Assunção de Nossa Senhora

Leituras: Apocalipse 11,19; 12,1-6a.10ab;
1ª Coríntios 15,20-27; Lucas 1,39-56.

A Assunção de Maria é dogma definido pelo Papa Pio XII em 1950 e expressa que por ser Imaculada, ao final de sua existência terrena, Maria foi acolhida plenamente no Reino Celestial. É uma festa que celebra a salvação plena de Maria, que preservada dos pecados entrou na glória do céu.

As leituras desta festa são referidas a Maria, Mãe de Deus e nossa mãe. Ciente de que no decorrer do ano litúrgico o centro absoluto de nossa fé é o mistério pascal de Cristo e que Maria tem uma presença importante, ela é venerada como mulher que participa da missão de proclamar a ação de Deus na história.

A 1ª leitura do texto do Apocalipse de São João é rico em sinais que iluminam a vida cristã. Templo e arca são sinais de encontro com Deus. Relâmpagos, vozes, trovões... indicam a presença de Deus.

Uma mulher, com um manto de sol, aparece no céu, com a lua sob os pés e coroa de doze estrelas. Todos esses adornos são como que uma roupa que identificam e ligam a mulher a Deus.

Um dragão cor de fogo, com sete cabeças, dez chifres e sete coroas, é a força opressora que se encarna em pessoas e arranjos sociais dificultando o testemunho cristão. E apesar de sua aparência impressionante, o dragão não é o poder absoluto, porque em suas características (sinais) traz falha. Por exemplo, arrasta somente um terço das estrelas.

Na 2ª leitura Paulo escreveu aos Coríntios sobre a ressurreição porque para a cultura grega era difícil aceitá-la. Para isso, ele usava o argumento dizendo que Cristo é a primícia dos que morreram. Primícias são os primeiros frutos a amadurecer. Cristo é o primeiro fruto da ressurreição. O Pecado de Adão trouxe a morte, a morte-ressurreição de Cristo confere vida a todos.

E mais ainda, Cristo vencerá todas as forças hostis às pessoas e ao projeto de Deus. Cristo não cumprirá sua missão enquanto nós todos não participarmos da vida plena com Deus.

O Evangelho de Lucas, nesta festa da Assunção, divide-se em duas partes. A primeira parte começa no verso VIII, em que Maria se declara a serva do Senhor e, para expressar sua afirmação, dirige-se apressadamente à casa de Zacarias, ao encontro de Isabel. "É o encontro de duas mães agraciadas pelo dom da fecundidade e da vida" (Revista *Vida Pastoral*).

Ao encontro Isabel saúda Maria, seguindo a tradição das mulheres libertadoras do Antigo Testamento, como o exemplo de Judite; "que o Deus Altíssimo abençoe você, minha filha, mais que todas as mulheres da terra" (Jt 13,18). E ainda mais, a alegria de Isabel ao acolher Maria, como Davi acolheu a Arca da Aliança. Assim, Maria é a nova Arca da Aliança.

Mas a grande bem-aventurança está no fato de que Maria foi aquela que acreditou.

A segunda parte deste Evangelho é o *Magnificat*. Inspirado no canto de Ana (1Sm 2,1-10). Seu sentido está em louvar a intervenção de Deus em favor dos pobres, humilhados e famintos, contra os orgulhosos, poderosos e ricos.

Nossa Senhora da Assunção, rogai por nós.

Exaltação da Santa Cruz

Leituras: Números 21,4b-9; Filipenses 2,6-11; João 3,13-17.

"Deus escolheu o caminho da cruz como forma para revelar o amor e comunicar a vida. A cruz de Cristo é, portanto, o anúncio do projeto de Deus concretizado em Jesus de Nazaré. Mas é também uma denúncia de todas as formas de opressão que não levam à vida, e um desafio para quem se compromete com Jesus" (Revista *Vida Pastoral*). Com essa indicação podemos iniciar a reflexão das leituras bíblicas deste final de semana com um questionamento: Como é que cada um de nós entende o sentido da cruz em nossa vida? E nossa comunidade já refletiu sobre nossa cruz?

É muito difícil nos dias de hoje encontrar um sentido para o sofrimento, para a cruz, porque a realidade em que vivemos não nos tem levado a uma espiritualidade da cruz. O que buscamos é um caminho de fuga da cruz, o mundo de hoje diz que a felicidade é eu estar bem comigo mesmo, buscando satisfazer meus desejos e minhas vontades, aquilo que é bom para mim é meu critério de verdade e de felicidade. Será que a vida é isso mesmo? Veremos o que nos fala as leituras bíblicas.

A 1ª leitura do Livro dos Números é um relato da saída do povo da escravidão do Egito para a Terra Prometida, porém, como nós fazemos hoje, o povo de Deus no deserto murmurava contra a dureza da vida, lamentava-se muito não entendendo que o sofrimento do deserto é para passar de uma situação de morte (escravidão) para uma vida melhor, na Terra Prometida. A serpente entra na história como uma espécie de penitência para aqueles que reclamavam do deserto.

O Evangelho deste final de semana é de João e pertence ao longo diálogo entre Jesus e Nicodemos. Para João é importante em seu Evangelho mostrar Jesus como Caminho (Jo 14,6). Jesus é caminho enquanto vem de Deus, mas também sobe para Deus, é a plenitude do divino (Filho de Deus) e do humano (Filho do Homem) que está em Jesus.

Jesus passando pela cruz foi cem por cento humano, fez uma experiência da verdadeira dimensão humana de fé, deu a vida porque amou os irmãos e irmãs, humilhou-se, sentiu a solidão, o abandono, a dor, a traição, chorou a perda de um amigo, sofreu muito, viveu intensamente a dimensão humana, a dimensão concreta da cruz. Por isso, recebeu do Pai a Ressurreição. Não é esse nosso caminho, não é essa a espiritualidade da cruz?

A 2ª leitura da Carta aos Filipenses tem dois movimentos, no primeiro Jesus esvaziou-se de si mesmo até a morte de Cruz. Para São Paulo, o Evangelho é do crucificado, do servo de todos. No segundo movimento Deus o exaltou, ressuscitando-o e colocando-o no posto mais elevado que possa existir.

Nossa Senhora Aparecida

Leituras: Ester 5,1b-2; 7,2b-3; Apocalipse 12,1.513a.15.16a; João 2,1-11.

Maria é apresentada como modelo de vida cristã. Em nossa vida e na vida de todo o povo, Maria é Mãe porque buscamos nela aconchego, proteção, abrigo para os momentos inseguros da vida. Maria também é proteção contra o desemprego, a fome, a doença, a violência, os preconceitos, a exploração econômica, sexual, social...

Temos em Maria um caminho seguro para Deus, pois reconhecemos nela a maternidade-bondade-proteção. Por isso, nas festas de Maria queremos ser carinhosos com sua imagem, oferecemos flores, coroa, um lindo manto e até nosso afeto. Nossa fé nos diz, como disse aos pescadores do Rio Paraíba, que não estamos sozinhos, Maria está conosco, como esteve na pescaria em 1717.

Passemos agora um olhar sobre a Bíblia, a 1ª leitura é tirada de Ester. Foi escrita num contexto de resistência contra a opressão do império grego de Antíoco Epífanes. Ester ganha o coração violento do rei com sua beleza e feminilidade. Feita rainha, com as armas da confiança em Deus e sua beleza, busca anular a sentença do rei contra o povo, pedindo: "se o senhor quiser fazer-me um favor, se lhe parecer bem, meu pedido é que conceda a vida, meu desejo é a vida do meu povo" (7,3).

O Evangelho é de João, é das bodas de Caná, no qual Jesus e Maria estão presentes. Na festa falta vinho, Maria quer as providências do Filho, depositando nele toda a confiança, "façam tudo o que Ele mandar" (v. 5). Jesus responde dizendo que sua hora ainda não chegou, isso significa que desde o primeiro milagre Ele já anuncia a "hora" da cruz. Em seguida são apresentadas as talhas, Jesus manda enchê-las e apresentá-las ao mestre-sala, que reconhece ser o melhor vinho.

O conteúdo teológico dessa história, que se dá numa festa de casamento, apresenta-nos um outro casamento, que é definitivo, Jesus é o único esposo capaz de trazer um vinho novo insuperável, o vinho no Antigo Testamento é o símbolo do amor. A mãe de Jesus, a qual estamos celebrando na festa de hoje, é o símbolo da fidelidade, o modelo de vida.

A 2ª leitura é do Apocalipse e relata a história da luta entre a mulher e o dragão, um representa a força do bem, outro a do mal. O resultado é favorável à mulher, pois Deus é seu aliado fiel e permanente.

Todos os Santos

Leituras: Apocalipse 7,2–4.9-14; 1ª João 3,1-3; Mt 5,1-12a.

A partir do Pontificado de nosso Papa João Paulo II, aprendemos a conviver com as cerimônias de beatificação ou de canonização, transmitidas em cadeia pela televisão. Até mesmo o Brasil, chamado de o maior país católico do mundo, mas que não tinha nenhum santo declarado, ganhou o seu, na pessoa de santa Madre Paulina.

Por causa disso, às vezes nos perguntamos: Será a santidade uma virtude destinada a poucos ou também nós podemos ter acesso à Santidade? Ser santo, como nos pedem as Sagradas Escrituras, confunde-se com o fato de termos pessoas elevadas à honra dos altares?

Precisamos definir em primeiro lugar o que seria essa vocação à Santidade. O livro do Apocalipse nos fala que a santidade está na possibilidade de participarmos do Novo Povo de Israel, total e perfeito. Esse seria o novo Povo de Deus, incontável, porque a santidade é virtude concedida a muitos, de todos os povos, tribos, línguas e nações (1ª leitura). O número 144 mil que aparece na 1ª leitura é uma conta de efeito simbólico para dizer dessa perfeição (12 x 12 x 1000 = 144 mil).

A Santidade nos é apresentada como forma mais intensa de identificação com Jesus Cristo e com sua missão (Ser lavado no sangue do cordeiro, v. 14). A Santidade nos leva a nos identificar com ele, nos tornando semelhantes a ele (2ª leitura). Por isso é que devemos ver, em cada irmão, o rosto de Jesus Cristo.

Recordamos ainda que a origem de nossa vocação à Santidade está em nosso batismo. Quando fomos batizados, recebemos em nós a graça santificante que nos acompanhará por toda a nossa vida. Essa graça especial de Deus nos impele a uma vida de perfeição, vivenciando as virtudes que nos levam às Bem-aventuranças (Evangelho).

Para nos ajudar nessa vivência cristã a Igreja escolhe algumas pessoas, homens e mulheres de todas as condições sociais, de todos os estados de vida, para serem modelos e exemplos para todos nós. É disso que vem também o costume de escolher algumas das pessoas canonizadas e celebrar sua memória ao longo do ano, geralmente no dia de seu falecimento. Pela vida santa que levaram, recebem a honra dos altares e se tornam exemplo para todos.

Mesmo que um dia não tenhamos nosso nome inscrito no rol daquelas pessoas que foram canonizadas e mesmo que não tenhamos a glória de sermos homenageados com nossas imagens nos altares, a vocação à Santidade está ao alcance de todos nós.

Quando rezamos na profissão de fé: Creio na Comunhão dos Santos, estamos rezando que também nós queremos alcançar, por nosso esforço e por ajuda daqueles que junto de Deus são nossos intercessores, a participação na santidade total junto ao trono do Cordeiro, para nos unirmos em definitivo ao canto dos anjos e dos santos. Difícil sim. Impossível não.

Pe. José Inácio Medeiros, C.Ss.R.

Dia de Finados

"No dia em que celebramos os mortos, tudo fala de vida, de modo que podemos afirmar, que morrer é viver. A razão disso tudo é a pessoa de Jesus Cristo, morto e ressuscitado, primeiro fruto dentre os que ressuscitaram dos mortos, nosso irmão mais velho e vencedor da morte."

(Revista *Vida Pastoral*)

Leituras: Sabedoria 3,1-9; Romanos 8,14-23; João 11,32-45.

A 1ª leitura do Livro da Sabedoria mostra-nos que a verdadeira sabedoria nos conduz a uma vida justa e à felicidade. O texto inicia dizendo que "as almas dos justos estão nas mãos de Deus, e nenhum tormento as atingirá" (v. 1). Essa afirmação é audaciosa se levarmos em conta o contexto da época, porque o povo de Israel estava em terras de idolatrias e injustiças.

Aos olhos dos insensatos (injustos), o fim dos justos é uma desgraça, é o aniquilamento; "mas eles estão em paz" (v. 3). Aos olhos do povo pareciam estar pagando pelos erros (teologia da retribuição), mas... "esperavam a imortalidade" (v. 4b).

Os justos são provados como se prova o ouro e brilharão como fagulhas no meio da palha. Pois Deus e os justos são aliados inseparáveis.

O Evangelho de João narra a ressurreição de Lázaro, morto há quatro dias (v. 17.39). Dois detalhes desse texto esclarecem-nos o que Jesus pensa da morte; primeiro não entra na casa de Marta e Maria, porque lá estavam os judeus chorando a morte; segundo, Jesus não chora com Maria e os judeus.

E seguida Jesus chora sozinho, é o choro de quem ama e não de quem está desesperado, "vejam como ele o amava" (v. 36). Se Jesus tivesse amado Lázaro só até a morte, nada poderia ter feito a ressurreição, mas o amor de Jesus por seu amigo Lázaro não é barrado pelo túmulo. Jesus age, manda tirar a pedra do túmulo, ora ao Pai, ordena que Lázaro saia do túmulo, manda desamarrá-lo e deixá-lo ir.

Jesus chorando por amor ao amigo revela o grande reconhecimento pelo humano, mesmo porque revelando isso para Lázaro quer revelá-lo também para toda a humanidade.

A 2ª leitura da Carta aos Romanos revela a preocupação de Paulo de não cairmos no fatalismo da vida, mas acreditarmos que somos filhos de Deus e guiados por seu Espírito, portanto herdeiros com Jesus (v. 14-17).

Dedicação da Basílica de Latrão

"O palácio de Latrão, propriedade da família imperial, tornou-se no século IV habitação particular do papa. A basílica adjacente, dedicada ao divino Salvador, foi a primeira catedral do mundo: aí se celebram especialmente os batismos na noite da Páscoa. Mais tarde também dedicada aos dois santos, João Batista e Evangelista, foi por muito tempo considerada a igreja-mãe de Roma e nela se realizaram as sessões de cinco grandes Concílios ecumênicos."

(*Missal Dominical*, Paulus, 1995, p. 1409)

Leituras: Ezequiel 47,1-2.8-9.12; 1ª Coríntios 3,9c-11.16-17; João 2,13-22.

A 1ª leitura do Livro de Ezequiel traz como tema o Templo e a água que dele brota. Esse texto faz parte da seção que compreende os capítulos 40 a 48, os quais querem mostrar a presença de Deus no meio do povo.

Ezequiel guiado por um homem percebe que está jorrando água do Templo, e essa água por onde vai passando vai trazendo vida: "Estas águas correm para a região oriental, descem para o vale do Jordão, desembocam nas águas salgadas do mar e elas se tornarão saudáveis. Aonde o rio chegar, todos os animais que ali se movem poderão viver. Haverá peixes em quantidade, pois ali desembocam as águas que trazem saúde; e haverá vida aonde chegar o rio" (v. 8-9).

O Evangelho é de São João e narra a expulsão dos judeus do Templo por Jesus, na ocasião da festa da Páscoa. A festa da Páscoa não era mais a festa do povo que celebrava e revivia a libertação, mas era uma festa das lideranças exploradoras, que aproveitavam a presença do povo para lucrar no comércio.

Um exemplo é o dos cambistas que cobravam 8% para trocar as moedas.

A teologia veiculada no templo de Jerusalém é extremamente mantenedora de uma situação de desigualdade, garantindo a riqueza e o privilégio de seus dirigentes. Jesus não admitindo essa situação expulsa-os, manda destruir o Templo e em três dias Ele o construirá novamente, anunciando sua ressurreição.

A 2ª leitura é da Primeira Carta aos Coríntios. Ela nos diz que a comunidade é o próprio templo de Deus, porque a própria comunidade de Corinto era formada por "panelinhas" e isso não podia ser a verdadeira Igreja de Jesus, pois Ele próprio é o alicerce.

Refletindo as leituras e o Evangelho entendemos o sentido de Igreja: Igreja é fonte de vida; Igreja não é casa de comércio; Igreja é a morada de Deus. Ser uma Igreja fonte de vida é ser uma Igreja missionária; não fazer da Igreja uma casa de câmbio é fazer justiça e de modo especial aos pobres; ser Igreja, morada do Espírito, é não ocupar o lugar de Deus nem se tornar adorador de falsos deuses.

Imaculada Conceição de Maria

Leituras: Gênesis 3,9-15.20; Efésios 1,3-6.11-12; Lucas 1,26-38.

A leitura do livro do Gênesis desvela que a consciência de estar nu nos delata e nos coloca sempre com medo diante do Senhor. Vivemos, muitas vezes, o conflito interior de nossa oposição aos desígnios do Senhor e a única saída que encontramos é a de culpabilizar os outros como sendo os responsáveis por nossos vacilos e tropeços.

No mito da criação de nossa tradição, esse mecanismo é

evidente. O homem procura escapar de sua responsabilidade e coloca a culpa na mulher e no próprio Senhor: "A mulher que tu me deste por companheira, foi ela...". Para a humanidade (Adão), em sua vida (Eva), resta uma dupla experiência: por um lado, as penas e as fadigas da existência e por outro a luta e o confronto com o poder enganoso e sedutor do *diabo*: aquele que divide.

Como nos escreve Guimarães Rosa: "Quando o diabo está perto, a gente sente cheiro de outras flores". A liturgia da Igreja nos apresenta Maria como a mulher-companheira prometida desde a origem. Companheira da humanidade e companheira do Senhor, essa mulher traz em seu ventre o Filho Ungido que resgata, definitivamente, a mulher. Maria é a mulher liberada de qualquer submissão ao homem por se ter entregue, visceralmente, aos desígnios de seu Senhor. Ela rompe o castigo de Eva: "Teu desejo te impelirá a teu marido, e ele te dominará" (Gn 3,16) e tece no seu corpo e ventre o fruto de seu amor com o Senhor.

Ao dizer o *Sim*, Maria canta como a esposa dos cânticos: "Eu sou do meu amado e ele me busca cheio de paixão" (Ct 7,11). Maria se prepara para entregar ao mundo a ternura encarnada de Deus. E o Senhor se faz materno e nos revela isso pela boca do profeta: "Pode uma mãe se esquecer de seu bebê, deixar de querer o filho de suas entranhas?" (Is 49,15). Desde a criação, somos filhos e filhas das entranhas do Senhor e essa intuição fez Clemente de Alexandria escrever que, "pela sua misteriosa divindade, Deus é Pai. Mas a ternura que tem para conosco transforma-o em Mãe. Amando, o Pai torna-se feminino". Aprendamos a nos entregar, como Maria, incondicionalmente aos desígnios do Senhor para que possamos viver, sem limites, a experiência da ternura e de toda a fecundidade, pois para Deus nada é impossível.

Pe. Paulo Botas

ÍNDICE

Apresentação 3

Ano A – Evangelho de Mateus 5

Tempo do Advento 7
1º Domingo do Advento................................ 7
2º Domingo do Advento................................ 8
3º Domingo do Advento 10
4º Domingo do Advento 12
Tempo de Natal 14
Natal do Senhor *(ver festas)*....................... 14
Sagrada Família 14
Santa Maria, Mãe de Deus *(ver festas)*........ 16
Epifania do Senhor *(ver festas)*.................. 16
Batismo do Senhor..................................... 16
Tempo da Quaresma 18
1º Domingo da Quaresma 18
2º Domingo da Quaresma 19
3º Domingo da Quaresma 21
4º Domingo da Quaresma 22
5º Domingo da Quaresma 24
Semana Santa 27
Domingo de Ramos 27
Quinta-feira Santa *(ver festas)*................... 28
Sexta-feira Santa *(ver festas)*.................... 28
Vigília Pascal 28

Tempo Pascal 31
Domingo da Ressurreição *(ver festas)* 31
2º Domingo da Páscoa 31
3º Domingo da Páscoa 32
4º Domingo da Páscoa 34
5º Domingo da Páscoa 36
6º Domingo da Páscoa 38
Ascensão do Senhor 39
Pentecostes *(ver festas)* 40
Tempo Comum 41
Santíssima Trindade 41
Santíssimo Corpo e Sangue de Cristo 42
2º Domingo Comum 44
3º Domingo Comum 45
4º Domingo Comum 46
5º Domingo Comum 48
6º Domingo Comum 49
7º Domingo Comum 51
8º Domingo Comum 52
9º Domingo Comum 53
10º Domingo Comum 55
11º Domingo Comum 56
12º Domingo Comum 58
13º Domingo Comum 59
14º Domingo Comum 61
15º Domingo Comum 62
16º Domingo Comum 64
17º Domingo Comum 65
18º Domingo Comum 67
19º Domingo Comum 69
20º Domingo Comum 70
21º Domingo Comum 72

22º Domingo Comum 73
23º Domingo Comum 75
24º Domingo Comum 76
25º Domingo Comum 78
26º Domingo Comum 79
27º Domingo Comum 80
28º Domingo Comum 82
29º Domingo Comum 84
30º Domingo Comum 85
31º Domingo Comum 86
32º Domingo Comum 88
33º Domingo Comum 89
Jesus Cristo, Rei do Universo 91

Ano B - Evangelho de Marcos 93

Tempo do Advento 95
1º Domingo do Advento... 95
2º Domingo do Advento... 96
3º Domingo do Advento 97
4º Domingo do Advento 98
Tempo de Natal 100
Natal do Senhor *(ver festas)*.. 100
Sagrada Família 100
Santa Maria, Mãe de Deus *(ver festas)*....................... 101
Epifania do Senhor *(ver festas)*.................................. 101
Batismo do Senhor.. 101
Tempo da Quaresma 104
1º Domingo da Quaresma... 104
2º Domingo da Quaresma... 105
3º Domingo da Quaresma... 107
4º Domingo da Quaresma... 109
5º Domingo da Quaresma... 110
Semana Santa 112

Domingo de Ramos 112
Quinta-feira Santa *(ver festas)* 113
Sexta-feira Santa *(ver festas)* 113
Vigília Pascal 113

Tempo Pascal 115
Domingo da Ressurreição *(ver festas)* 115
2º Domingo da Páscoa 115
3º Domingo da Páscoa 116
4º Domingo da Páscoa 118
5º Domingo da Páscoa 119
6º Domingo da Páscoa 120
Ascensão do Senhor 121
Pentecostes *(ver festas)* 122

Tempo Comum 123
Santíssima Trindade 123
Santíssimo Corpo e Sangue de Cristo 124
2º Domingo Comum 125
3º Domingo Comum 127
4º Domingo Comum 128
5º Domingo Comum 130
6º Domingo Comum 131
7º Domingo Comum 133
8º Domingo Comum 134
9º Domingo Comum 136
10º Domingo Comum 137
11º Domingo Comum 139
12º Domingo Comum 141
13º Domingo Comum 142
14º Domingo Comum 144
15º Domingo Comum 146
16º Domingo Comum 148
17º Domingo Comum 149

18º Domingo Comum 151
19º Domingo Comum 153
20º Domingo Comum 155
21º Domingo Comum 156
22º Domingo Comum 158
23º Domingo Comum 160
24º Domingo Comum 161
25º Domingo Comum 162
26º Domingo Comum 164
27º Domingo Comum 166
28º Domingo Comum 167
29º Domingo Comum 169
30º Domingo Comum 171
31º Domingo Comum 172
32º Domingo Comum 173
33º Domingo Comum 174
Jesus Cristo, Rei do Universo 176

Ano C – Evangelho de Lucas 179

Tempo do Advento 181
1º Domingo do Advento 181
2º Domingo do Advento 182
3º Domingo do Advento 184
4º Domingo do Advento 185
Tempo de Natal 187
Natal do Senhor *(ver festas)* 187
Sagrada Família 187
Santa Maria, Mãe de Deus *(ver festas)* 188
Epifania do Senhor *(ver festas)* 188
Batismo do Senhor 188
Tempo da Quaresma 190

1º Domingo da Quaresma 190

2º Domingo da Quaresma 191

3º Domingo da Quaresma 193

4º Domingo da Quaresma 194

5º Domingo da Quaresma 196

Semana Santa 198

Domingo de Ramos 198

Quinta-Feira Santa *(ver festas)* 199

Sexta-Feira Santa *(ver festas)* 199

Vigília Pascal 199

Tempo Pascal 201

Domingo da Ressurreição *(ver festas)* 201

2º Domingo da Páscoa 201

3º Domingo da Páscoa 202

4º Domingo da Páscoa 204

5º Domingo da Páscoa 205

6º Domingo da Páscoa 207

Ascensão do Senhor 208

Pentecostes *(ver festas)* 210

Tempo Comum 211

Santíssima Trindade 211

Santíssimo Corpo e Sangue de Cristo 212

2º Domingo Comum 214

3º Domingo Comum 215

4º Domingo Comum 217

5º Domingo Comum 218

6º Domingo Comum 220

7º Domingo Comum 221

8º Domingo Comum 223

9º Domingo Comum 224

10º Domingo Comum 225

11º Domingo Comum 227

12º Domingo Comum 228
13º Domingo Comum 230
14º Domingo Comum 231
15º Domingo Comum 233
16º Domingo Comum 234
17º Domingo Comum 236
18º Domingo Comum 238
19º Domingo Comum 239
20º Domingo Comum 241
21º Domingo Comum 242
22º Domingo Comum 243
23º Domingo Comum 245
24º Domingo Comum 246
25º Domingo Comum 248
26º Domingo Comum 249
27º Domingo Comum 251
28º Domingo Comum 253
29º Domingo Comum 254
30º Domingo Comum 256
31º Domingo Comum 257
32º Domingo Comum 259
33º Domingo Comum 260
Jesus Cristo, Rei do Universo 262

Festas 265

Natal do Senhor 267
Santa Maria, Mãe de Deus 269
Epifania do Senhor 271
Quinta-feira Santa 273
Sexta-feira Santa 274
Domingo da Ressurreição 275

Domingo de Pentecostes 277

Natividade de João Batista 278

São Pedro e São Paulo 279

Transfiguração do Senhor 281

Assunção de Nossa Senhora 283

Exaltação da Santa Cruz 285

Nossa Senhora Aparecida 286

Todos os Santos 288

Dia de Finados 289

Dedicação da Basílica de Latrão 291

Imaculada Conceição de Maria 292